北京大學中國語言學研究中心

現代漢語共同語歷史研究

（18JJD740001，2018年教育部人文社會科學重點研究基地重大項目）

早期北京話珍稀文獻集成
主編　劉雲

清代滿漢合璧文獻萃編
漢文主編　劉雲　陳曉
滿文主編　王碩　[日]竹越孝

清話問答四十條

[清]常鈞　編著
陸晨　滿文校注
劉雲　漢文校注

国家出版基金项目
NATIONAL PUBLICATION FOUNDATION

北京大学出版社
PEKING UNIVERSITY PRESS

圖書在版編目 (CIP) 數據

清話問答四十條 / (清) 常鈞編著；陸晨，劉雲校注 . —北京：北京大學出版社，2018. 9

(早期北京話珍本典籍校釋與研究)

ISBN 978-7-301-29777-3

Ⅰ.① 清…　Ⅱ.① 常… ② 陸… ③ 劉…　Ⅲ.① 北京話—史料　Ⅳ.① H172.1

中國版本圖書館 CIP 數據核字 (2018) 第 184902 號

書　　名　清話問答四十條
　　　　　QINGHUA WENDA SISHI TIAO

著作責任者　[清] 常鈞　編著　陸晨　滿文校注　劉雲　漢文校注

責任編輯　宋思佳

標準書號　ISBN 978-7-301-29777-3

出版發行　北京大學出版社

地　　址　北京市海淀區成府路 205 號　100871

網　　址　http://www.pup.cn　　新浪微博：@ 北京大學出版社

電子信箱　zpup@pup. cn

電　　話　郵購部 010-62752015　發行部 010-62750672　編輯部 010-62753027

印 刷 者　北京虎彩文化傳播有限公司

經 銷 者　新華書店

　　　　　720 毫米 × 1020 毫米　16 開本　23.25 印張　280 千字

　　　　　2018 年 9 月第 1 版　2018 年 9 月第 1 次印刷

定　　價　96.00 元

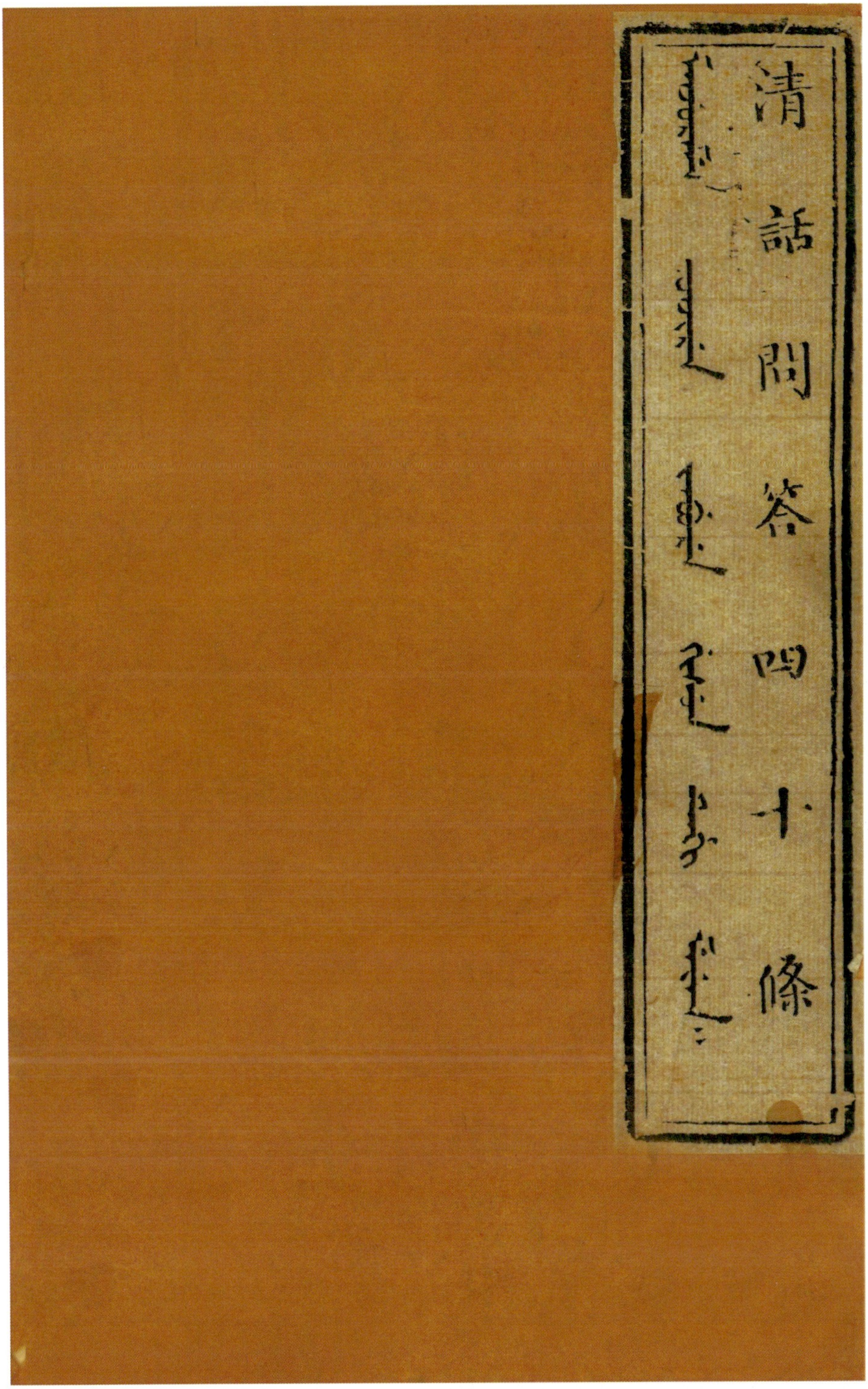

《清話問答四十條》書影（來源：北京大學圖書館）

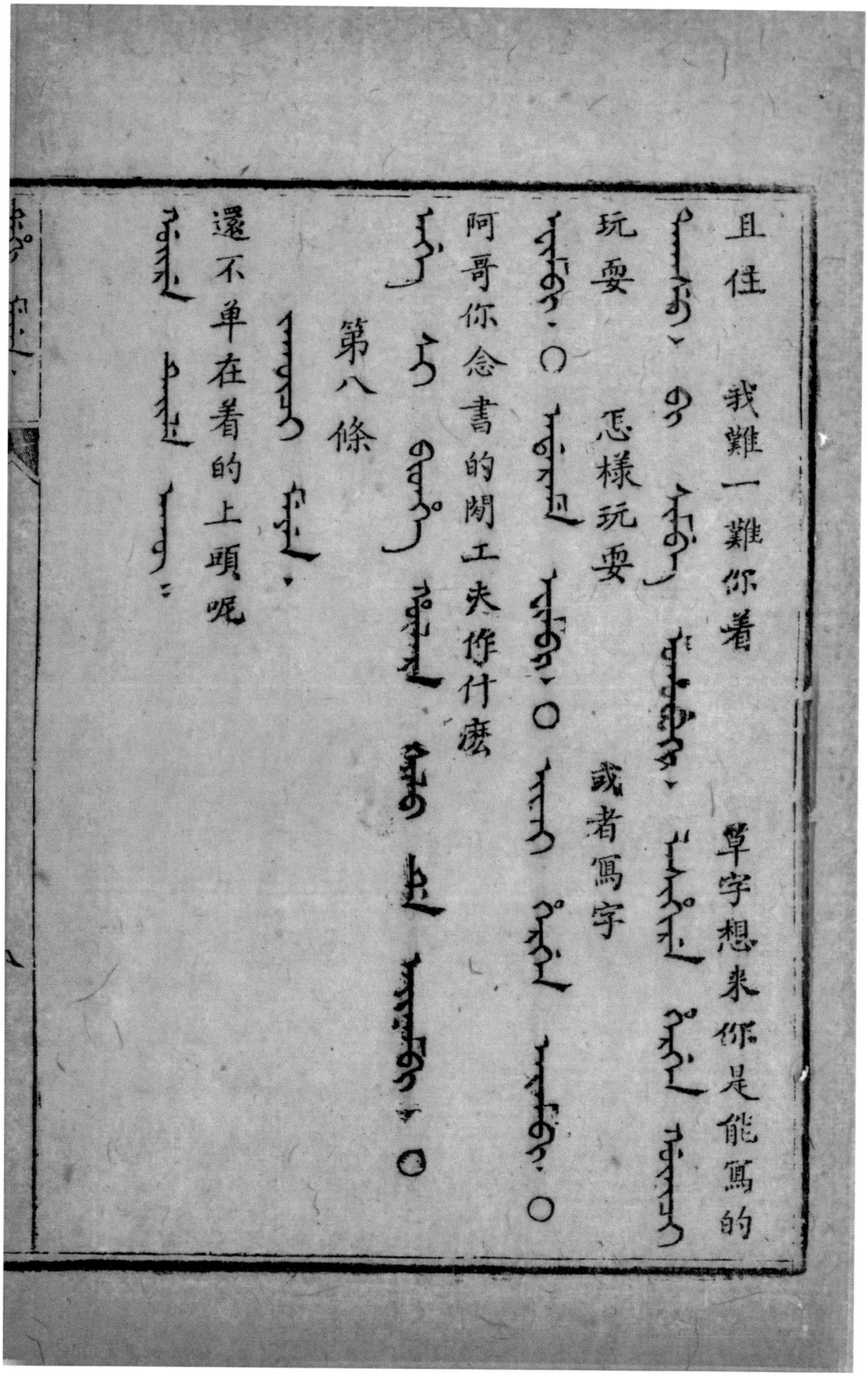

且住　我難一難你着　草字想来你是能寫的

玩耍　怎樣玩耍　或者寫字

阿哥你念書的閑工夫作什麽

第八條

還不单在着的上頭呢

《清話問答四十條》書影（來源：北京大學圖書館）

總序

語言是文化的重要組成部分，也是文化的載體。語言中有歷史。

多元一體的中華文化，體現在我國豐富的民族文化和地域文化及其語言和方言之中。

北京是遼金元明清五代國都（遼時爲陪都），千餘年來，逐漸成爲中華民族所公認的政治中心。北方多個少數民族文化與漢文化在這裏碰撞、融合，産生出以漢文化爲主體的、帶有民族文化風味的特色文化。

現今的北京話是我國漢語方言和地域文化中極具特色的一支，它與遼金元明四代的北京話是否有直接繼承關係還不是十分清楚。但可以肯定的是，它與清代以來旗人語言文化與漢人語言文化的彼此交融有直接關係。再往前追溯，旗人與漢人語言文化的接觸與交融在入關前已經十分深刻。本叢書收集整理的這些語料直接反映了清代以來北京話、京味文化的發展變化。

早期北京話有獨特的歷史傳承和文化底藴，於中華文化、歷史有特別的意義。

一者，這一時期的北京歷經滿漢雙語共存、雙語互協而新生出的漢語方言——北京話，它最終成爲我國民族共同語（普通話）的基礎方言。這一過程是中華多元一體文化自然形成的諸過程之一，對於了解形成中華文化多元一體關係的具體進程有重要的價值。

二者，清代以來，北京曾歷經數次重要的社會變動：清王朝的逐漸孱弱、八國聯軍的入侵、帝制覆滅和民國建立及其伴隨的滿漢關係變化、各路軍閥的來來往往、日本侵略者的占領，等等。在這些不同的社會環境下，北京人的構成有無重要變化？北京話和京味文化是否有變化？進一步地，地域方言和文化與自身的傳承性或發展性有着什麼樣的關係？與社會變遷有着什麼樣的關係？清代以至民國時期早期北京話的語料爲研究語言文化自身傳承性與社會的關係提供了很好的素材。

了解歷史纔能更好地把握未來。新中國成立後，北京不僅是全國的政治中心，而且是全國的文化和科研中心，新的北京話和京味文化或正在形成。什麽是老北京京味文化的精華？如何傳承這些精華？爲把握新的地域文化形成的規律，爲傳承地域文化的精華，必須對過去的地域文化的特色及其形成過程進行細致的研究和理性的分析。而近幾十年來，各種新的傳媒形式不斷涌現，外來西方文化和國内其他地域文化的衝擊越來越强烈，北京地區人口流動日趨頻繁，老北京人逐漸分散，老北京話已幾近消失。清代以來各個重要歷史時期早期北京話語料的保護整理和研究迫在眉睫。

"早期北京話珍本典籍校釋與研究（暨早期北京話文獻數位化工程）"是北京大學中國語言學研究中心研究成果，由"早期北京話珍稀文獻集成""早期北京話數據庫"和"早期北京話研究書系"三部分組成。"集成"收録從清中葉到民國末年反映早期北京話面貌的珍稀文獻并對内容加以整理，"數據庫"爲研究者分析語料提供便利，"研究書系"是在上述文獻和數據庫基礎上對早期北京話的集中研究，反映了當前相關研究的最新進展。

本叢書可以爲語言學、歷史學、社會學、民俗學、文化學等多方面的研究提供素材。

願本叢書的出版爲中華優秀文化的傳承做出貢獻！

王洪君　郭鋭　劉雲

二〇一六年十月

“早期北京話珍稀文獻集成”序

清民两代是北京話走向成熟的關鍵階段。從漢語史的角度看，這是一個承前啓後的重要時期，而成熟後的北京話又開始爲當代漢民族共同語——普通話源源不斷地提供着養分。蔣紹愚先生對此有着深刻的認識：“特别是清初到19世紀末這一段的漢語，雖然按分期來説是屬於現代漢語而不屬於近代漢語，但這一段的語言（語法，尤其是詞彙）和‘五四’以後的語言（通常所説的‘現代漢語’就是指‘五四’以後的語言）還有若干不同，研究這一段語言對於研究近代漢語是如何發展到‘五四’以後的語言是很有價值的。”（《近代漢語研究概要》，北京大學出版社，2005年）然而國内的早期北京話研究并不盡如人意，在重視程度和材料發掘力度上都要落後於日本同行。自1876年至1945年間，日本漢語教學的目的語轉向當時的北京話，因此留下了大批的北京話教材，這爲其早期北京話研究提供了材料支撑。作爲日本北京話研究的奠基者，太田辰夫先生非常重視新語料的發掘，很早就利用了《小額》《北京》等京味兒小説材料。這種治學理念得到了很好的傳承，之後，日本陸續影印出版了《中國語學資料叢刊》《中國語教本類集成》《清民語料》等資料匯編，給研究帶來了便利。

新材料的發掘是學術研究的源頭活水。陳寅恪《〈敦煌劫餘録〉序》有云：“一時代之學術，必有其新材料與新問題。取用此材料，以研求問題，則爲此時代學術之新潮流。”我們的研究要想取得突破，必須打破材料桎梏。在具體思路上，一方面要拓展視野，關注“異族之故書”，深度利用好朝鮮、日本、泰西諸國作者所主導編纂的早期北京話教本；另一方面，更要利用本土優勢，在“吾國之舊籍”中深入挖掘，官話正音教本、滿漢合璧教本、京味兒小説、曲藝劇本等新類型語料大有文章可做。在明確了思路之後，我們從2004年開始了前期的準備工作，在北京大學中國語言學研究中心的大力支持下，早期北京話的挖掘整理工作於2007年正式啓動。本次推出的“早期北京話珍稀文獻集成”是階段性成果之一，總體設計上“取異族之故書與吾國之舊籍互相補正”，共分“日本北京話教科書匯編”“朝鮮日據時期漢語會話書匯編”“西人北京話教科書匯編”“清代滿漢合璧文獻萃編”“清代官話正音文獻”“十全福”“清末民初京味兒小説書系”“清末民初京味兒時評書系”八個系列，臚列如下：

“日本北京話教科書匯編”於日本早期北京話會話書、綜合教科書、改編讀物和風俗紀聞讀物中精選出《燕京婦語》《四聲聯珠》《華語跬步》《官話指南》《改訂官話指南》《亞細亞言語集》《京華事略》《北京紀聞》《北京風土編》《北京風俗問答》《北京事情》《伊蘇普喻言》《搜奇新編》《今古奇觀》等二十餘部作品。這些教材是日本早期北京話教學活動的縮影，也是研究早期北京方言、民俗、史地問題的寶貴資料。本系列的編纂得到了日本學界的大力幫助。冰野善寬、内田慶市、太田齋、鱒澤彰夫諸先生在書影拍攝方面給予了諸多幫助。書中日語例言、日語小引的翻譯得到了竹越孝先生的悉心指導，在此深表謝忱。

“朝鮮日據時期漢語會話書匯編”由韓國著名漢學家朴在淵教授和金雅瑛博士校注，收入《改正增補漢語獨學》《修正獨習漢語指南》《高等官話華語精選》《官話華語教范》《速修漢語自通》《速修漢語大成》《無先生速修中國語自通》《官話標準：短期速修中國語自通》《中語大全》《“内鮮滿”最速成中國語自通》等十餘部日據時期（1910年至1945年）朝鮮教材。這批教材既是對《老乞大》《朴通事》的傳承，又深受日本早期北京話教學活動的影響。在中韓語言史、文化史研究中，日據時期是近現代過渡的重要時期，這些資料具有多方面的研究價值。

“西人北京話教科書匯編”收録了《語言自邇集》《官話類編》等十餘部西人編纂教材。這些西方作者多受過語言學訓練，他們用印歐語的眼光考量漢語，解釋漢語語法現象，設計記音符號系統，對早期北京話語音、詞彙、語法面貌的描寫要比本土文獻更爲精準。感謝郭鋭老師提供了《官話類編》《北京話語音讀本》和《漢語口語初級讀本》的底本，《尋津録》、《語言自邇集》（第一版、第二版）、《漢英北京官話詞彙》、《華語入門》等底本由北京大學圖書館特藏部提供，謹致謝忱。《華英文義津逮》《言語聲片》爲筆者從海外購回，其中最爲珍貴的是老舍先生在倫敦東方學院執教期間，與英國學者共同編寫的教材——《言語聲片》。教材共分兩卷：第一卷爲英文卷，用英語講授漢語，用音標標注課文的讀音；第二卷爲漢字卷。《言語聲片》采用先用英語導入，再學習漢字的教學方法講授漢語口語，是世界上第一部有聲漢語教材。書中漢字均由老舍先生親筆書寫，全書由老舍先生録音，共十六張唱片，京韵十足，殊爲珍貴。

上述三類“異族之故書”經江藍生、張衛東、汪維輝、張美蘭、李無未、王順洪、張西平、魯健驥、王澧華諸先生介紹，已經進入學界視野，對北京話研究和對外漢語教學史研究産生了很大的推動作用。我們希望將更多的域外經典北京話教本引入進來，考慮到日本卷和朝鮮卷中很多抄本字迹潦草，難以辨認，而刻本、印本中也存在着大量的異體字和俗字，重排點校注釋的出版形式更利於研究者利用，這也是前文“深度利用”的含義所在。

對“吾國之舊籍”挖掘整理的成果，則體現在下面五個系列中：

“清代滿漢合璧文獻萃編”收入《清文啓蒙》《清話問答四十條》《清文指要》《續編兼漢清文指要》《庸言知旨》《滿漢成語對待》《清文接字》《重刻清文虚字指南編》等十餘部經典滿漢合璧文獻。入關以後，在漢語這一强勢語言的影響下，熟習滿語的滿人越來越少，故雍正以降，出現了一批用當時的北京話注釋翻譯的滿語會話書和語法書。這批教科書的目的本是教授旗人學習滿語，却無意中成爲了早期北京話的珍貴記録。“清代滿漢合璧文獻萃編”首次對這批文獻進行了大規模整理，不僅對北京話溯源和滿漢語言接觸研究具有重要意義，也將爲滿語研究和滿語教學創造極大便利。由於底本多爲善本古籍，研究者不易見到，在北京大學圖書館古籍部和日本神户市外國語大學竹越孝教授的大力協助下，“萃編”將以重排點校加影印的形式出版。

“清代官話正音文獻”收入《正音撮要》（高静亭著）和《正音咀華》（莎彝尊著）兩種代表著作。雍正六年（1728），雍正諭令福建、廣東兩省推行官話，福建爲此還專門設立了正音書館。這一“正音”運動的直接影響就是以《正音撮要》和《正音咀華》爲代表的一批官話正音教材的問世。這些書的作者或爲旗人，或寓居京城多年，書中保留着大量北京話詞彙和口語材料，具有極高的研究價值。沈國威先生和侯興泉先生對底本搜集助力良多，特此致謝。

《十全福》是北京大學圖書館藏《程硯秋玉霜簃戲曲珍本》之一種，爲同治元年陳金雀抄本。陳曉博士發現該傳奇雖爲崑腔戲，念白却多爲京話，較爲罕見。

以上三個系列均爲古籍，且不乏善本，研究者不容易接觸到，因此我們提供了影印全文。

總體來説，由於言文不一，清代的本土北京話語料數量較少。而到了清末民初，風氣漸開，情況有了很大變化。彭翼仲、文實權、蔡友梅等一批北京愛國知識分子通過開辦白話報來“開啓民智”“改良社會”。著名愛國報人彭翼仲在《京話日報》的發刊詞中這樣寫道：“本報爲輸進文明、改良風俗，以開通社會多數人之智識爲宗旨。故通幅概用京話，以淺顯之筆，達樸實之理，紀緊要之事，務令雅俗共賞，婦稚咸宜。”在當時北京白話報刊的諸多欄目中，最受市民歡迎的當屬京味兒小説連載和《益世餘譚》之類的評論欄目，語言極爲地道。

“清末民初京味兒小説書系”首次對以蔡友梅、冷佛、徐劍膽、儒丐、勳鋭爲代表的晚清民國京味兒作家群及作品進行系統挖掘和整理，從千餘部京味兒小説中萃取代表作家的代表作品，并加以點校注釋。該作家群活躍於清末民初，以報紙爲陣地，以小説爲工具，開展了一場轟轟烈烈的底層啓蒙運動，爲新文化運動的興起打下了一定的群衆基礎，他們的作品對老舍等京味兒小説大家的創作産生了積極影響。本系列的問世亦將爲文學史和思想史研究提供議題。于潤琦、方梅、陳清茹、雷曉彤諸先生爲本系列提供了部分底本或館藏綫索，首都圖書館歷史文獻閱覽室、天津圖書館、國家圖書館提供了極大便利，謹致謝意！

“清末民初京味兒時評書系”則收入《益世餘譚》和《益世餘墨》，均係著名京味兒小説家蔡友梅在民初報章上發表的專欄時評，由日本岐阜聖德學園大學劉一之教授、矢野賀子教授校注。

這一時期存世的報載北京話語料口語化程度高，且總量龐大，但發掘和整理却殊爲不易，稱得上“珍稀”二字。一方面，由於報載小説等欄目的流行，外地作者也加入了京味兒小説創作行列，五花八門的筆名背後還需考證作者是否爲京籍，以蔡友梅爲例，其真名爲蔡松齡，查明的筆名還有損、損公、退化、亦我、梅蒐、老梅、今睿等。另一方面，這些作者的作品多爲急就章，文字錯訛很多，并且鮮有單行本存世，老報紙殘損老化的情况日益嚴重，整理的難度可想而知。

上述八個系列在某種程度上填補了相關領域的空白。由於各個系列在内容、體例、出版年代和出版形式上都存在較大的差異，我們在整理時借鑒《朝鮮時代漢語教科書叢刊續編》《〈清文指要〉匯校與語言研究》等語言類古籍的整理體例，結合各個系列自身特點和讀者需求，靈活制定體例。“清末民初京味兒小説書系”和“清末民初京味兒時評書系”年代較近，讀者群體更爲廣泛，經過多方調研和反復討論，我們决定在整理時使用簡體横排的形式，儘可能同時滿足專業研究者和普通讀者的需求。“清代滿漢合璧文獻萃編”“清代官話正音文獻”等系列整理時則采用繁體。“早期北京話珍稀文獻集成”總計六十餘册，總字數近千萬字，稱得上是工程浩大，由於我們能力有限，體例和校注中難免會有疏漏，加之受客觀條件所限，一些擬定的重要書目本次無法收入，還望讀者多多諒解。

“早期北京話珍稀文獻集成”可以説是中日韓三國學者通力合作的結晶，得到了方方面面的幫助，我們還要感謝陸儉明、馬真、蔣紹愚、江藍生、崔希亮、方梅、張美蘭、陳前瑞、趙日新、陳躍紅、徐大軍、張世方、李明、鄧如冰、王强、陳保新諸先生的大力支持，感謝北京大學圖書館的協助以及蕭群書記的熱心協調。“集成”的編纂隊伍以青年學者爲主，經驗不足，兩位叢書總主編傾注了大量心血。王洪君老師不僅在經費和資料上提供保障，還積極扶掖新進，“我們搭臺，你們年輕人唱戲”的話語令人倍感温暖和鼓舞。郭鋭老師在經費和人員上也予以了大力支持，不僅對體例制定、底本選定等具體工作進行了細緻指導，還無私地將自己發現的新材料和新課題與大家分享，令人欽佩。“集成”能够順利出版還要特别感謝國家出版基金規劃管理辦公室的支持以及北京大學出版社王明舟社長、張鳳珠副總編的精心策劃，感謝漢語編輯部杜若明、鄧曉霞、張弘泓、宋立文等老師所付出的辛勞。需要感謝的師友還有很多，在此一并致以誠摯的謝意。

“上窮碧落下黃泉，動手動脚找東西。”我們不奢望引領“時代學術之新潮流”，惟願能給研究者帶來一些便利，免去一些奔波之苦，這也是我們向所有關心幫助過“早期北京話珍稀文獻集成”的人士致以的最誠摯的謝意。

劉 雲

二〇一五年六月二十三日

於對外經貿大學求索樓

二〇一六年四月十九日

改定於潤澤公館

整理説明

一　體例説明[1]

“清代滿漢合璧文獻萃編”（以下簡稱“萃編”）一共收入《清文啓蒙》《清話問答四十條》《一百條》《清語易言》《清文指要》《續編兼漢清文指要》《庸言知旨》《滿漢成語對待》《清文接字》《字法舉一歌》《重刻清文虚字指南編》等十一種清代滿漢合璧教本，大致分爲三類：（一）綜合性教本：如《清文啓蒙》和《清語易言》，既有會話内容，也涉及語音、詞彙、語法；（二）會話類教本：包括《清話問答四十條》《一百條》《清文指要》《續編兼漢清文指要》《庸言知旨》和《滿漢成語對待》六種；（三）虚詞和語法類教本：包括《清文接字》《字法舉一歌》和《重刻清文虚字指南編》三種。“萃編”首次對清代滿漢合璧教本進行系統整理，爲研究清代北京話、滿語以及滿漢語言接觸提供了材料上的便利。

“萃編”各書均由六部分組成：（一）書影；（二）導讀；（三）重排本；（四）轉寫本；（五）漢文詞彙索引；（六）影印本。各部分體例介紹如下：

（一）書影

各書文前均附彩色書影若干張。

（二）導讀

導讀部分對本書的作者、内容特點、版本和研究價值加以介紹。

（三）重排本

重排本爲豎排，版式大致仿照底本，滿文部分字體采用太清文鑒體，居左列，對應的漢文采用宋體繁體，居右列。滿文和漢文均經過校對整理。

1　本部分由劉雲執筆。

（四）轉寫本

轉寫本爲横排，這部分是校勘整理工作的重點，以會話類教本《清話問答四十條》中的第一句爲例：

1-1[A] age simbe tuwa-qi,

阿哥 你.**賓** 看-**條**

阿哥看你，（1a2）

底本中這一句以滿左漢右的形式呈現，占兩列，在轉寫本增加爲三行。第一行采用太清轉寫方案對底本中的滿文進行轉寫（詳見第二部分“太清轉寫方案説明”），更利於母語爲漢語的學習者和研究者使用。第三行對底本中的漢文部分進行整理，繁體字、簡化字照録，異體字、俗字等疑難字改爲相应的繁體正字，個别難以辨識的疑難字則照録原文。根據不同版本對滿文和漢文部分所做的校勘工作在脚注中予以説明。爲了方便不熟悉滿語的研究者使用，我們增列了第二行，對第一行滿文轉寫進行逐詞對譯，其中黑體字（如上例中的“**賓**”和“**條**”）是我們針對一些虚詞或語法標記專門設計的一套漢語術語（第三部分“語法標注方案”中有詳細介紹）。

此外爲了方便讀者檢索詞彙和查找底本，我們給會話類教本中的每一句都加注了索引號（如1-1[A]）和底本號（1a2），“1-1[A]”中第一個“1”代表第一節，第二個“1”代表第一句，上標的A和B代表對話人A和B，所以“1-1[A]”的完整意義就是“第一節的第一句，是A説的”。索引部分“阿哥、看、你”所對應的索引號衹有“1-1”，讀者很容易找到這些詞在轉寫本中的位置。

而在句尾底本號“1a2”中，“1”代表底本葉心所記葉數爲“一”的書葉（古籍一個書葉大致對應於現代出版物中一頁紙張的正反兩面），“a”代表該葉的上半葉，“b”代表該葉的下半葉，“2”代表該半葉“第二大列”（多數情况下一個大列由一列滿文和一列對應的漢文構成。個别情况下滿漢文會混爲一大列，但此時大列之間的界限也會比較分明）。“1a2”的完整意義指在“底本第一葉上半葉的第二大列”能够找到這句話對應的滿漢原文。由於底本中的一些語句較長（尤其是滿文部分，通常比漢文長），經常會出現跨大列甚至跨葉的情况，例如：

1-3 sure banji-ha-bi,
聰明 生長-**完**-**現**
生的伶俐，（1a2-3）

1-7 bengsen taqi-re be hono ai se-re,
本事 學習-**未** **賓** 尚且 什麼 説-**未**
學本事還算不得什麼，（1a5-b1）

"1a2-3"表示在"底本第一葉上半葉的第二大列和第三大列"能找到該句對應的滿漢原文，"1a5-b1"則表示該句的滿漢原文位於"底本第一葉上半葉的第五大列和底本第一葉下半葉的第一大列"。通過上述底本號，讀者可以迅速定位相應的底本原文。

而《清文接字》等虛詞和語法類教本中的講解部分則無須逐詞對照和逐句索引，涉及的知識點、語法點酌情劃分爲若干小節，節號用"[1]……"表示。

（五）漢文詞彙索引

"萃編"索引爲選詞索引，重點選擇當時的口語詞以及一些特殊的虛詞、語法標記作爲詞目，并列齊詞目所在的原文語句的索引號。需要注意的是，虛詞和語法類教本中因較少出現口語詞彙，未出索引。綜合性教本中的語法講解部分也作同樣處理。爲了方便讀者查閲，漢文詞彙索引作爲附録，附於轉寫本後。

（六）影印本

滿漢合璧教本存世數量有限，館藏分散，且相當一部分已被列入善本，研究者鮮有機會一窺全貌。承蒙北京大學圖書館古籍部和日本大阪大學圖書館大力支持，"萃編"得以集齊相關底本，可爲研究者提供第一手材料。其中《一百條》《清語易言》的底本由日本大阪大學圖書館提供，竹越孝先生和陳曉博士其間出力甚夥；其餘九種底本皆爲北京大學圖書館藏本，感謝古籍部李雲、丁世良、常雯嵐等老師的大力協助。各書整理者在校勘整理過程中，還親赴國家圖書館、中央民族大學圖書館、日本國會圖書館、早稻田大學圖書館、天理圖書館、大阪大學圖書館、哈佛大學圖書館等處，查閲并參校了數量可觀的不同版本。另外，承北京外國語大學王繼紅教授惠示相關版本，特此致謝。

二 太清轉寫方案説明[1]

滿文自1599年創製以來，已有四百餘年歷史。清初，來華傳教士出於學習、研究和印刷的方便，創製了最早針對滿文的拉丁字母轉寫方案——俄國有基里爾字母轉寫方案，日、韓亦有用本民族字母轉寫滿文的方案，本文不做討論——目前，無論是國際還是國内，針對滿文都有多套拉丁字母轉寫方案，尚未達成統一。

本次整理包括《重刻清文虛字指南編》《清文啓蒙》等在内的十一種古籍，爲方便更多的科研工作者利用本"萃編"的語料，特增加滿文拉丁轉寫并附全文語法標注。據不完全統計，目前常見的滿文拉丁轉寫方案有八種。因此，在本"萃編"編寫中就涉及使用何種拉丁轉寫方案的問題。

本次整理工作，經過慎重考慮，采用由馬旭東先生設計的太清轉寫系統。做出這種決定的理由如下：

（一）本"萃編"讀者中絶大部分是以漢語爲母語或極其熟悉漢語文的人士，他們對漢語拼音相對敏感和熟悉，而太清轉寫系統與漢語拼音的高度一致性爲他們使用本"萃編"提供了便利。其他轉寫系統都或多或少地受到印歐語文的影響，出現了用如"dz""ts"等與中文拼音存在明顯差異的雙字母轉寫單輔音的情况，讓漢語母語者感到困惑。

（二）太清轉寫方案除"ng"外，没有使用雙字母表示音位，且没有使用26個字母之外的拉丁擴展字母，是一種經濟的方案。太清轉寫方案放弃了"š""ū""ž""ü""ö""ô""ů"等對絶大多數讀者來説陌生的擴展拉丁字母，加入了爲大部分轉寫方案放弃的"q""v"等基本拉丁字母。

（三）太清轉寫方案相較其他方案，對編寫書籍整理中使用的工具軟件更友好。其他的轉寫系統因爲不同程度地引入中國人不熟悉的"š""ū""ž""ü""ö""ô""ů"等擴展拉丁字母，使得不同的人在輸入這些字母時可能會用到看起來相同、但實際上編碼不同的字母，導致後期的詞彙索引、字母頻度等統計工作難以使用各種統計小工具。而太清轉寫系統嚴格使用26個字母和撇號來轉寫滿文，避免了這些問題，節省了大量的

1 本部分由馬旭東、王碩執筆。

人力和不必要的失誤。

（四）目前太清轉寫方案被十餘萬滿語文使用者當作“亞文字”“拉丁化滿文”“新新滿文”在各種場合中使用。在非學術領域，太清轉寫系統是絕對的强勢方案。基於抽樣調查的保守估計，目前在中國有超過十萬人使用該方案以服務語言生活。在學術領域，太清轉寫系統正被越來越多的機構和學者接受，比如：荷蘭萊頓大學漢學院正在進行的有史以來規模最大的歐盟滿學古籍數字化工程就采用了該系統，韓國慶熙大學，我國清華大學、中國人民大學、中央民族大學等高校的青年學者們也逐漸轉向於此。

基於以上四點理由，我們審慎地選擇了太清轉寫系統。

下面我們將用表格方式對比太清轉寫系統和其他系統，以方便廣大的讀者使用本“萃編”。以下表格轉引自馬旭東《滿文拉丁字母轉寫研究》（未刊稿），本文僅做適當調整。

1. 元音字母：

滿文	ᠠ	ᡝ	ᡳ	ᡟ	ᠣ	ᡠ	ᡡ
國際音標	/ɑ/	/ə/	/i/	/ɿ/	/ɔ/	/u/	/ʊ/
太清	a	e	i, (y')*	y'	o	u	v
穆麟德	a	e	i, y	y, 無	o	u	ū
BablePad	a	e	i	y	o	u	uu
新滿漢	a	e	i, y	y	o	u	uu
五體	a	e	i, y	y	o	u	ů
語彙集	a	e	i, y	y	o	u	û
Harlez	a	e	i		o	u	ô
Adam	a	e	i		o	u	ȯ
其他		ä, ö		ï	ô	ou	oe, ō

*衹有在輔音ᠰ、ᡯ後的ᡳ纔轉寫爲y'。

2. 輔音字母：

滿文	ᠪ	ᡦ	ᠮ	ᡶ ᡶ	ᡩ ᡩ (ᡩ)*	ᡨ ᡨ	ᠨ	ᠯ
國際音標	/p/	/pʰ/	/m/	/f/	/t/	/tʰ/	/n/	/l/
太清	b	p	m	f	d	t	n/n'**	l
穆麟德	b	p	m	f	d	t	n	l
BablePad	b	p	m	f	d	t	n	l
新滿漢	b	p	m	f	d	t	n	l
五體	b	p	m	f	d	t	n	l
語彙集	b	p	m	f	d	t	n	l
Harlez	b	p	m	f	d	t	n	l
Adam	b	p	m	f	d	t	n	l
其他	p	p'			t	t'		

*輔音字母d在母音字母v前没有點兒，故而ᡩᡡ轉寫爲dv，而非tv。

**在單詞尾的輔音字母ᠨ轉寫爲n'。

滿文	ᡤ ᡤ	ᡴ ᡴ	ᡥ ᡥ	ᠩ	ᡤ	ᡴ	ᡥ
國際音標	/k, q/	/kʰ, qʰ/	/x, χ/	/ɴ, ŋ/	/k/	/kʰ/	/x/
太清	g	k	h	ng	g'	k'	h'
穆麟德	g	k	h	ng	gʿ	kʿ	hʿ
BablePad	g	k	h	ng	gh	kh	hh
新滿漢	g	k	h	ng	gg	kk	hh
五體	g	k	h	ng	ǵ	kʿ	h́
語彙集	g	k	h	ng	g'	k'	h'
Harlez	g	k	h	ng	g'	k'	h'
Adam	g	k	h	ng	g'	k'	h'
其他	k,γ	k', q	x, gh	ń, ñ, ṅ	ġ	ḱ	h̊, xx, x'

滿文	ᠵ	ᠴ	ᡧ	ᡰ	ᡯ	ᡮ	ᠰ	ᡵ	ᠶ	ᠸ
國際音標	/tʃ/	/tʃʰ/	/ʃ/	/ɻ/	/ts/	/tsʰ/	/s/	/r/	/j/	/w/
太清	j	q	x	r’	z	c	s	r	y	w
穆麟德	j	c	š	ž	dz	tsʽ	s	r	y	w
BablePad	j	c	x	z	dz	ts	s	r	y	w
新滿漢	zh	ch	sh	rr	z	c	s	r	y	w
五體	j	c	š	ž	dz	tsʽ	s	r	y	w
語彙集	j	c	s̀	z̀	z	zh	s	r	y	w
Harlez	j	c	s’	z’	dz	ts	s	r	y	w
Adam	j	c	x	ż	z	z’	s	r	y	w
其他	ǰ, ch	č, chʽ	j, ǰ	zh	tz	c̀,		rr, r’	j	v

3. 知、蚩、詩、日、資、雌、思音節：

滿文	ᠵᡟ	ᠴᡟ	ᡧᡳ	ᡰᡳ	ᡯᡳ	ᡮᡟ	ᠰᡟ
國際音標	/tʂʅ/	/tʂʰʅ/	/ʂʅ/	/ʐʅ/	/tsɿ/	/tsʰɿ/	/sɿ/
太清	jy’	qy’	xi	r’i	zi	cy’	sy’
穆麟德	jy	cʽy	ši	ži	dzi	ts	sy
BablePad	zhi	chi	xi	zi	dzi	tsy	sy
新滿漢	zhy	chy	shi	rri	zy	cy	sy
五體	ǰĭ	c’i	ši	ži	dzy	tsʽy	sy
語彙集	ǰĭ	cĭ	s̀i	z̀i	zy	c̀y	sy
Harlez	j’h	c’h	s’i	z’i	dz	ts	ss
Adam	j’i	c’i	xi	żi	-	-	ş
其他	d’i, ʒi, ǰi, jhi	ḉi, či		zhi	ze, tzi	tsï, zhy	sï

三 語法標注方案

1. 複——複數

在滿語中，指人的名詞可以通過接綴附加成分-sa、-se、-si、-so、-ta、-te、-ri構成其複數形式。如：

sakda-sa
老人-**複**
老人們

axa-ta
嫂子-**複**
嫂子們

在職務名詞後分寫的sa、在人名後分寫的se可以表達“……等人”之意。如：

oboi baturu sa
鰲拜 巴圖魯 **複**
鰲拜巴圖魯等

batu se
巴圖 **複**
巴圖等人

2. 屬——屬格格助詞

滿語的屬格格助詞爲-i或ni，用於標記人或事物的領屬關係等。如：

bou-i kouli
家-**屬** 規矩
家規

daiming ni qouha
大明 **屬** 士兵
大明的士兵

3. 工——工具格格助詞

滿語的工具格格助詞爲-i或ni，用於標記完成動作、行爲所借助的工具或手段。如：

tondo -i ejen be uile-mbi
忠 **工** 君主 **賓** 侍奉**-現**
以忠事君

qiyanliyang ni uda-mbi
錢糧 **工** 買**-現**
用錢糧買

另外，形容詞可以和工具格格助詞一起構成副詞來修飾動詞。如：

nuhan -i gama-mbi
從容 **工** 安排**-現**
從容地安排

4. 賓——賓格格助詞

滿語的賓格格助詞爲be，用於標記賓語，即動作、行爲所指向的受事。如：

bithe hvla-ra be sa-qi, ai gisure-re ba-bi,
書 讀**-未** **賓** 知道**-條** 什麼 説話**-未** 處**-有**
知道該念書，有什麼説處呢？

賓格格助詞be也可用於標記所經之處。如：

musei qouha nimanggi alin be gemu dule-ke.
咱們**.屬** 軍隊 雪 山 **賓** 都 經過**-完**
我兵皆已越過雪山。

5. 位——位格格助詞

滿語的位格格助詞爲de，用於標記動作發生的地點、時間、原因，以及人或事物所處的地點、時間和狀態等。如：

mujilen de eje-mbi
心 **位** 記住**-現**
心裏頭記

位格格助詞de也可用於標記動作、行爲進行的手段、方式。如：

emu gisun de waqihiya-me mute-ra-kv.

一 話語 **位** 完結-**并** 能够-**未**-**否**

不是一言能盡的。

某些由de構成的詞或詞組具有連詞、副詞等功能，如aikabade“若”，ede“因此”，emde“一同”，jakade“……之故；……之時”，ohode“若”等，可以不對其進行拆分標注，僅標注詞義。如：

bi gene-ra-kv ohode, tere mimbe jabqa-ra-kv-n?

我 去-**未**-**否** 倘若 他 我.**賓** 埋怨-**未**-**否**-**疑**

我若不去的時候，他不埋怨我麼？

6. 與——與格格助詞

滿語的與格格助詞爲de，用於標記動作、行爲的方向、目的和對象等。如：

niyalma de tusa ara-mbi

人 **與** 利益 做-**現**

與人方便

sy' pai leu se-re ba-de gene-mbi.

四 牌 樓 叫-**未** 地方-**與** 去-**現**

往四牌樓去。

7. 從——從格格助詞

滿語的從格格助詞爲qi，用於標記動作、行爲的起點、來源、原因等。另外，在事物之間進行比較時，從格格助詞qi用於標記比較的起點。如：

abka qi wasi-mbi

天 **從** 降下-**現**

自天而降

i sinqi antaka. minqi fulu.

他 你.**從** 怎麼樣 我.**從** 强

他比你如何？比我强。

8. 經——經格格助詞

滿語的經格格助詞爲deri，用於標記動作、行爲經過、通過之處。如：

edun sangga deri dosi-mbi

風 孔 **經** 進入-**現**

風由孔入

gisun angga deri tuqi-mbi

話 嘴巴 **經** 出來-**現**

話從口出

9. 完——完整體

滿語中動詞的完整體附加成分爲-HA（-ha/-he/-ho, -ka/-ke/-ko），表示做完了某動作或行爲。如：

erdemu ili-bu-ha manggi gebu mutebu-mbi.

德才 立-**使**-**完** 之後 名字 能成-**現**

德建而後名立。

aga hafu-ka

雨 濕透-**完**

雨下透了

在句中，動詞的完整體形式具有形容詞或名詞詞性。如：

ama eme -i taqibu-ha gisun be, gelhun akv jurqe-ra-kv.

父親 母親 **屬** 教導-**完** 話語 **賓** 怕 **否** 悖逆-**未**-**否**

父母教的話，不敢違背。

此句中taqibuha爲動詞taqibumbi“教導”的完整體形式，做形容詞修飾gisun，taqibuha gisun即“教導的話”。

sini gosi-ha be ali-ha.

你.**屬** 憐愛-**完** **賓** 接受-**完**

領了你的情。

此句中gosiha爲動詞gosimbi“憐愛”的完整體形式，在句中具有名詞詞性，做謂語動詞aliha的賓語，aliha是動詞alimbi“接受”的完整體形式。

10. 未——未完整體

滿語中動詞的未完整體附加成分一般爲-rA（-ra/-re/-ro），表示動作發生，没結束，或者將要發生。也可用於表達常識、公理等。如：

bi amala qouha fide-fi da-me gene-re.
我 然後 軍隊 調兵-**順** 救援-**并** 去-**未**
吾隨後便調兵接應也。

niyalma o-qi emu beye -i duin gargan be uherile-re.
人 成爲-**條** 一 身體 **屬** 四 肢 **賓** 統共-**未**
人以一身統四肢。

與完整體相似的是，動詞的未完整體形式在句中也具有形容詞或名詞詞性。如：

taqi-re urse
學習-**未** 者
學習者

taqire爲動詞taqimbi“學習”的未完整體形式，在此句中作形容詞修飾名詞urse“者”。

faihaqa-ra be baibu-ra-kv.
急躁-**未** **賓** 需要-**未**-**否**
不必着急。

faihaqara爲動詞faihaqambi“急躁”的未完整體形式，在此句中faihaqara是謂語動詞baiburakv“不必”的賓語。

11. 現——現在將來時

滿語中動詞的現在將來時附加成分爲-mbi，源自動詞bi“存在；有”，表示動作、行爲發生在説話的當前時刻或未來。也可用來泛指客觀事實、普遍真理等等。如：

age si bou-de aina-mbi? bithe hvla-mbi.
阿哥 你 家-**位** 做什麼-**現** 書 讀-**現**
阿哥你在家做什麼？讀書。

mini guqu qimari ji-mbi.

我.**屬** 朋友 明天 來-**現**

我的朋友明天來。

xun dergi qi mukde-mbi.

太陽 東方 **從** 升起-**現**

太陽從東方升起。

12. 過——過去時

滿語中動詞的過去時附加成分一般爲bihe或-mbihe，表示動作、行爲發生在説話的時刻之前。如：

dade gvwa ba-de te-mbihe.

原先 别的 處-**位** 居住-**過**

原先在别處住。

niyaman guqu de yandu-fi bai-ha bihe.

親戚 朋友 **與** 委托-**順** 找尋-**完** **過**

曾經煩親友們尋訪。

13. 否——否定式

滿語中動詞的否定附加成分爲-kv，表示不做某動作，或某動作没發生。如：

taqi-ra-kv oqi beye-be waliya-bu-mbi-kai.

學習-**未**-**否** 若是 自己-**賓** 丢弃-**使**-**現**-啊

不學則自弃也。

tuqi-bu-me gisure-he-kv

出去-**使**-**并** 説話-**完**-**否**

没説出來

形容詞、副詞等詞彙的否定式需要在後面接akv。akv在某些情况下也能表達實義，意思是“没有”。如：

uba-qi goro akv.

這裏-**從** 遠 **否**

離此處不遠。

taqin fonjin -i doro gvwa-de akv.
學 問 屬 道理 其他-位 否
學問之道無他。

14. 疑——疑問語氣

滿語中表達疑問的附加成分爲-u和-n。如：

tere niyalma be taka-mbi-u?
那 人 賓 認識-現-疑
認得那個人麽?

baitala-qi ojo-ra-kv-n?
使用-條 可以-未-否-疑
不可用麽?

除此之外，還有表達疑問或反問的語氣詞，如na、ne、no、nu、ya等。

15. 祈——祈使式

滿語的祈使式分爲命令語氣和請願語氣。

1）動詞的詞幹可以表達命令語氣，即説話人直接命令聽話人做某事。如：

bithe be ure-me hvla.
書 賓 熟-并 讀.祈
將書熟熟的念。

2）附加成分-kini表達説話人對他人的欲使、指令、祝願等語氣。-kini後面連用sembi時，sembi引導説話人欲使、指令的内容，sembi在句中會有相應的形態變化。如：

bithe hvla-ra niyalma gvnin werexe-kini!
書 讀-未 人 心 留心-祈
讀書之人留心!

ejen -i jalafun enteheme akdun o-kini.
君主 屬 壽命 永遠 堅固 成爲-祈
願汗壽域永固。

si imbe ureshvn -i hvla-kini se.

你 他.賓 熟練 工 讀-祈 説.助.祈

你叫他念得熟熟地。

上句使用了兩次祈使式，-kini表達説話人欲使他人“熟讀”，se爲sembi祈使式，表達説話人對聽話人的命令語氣。

3）附加成分-ki表達説話人對聽話人的祈請語氣，請聽話人做某事。還可以表達説話人自己想要做某事。-ki後面連用sembi時，sembi引導祈請的内容，sembi在句中會有相應的形態變化。

説話人請聽話人做某事，如：

nahan -i dele te-ki.

炕 屬 上 坐-祈

在炕上坐。

説話人自己想要做某事。如：

gurun -i mohon akv kesi be hukxe-me karula-me faxxa-ki.

國家 屬 盡頭 否 恩 賓 感激-并 報答-并 奮勉-祈

感戴國家無窮的恩澤，願奮力報效。

bithe be tuwa-ki se-qi hafu buleku be tuwa.

書 賓 看-祈 説.助-條 通 鑒 賓 看.祈

要看書看《通鑒》。

此句中seqi引導了經由説話人之口説出、聽話人想要做的事情bithe be tuwaki“想要看書”，seqi爲助動詞sembi的條件副動詞形式。tuwa爲動詞tuwambi“看”的動詞詞幹形式，表達了説話人的命令語氣。

4）附加成分-rAu（-rau/-reu/-rou）表達説話人對聽話人的請求。-rAu可拆分爲未完整體附加成分-rA和疑問式附加成分-u，這種不確定性的疑問語氣使得-rAu所表達的祈請比-ki更显尊敬，用於對長輩、上級等提出請求。如：

kesi isibu-me xolo xangna-rau.

恩 施予-并 空閑 賞賜-祈

懇恩賞假。

此句爲説話人請求上級領導恩賜假期。

5）附加成分-qina表達説話人對聽話人的建議、祈請，態度比較隨意，不可對尊長、不熟悉的人使用，可對下級、平輩、熟人、好友使用。如：

yo-ki se-qi, uthai yo-qina!
走-**祈** 説.**助-條** 就 走-**祈**
要走，就走罷！

此句中yoki“要走”爲説話人認爲聽話人想要做的事情，由seqi引導，yoqina“走吧”表達祈使語氣，態度隨意，不够客氣。

16. 虚——虚擬語氣

附加成分-rahv和ayou用於表達“恐怕”“擔心”的意思，後面可連用助動詞sembi，根據語法需要，sembi在句中會有相應的形態變化。如：

inde ala-rahv se-me teni uttu taqi-bu-me hendu-he.
他.**與** 告訴-**虚** **助-并** 纔 這樣 學-**使-并** 説-**完**
恐怕告訴他纔這樣囑咐。

gungge gebu mutebu-ra-kv ayou se-mbi.
功 名 使成-**未-否** **虚** **助**-**現**
恐怕功名不成。

bi hono sitabu-ha ayou se-mbihe.
我 還 耽誤-**完** **虚** **助**-**過**
我還恐怕耽誤了。

17. 使——使動態

滿語中，動詞的使動態附加成分一般爲-bu，用於表達致使者讓某人做某事，通常受使者後面用賓格格助詞be標記。如：

ekxe-me niyalma be takvra-fi tuwa-na-bu-mbi.
急忙-**并** 人 **賓** 差遣-**順** 看-去-**使-現**
忙使人去看。

此句中，niyalma“人”是takvra-“差遣”這一動作的受使者，又是tuwana-“去看”這一動作的致使者，作爲間接賓語，用賓格格助詞be

標記。

coucou lu giyang ni ba-i taixeu hafan ju guwang be wan qeng
曹操 廬 江 **屬** 處-**屬** 太守 官員 朱 光 **賓** 宛 城

be tuwakiya-bu-mbi.
賓 看守-**使**-**現**

曹操命廬江太守朱光鎮守宛城。

此句中，太守朱光在曹操的促使下鎮守宛城，朱光既是曹操命令的受使者，也是tuwakiya-"看守"這一行爲的施事，用賓格格助詞be標記。此外，宛城是"看守"這一動作的受事，作爲直接賓語，也用be標記。

18. 被——被動態

滿語中，動詞的被動態附加成分爲-bu。如：

weri de basu-bu-mbi.
他人 **與** 耻笑-**被**-**現**

被人耻笑。

此句中，動詞basu-"耻笑"的施事爲weri"他人"，由與格格助詞de標記，受事主语（即耻笑對象）没有出現。

19. 并——并列副動詞

動詞的并列副動詞構形成分爲-me。

1）并列副動詞和後面的動詞構成并列結構，充當謂語，表示動作、行爲并列或同時發生。如：

giyan be songkolo-me fafun be tuwakiya-mbi.
理 **賓** 遵循-**并** 法令 **賓** 防守-**現**

循禮奉公。

根據動詞的詞義，副動詞形式有時可以看作相應的副詞，充當狀語修飾後面的謂語動詞。如：

ginggule-me eje-fi kiqe-ki.
恭謹-**并** 記住-**順** 勤奮-**祈**

謹記着奮勉。

此句中，副動詞gingguleme“恭謹地”修飾eje-“記住”，即“謹記”。

2）某些由-me構成的詞或詞組具有連詞、副詞等功能，如bime“和；而且”，bimbime“而且”，seme“因爲；雖然；無論”，aname“依次”，等等，可以不再拆分語法成分，僅標注整體的詞義。如：

gosin jurgan bime tondo nomhon.

仁　義　而且　忠　厚

仁義而且忠厚。

3）-me可以構成動詞的進行體，表達動作正在進行中，如現在時進行體V-me bi，過去時進行體V-me bihe。語法標注仍然寫作并列副動詞。如：

jing hergen ara-me bi.

正　字　寫-**并**　現

正寫着字。

4）動詞的并列副動詞與助動詞mutembi和bahanambi構成固定搭配。V-me mutembi即“能够做某事”，V-me bahanambi即“學會做某事”。如：

emu gisun de waqihiya-me mute-ra-kv.

一　話語　**位**　完盡-**并**　能够-**未**-**否**

不是一言能盡的。

age si manjura-me bahana-mbi-u.

阿哥　你　說滿語-**并**　學會-**現**-**疑**

阿哥你會説滿洲話嗎？

20. 順——順序副動詞

動詞的順序副動詞構形成分爲-fi。

1）順序副動詞與其後動詞共同作謂語，表示動作行爲按時間順序、邏輯順序等依次發生，做完某事再做某事。如：

dosi-fi fonji-na.

進-**順**　問-去.**祈**

進去問去。

2）順序副動詞可用於引導原因。如：

yabun tuwakiyan sain ofi, niyalma teni kundule-me tuwa-mbi.
行爲 品行 好 因爲 人 纔 尊敬-**并** 對待-**現**

因爲品行好，人纔敬重。

此句中，ofi爲ombi“成爲”的順序副動詞形式，在句中引導原因從句。

ere udu inenggi baita bifi.
這 幾 日子 事情 因有

這幾日因爲有事。

此句中，bifi爲bimbi“存在”的順序副動詞形式。

3）-fi可以構成動詞的完成體，如現在時完成體V-fi bi，表達動作、行爲已經發生，狀態延續到現在。如：

tuwa-qi, duka yaksi-fi bi.
看-**條** 大門 關閉-**順** **現**

duka nei-qi se-me hvla-qi, umai jabu-re niyalma akv.
大門 開-**條** **助**-**并** 呼喚-**條** 全然 回答-**未** 人 **否**

一瞧，關着門呢。叫開門呢，没有答應的人。

此句中，yaksifi bi說明門關上這個動作已經發生，這個狀態延續到叙述者叫開門的當下。

21. 條——條件副動詞

動詞的條件副動詞構形成分爲-qi。

1）條件副動詞所表達的動作行爲是其後動作行爲發生的條件或前提假設，可表達“如果”“則”之意。如：

kiqe-me taqi-qi xangga-qi o-mbi.
勤奮-**并** 學-**條** 做成-**條** 可以-**現**

勤學則可成。

2）某些由-qi構成的詞或詞組具有連詞、副詞等功能，如oqi“若是”，biqi“若有”，seqi“若説”，akvqi“不然，否則”，eiqi“或者”，等等，僅標注詞義。如：

taqi-ra-kv oqi beye-be waliya-bu-mbi-kai.

學習-未-否 若是 自己-賓 抛弃-使-現-啊

不學則自弃也。

3）動詞的條件副動詞與助動詞ombi和aqambi構成固定搭配。V-qi ombi即“可以做某事”，V-qi aqambi即“應該做某事”。如：

tere bou te-qi ojo-ra-kv.

那 房子 居住-條 可以-未-否

那房子住不得。

taqi-re urse beye haqihiya-qi aqa-mbi.

學習-未 人們 自己 勸勉-條 應該-現

學者須自勉焉。

22. 持——持續副動詞

動詞的持續副動詞構形成分爲-hAi（-hai/-hei/-hoi）。

1）動詞的持續副動詞形式表示這個動作、行爲持續不停，一直進行或重複。如：

yabu-hai teye-ra-kv.

行-持 休息-未-否

只管走不歇着。

inenggi-dari tanta-hai fasi-me buqe-re de isibu-ha.

日子-每 打-持 上吊-并 死-未 與 以致於-完

每日裹打過來打過去以致吊死了。

2）-hAi可以構成動詞的持續體，如現在時持續體V-hAi bi，表示動作、行爲持續不停，一直進行或重複。如

gemu mimbe tuwa-hai bi-kai.

全都 我.賓 看-持 現-啊

全都看着我。

sini ji-he nashvn sain bi-qibe, minde o-qi asuru baha-fi

你.屬 來-完 時機 好 存在-讓 我.位 成爲-條 十分 得以-順

gvnin akvmbu-ha-kv, soroqo-hoi bi.
心意 盡心-**完-否** 羞愧-**持** **現**

你來的機會固然好，在我却没有得十分盡心，尚在抱愧。

23. 至——直至副動詞

動詞的直至副動詞的構形成分爲-tAlA（-tala/-tele/-tolo），表示動作行爲進行到某時、某程度爲止。如：

goro goida-tala tuta-bu-ha.
遠 久-**至** 留下-**使-完**

久遠貽留。

fuzi hendu-me, inenggi-dari ebi-tele je-me, mujilen be
孔夫子 説道-**并** 日子-每 吃飽-**至** 吃-**并** 心思 **賓**

baitala-ra ba akv oqi, mangga kai se-he-bi.
使用-**未** 處 **否** 若是 困難 啊 説.**助-完-現**

子曰：飽食終日，無所用心，難矣哉！

24. 極——極盡副動詞

動詞的極盡副動詞的構形成分爲-tAi（-tai/-tei/-toi）。極盡副動詞往往用於修飾其後的動作、行爲，表示動作、行爲以某種極致的程度或方式進行。如：

nure omi-re de wa-tai amuran.
黄酒 喝-**未** **與** 殺-**極** 愛好

極好飲酒。

此句中，watai amuran意爲“愛得要死”，watai表示程度極深。

ahvta -i giyangga gisun be singge-tei eje-mbi.
兄長.**複** **屬** 理義的 話語 **賓** 浸透-**極** 記住-**現**

兄長們的理學言論發狠的記着。

singgetei ejembi意爲“牢牢地、深入地記住”，singgetei在此句中形容被理學言論完全浸透的狀態。

25. 延——延伸副動詞

動詞的延伸副動詞的構形成分爲-mpi或-pi，表示動作、行爲逐漸完成，達到極限程度。如：

monggon sa-mpi hargaxa-mbi, mujilen je-mpi yabu-mbi.
脖子 伸-**延** 仰望-**現** 心思 忍耐-**延** 行-**現**
引領而望，忍心而行。

tumen gurun uhe-i hvwaliya-pi, eiten gungge gemu badara-ka.
萬 國 統一-**工** 和好-**延** 所有 功勞 都 滋蔓-**完**
萬邦協和，庶績咸熙。

26. 前——未完成副動詞

動詞的未完成副動詞的構形成分爲-nggAlA（-nggala/-nggele/-nggolo），表示動作行爲發生、進行之前。如：

gisun waji-nggala, uthai gene-he.
話 完-**前** 就 去-**完**
話未完，便去了。

baita tuqi-nji-nggele, nene-me jaila-ha.
事情 出-來-**前** 先-**并** 躲避-**完**
事未發，先躲了。

27. 伴——伴隨副動詞

動詞的伴隨副動詞構形成分爲-rAlame（-ralame/-relame/-rolame），表示動作、行爲進行的同時伴隨别的動作。如：

hvla-ralame ara-mbi.
讀-**伴** 寫-**現**
隨念隨寫。

gisure-relame inje-mbi.
説-**伴** 笑-**現**。
且説且笑。

28. 弱——弱程度副動詞

動詞的弱程度副動詞構形成分爲-shvn/-shun/-meliyan，表示動作程度的減弱，即“略微”。如：

sarta-shvn
遲誤-**弱**
稍遲誤些

enggele-shun
探身-**弱**
稍前探些

29. 讓——讓步副動詞

動詞的讓步副動詞構形成分爲-qibe，表示雖然、即使或無論等。如：

umesi urgunje-qibe, damu sandalabu-ha-ngge ele goro o-ho-bi.
很 喜悦-**讓** 衹是 相隔-**完**-**名** 更加 遥遠 成爲-**完**-**現**
雖然狠喜歡，但只是相隔的，越發遠了。

30. 名——名物化

滿語的動詞、形容詞等可以通過ningge或-ngge轉變爲相應的名詞或名詞短語。通過名物化生成的名詞或名詞短語往往在句中充當話題。如：

ehe gisun tuqi-bu-ra-kv-ngge, uthai sain niyalma inu.
壞 話語 出-**使**-**未**-**否**-**名** 就 好 人 是
不説不好語，便是好人。

i sinde fonji-ha-ngge ai baita
他 你.**與** 問-**完**-**名** 什麽 事
他問你的是什麽事。

tumen jaka qi umesi wesihun ningge be niyalma se-mbi.
萬 事物 **從** 最 貴 **名** **賓** 人 叫做-**現**
比萬物最貴的是人。

31. 助——助動詞

滿語中的助動詞可分爲實義助動詞和表達語法功能的助動詞。

1）實義助動詞有mutembi、bahanambi、ombi、aqambi、tuwambi等，可以和其他動詞構成如下結構：V-me mutembi“能够做某事”，V-me bahanambi“學會做某事”，V-qi ombi“可以做某事”，V-qi aqambi“應該做某事”，V-me tuwambi“試試看做某事”。

對這一類助動詞不做語法標注，衹標注其實義。如：

age si gvni-me tuwa.
阿哥 你 想-**并** 看.**祈**

阿哥你想。

其中gvnime tuwa意爲“想想看”或“試想”。

2）bimbi、ombi、sembi三個動詞不僅具有實義，還可以當作助動詞使用。

如前所述，bimbi、ombi、sembi與其他語法功能附加成分可以構成連詞、副詞，如bime“并且”，biqi“若有”，oqi“若是”，ofi“因爲”，seqi“若説”，seme“雖然；無論”等。

bimbi、ombi、sembi在句中往往既有實義又兼具助動功能。又如oqi、seqi、sehengge、seme、sere、sehengge在句中也可用於標記話題。標注時可將助動詞詞幹和其後構形附加成分拆開，分别標注其語義和語法功能。如：

niyalma se-me jalan de banji-fi, uju-i uju de taqi-re-ngge oyonggo.
人 説.**助-并** 世界 **位** 生存-**順** 第一-**屬** 第一 **位** 學習-**未-名** 重要

人啊，生在世上，最最要緊的就是學習了。

此句中seme爲sembi的并列副動詞形式，提示了話題，又使niyalma seme具備副詞詞性修飾後面的謂語動詞banji-。

i emgeri sa-fi goida-ha, si kemuni ala-ra-kv o-fi aina-mbi.
他 已經 知道-**順** 久-**完** 你 仍 告訴-**未-否** 成爲.**助-順** 幹什麼-**現**

他知道已久，你還不告訴他幹什麼？

此句中ofi爲ombi的順序副動詞形式，由於alarakv無法直接附加-fi，所以需要助動詞ombi幫助其變爲合適的副動詞形式，然後纔能與後面的動詞

ainambi構成合乎語法的句子。

3）sembi作爲助動詞主要用於以下三種情況。

首先，sembi用於引導摹擬詞。如：

ser se-re ba-be olhoxo-ra-kv-qi ojo-ra-kv.
細微貌 **助-未** 處-**賓** 謹慎-**未-否-條** 可以-**未-否**

不可不慎其微。

seule-me gvni-re nergin-de lok se-me merki-me baha.
尋思-**并** 思考-**未** 頃刻-**位** 忽然貌 **助-并** 回憶-**并** 獲得.**完**

尋思之下，驀然想起。

其次，sembi用於引導説話的内容。如：

fuzi -i hendu-he, yadahvn bime sebjengge se-re gisun de
孔夫子 **屬** 説道-**完** 貧窮 而 快樂 説.**助-未** 話語 **位**

mute-ra-kv dere.
能够-**未-否** 吧

孔夫子説的，“貧而樂”的話，固是不能。

再次，sembi用於祈使句和虛擬語氣句，用法見祈使式和虛擬語氣。

32. 序——序數詞

基數詞變序數詞需要在基數詞之後附加-qi。如：

emu-qi
一-**序**

第一

33. 分——分配數詞

在基數詞之後附加-te構成分配數詞，表示“每幾；各幾”。如：

niyalma tome emu-te mahala.
人 每 一-**分** 帽子

每人各一個帽子。

補充説明：

1. 爲了避免語法功能成分的語法標注和實詞成分的語義標注相混淆，語法功能術語均縮寫爲一個字，使用黑體。如：

age simbe soli-na-ha de ainu jide-ra-kv.

阿哥 你.**賓** 邀請-去-**完** **位** 爲何 來-**未**-**否**

阿哥請你去，怎麽不來？

此句中，solinaha中soli-爲實義動詞詞幹，標注“邀請”，-na爲實詞性構詞成分，標注“去”，-ha爲完整體構形成分，標注“**完**”。

2. 同一個成分既有實詞詞義又有語法功能，或者一個成分有多個語法功能時，對同一個成分的多個標注之間用“.”隔開。如：

si imbe ureshvn -i hvla-kini se.

你 他.**賓** 熟練 **工** 讀-**祈** 説.**助**.**祈**

你叫他念得熟熟地。

人稱代詞的格附加成分統一不拆分，如上句中imbe標注爲“他.**賓**”。

3. 排除式第一人稱複數be標注爲“我們”，説明其所指對象不包括交談中的聽話人。包括式第一人稱複數muse標注爲“咱們”，説明其所指對象包括聽話人在内。

4. 本方案引用的例句部分取自本“萃編”，其餘例句通過日本東北大學栗林均先生建立的蒙古語諸語與滿語資料檢索系統（http://hkuri.cneas.tohoku.ac.jp/）檢索獲得。

以上説明，意在爲本“萃編”的滿文點校整理提供一套統一的標注指導方案。諸位點校者對滿語語法的分析思路各有側重點，在遵循標注方案的大原則下，對部分語法成分和某些單詞的標注、切分不免存在靈活處理的現象。例如seqi，從語義角度分析，可以將其當作一個固定成分，標注爲“若説”；從語法角度，可以拆分爲se-qi，當作動詞sembi的條件副動詞形式。又如jembi的未完整體形式存在特殊變化jetere，有兩種拆分方式：可以從現時層面分析，認爲jetere的詞幹是je-，而-tere是不規則變化的未完整體附加成分；也可以從語言演變的歷時變化角度分析，認爲詞幹是jete-，是jembi這個動詞的早期形式被保留在未完整體形式中。標注的方式原則上統一、細節上參差多態，不僅有利於表現某一語言成分在實際語句中的特徵，也便於讀者從多方面理解滿語這一黏着語的語法特色。

語法標注簡表*

簡稱	編號	名稱	示例	簡稱	編號	名稱	示例
伴	27	伴隨副動詞	-rAlame	弱	28	弱程度副動詞	-shvn, -shun, -meliyen
被	18	被動態	-bu	使	17	使動態	-bu
賓	4	賓格格助詞	be	屬	2	屬格格助詞	-i, ni
并	19	并列副動詞	-me	順	20	順序副動詞	-fi
持	22	持續副動詞	-hAi	條	21	條件副動詞	-qi
從	7	從格格助詞	qi	完	9	完整體	-HA
分	33	分配數詞	-te	未	10	未完整體	-rA
否	13	否定式	-kv, akv	位	5	位格格助詞	de
複	1	複數	-sa, -ta 等	現	11	現在將來時	-mbi
工	3	工具格格助詞	-i, ni	虛	16	虛擬語氣	ayou, -rahv
過	12	過去時	bihe, -mbihe	序	32	序數詞	-qi
極	24	極盡副動詞	-tAi	延	25	延伸副動詞	-mpi, -pi
經	8	經格格助詞	deri	疑	14	疑問語氣	-u, -n 等
名	30	名物化	-ngge, ningge	與	6	與格格助詞	de
祈	15	祈使式	-ki, -kini, -qina, -rAu 等	至	23	直至副動詞	-tAlA
前	26	未完成副動詞	-nggAlA	助	31	助動詞	sembi, ombi, bimbi 等
讓	29	讓步副動詞	-qibe				

*爲了方便讀者查閲，語法標注簡稱按音序排列，編號與正文中序號保持一致。

“萃編”滿文部分的整理是摸着石頭過河，上述語法標注系統是中日兩國參與滿文校注的作者們集體討論的結晶，由陸晨執筆匯總。方案雖充分吸收了前人時賢的研究成果，畢竟屬於開創之舉，難免存在不盡如人意之處，我們衷心希望得到廣大讀者的幫助和指正，以切磋共進。

本“萃編”的編校工作由北京大學出版社宋思佳老師精心統籌，杜若明、張弘泓、歐慧英三位老師在體例制定和底本搜集上給予了很多幫助，崔蕊、路冬月、唐娟華、王禾雨、王鐵軍等責編老師也付出了大量心血，在此深表謝忱。

編者

二〇一八年六月

目　録

導讀

劉雲　王碩

一、引　言

《清話問答四十條》是清代重要的滿漢合璧會話書，成書於乾隆二十二年（1757），於次年刊行，傳播甚廣，又於光緒四年（1878）修訂再版，更名爲《滿漢合璧四十條》。作者常鈞（1702—1789），隸鑲紅旗碩麟佐領[1]，以翻譯舉人累官至甘肅巡撫、湖南巡撫，另著有《射的説》《敦煌隨筆》《敦煌雜鈔》等重要著作。常鈞一生頗爲傳奇，壯年時軍功卓著，是雍乾非常倚重的西北封疆大吏，而其文才也十分出衆，精於繪事，不僅是清代滿語文教育的有力推動者，也是敦煌史地學的早期代表人物。在現有研究中，僅《清代西北邊臣常鈞史事三題》[2]一文對常鈞的身份、旗籍和西北宦迹進行了考證，本文將通過挖掘族譜、史籍、檔案、地方志等清代民國時期典籍，對常鈞的家世、生平履歷及著述情況加以考察。

二、常鈞之家世

《葉赫那拉氏世系生辰譜》爲常鈞次子那淳所著，那淳後人增補，是研究常鈞家世的第一手資料。據書中記載，常鈞字且平，號和亭，别號可園、之溪、復翁，齋名清潤，堂名敬義，生於“壬午年二月初六日寅時”，卒於“乾隆己酉年五十四年十月二十四日卯時”，享年八十八歲。常鈞曾祖胡錫布爲鑲紅旗滿洲，跟隨清世祖入關，曾任驍騎參領。祖父蒙固爾岱由筆

1　佐領：清代八旗組織基本單位名稱。初時一佐領統轄三百人，後改定爲二百人。其長亦稱佐領，世襲者稱爲世管佐領，選任者稱爲公中佐領，掌管所屬户口、田宅、兵籍、訴訟等。

2　肖超宇，清代西北邊臣常鈞史事三題，《中國邊疆民族研究》（第九輯），中央民族大學出版社，2016，第135～146頁。

帖式[1]歷任工部他齊哈哈番、户部員外郎、郎中、欽差河東鹽院[2]、陝西布政司。父興葆生於康熙壬寅元年（1662），終於雍正己酉七年（1729），曾任平郡王府頭等護衛，總管包衣大臣事務。母鄂卓氏爲正紅旗滿洲，甘肅巡撫伊圖之女。

常鈞原配瓜爾佳氏，爲内務府員外郎哈什泰之女，正黄旗滿洲，終於雍正年間，生長子那霔。繼配鄂卓氏，生於康熙壬辰五十一年（1712），乾隆二十六年（1761）誥封夫人，終於乾隆五十二年（1787），爲禮部郎中兼佐領五格之女，正紅旗滿洲，生次子那淳。常鈞後又納妾四人，妻妾六人共育有九子九女，成年的有六子七女，多與世家貴胄結親，這也從側面反映了常鈞家世之顯赫。

三、常鈞之生平履歷

雍正四年（1726），常鈞由“翻譯舉人考授内閣中書”[3]。雍正八年，時任兵部主事的常鈞和内閣侍讀舒赫德被挑選爲首任軍機章京。《軍機章京題名》有記載：“常鈞，鑲紅旗滿洲人，雍正八年由兵部主事充。”[4]常鈞後被派往西北地區歷練。據《續潼關縣志》記載，雍正十年，“鑲紅旗人舉人”[5]常鈞出任陝西潼關撫民同知。“雍正十三年十一月内補授榆林府知，乾隆三年十二月内補授甘肅安西兵備道。”[6]常鈞任安西道十餘年，任上著有《敦煌雜鈔》《敦煌隨筆》，從書中内容可見，常鈞對當地邊防政務等非常熟悉，在當時這樣熟悉甘陝邊情的官員是極爲稀缺的。乾隆十二年（1747），乾隆接見常鈞後就計劃培養重用，“人去得，再過數年可以陝甘

---

1 筆帖式：清代於各衙署設置的低級文官，掌理翻譯滿漢章奏文書。

2 鹽院：管理鹽務的長官。

3 ［清］李桓輯《國朝耆獻類徵初編》，《清代人物傳記叢刊》，周駿富輯，明文書局，1985，第154册第603～612頁。

4 ［清］吴孝銘編《軍機章京題名》，《近代中國史料叢刊》，沈雲龍主編，文海出版社，1966，第544册第19頁。

5 ［清］向淮修，［清］王森文纂《續潼關縣志》，《中國方志叢書》，臺北，成文出版社，1969，第59頁。

6 秦國經主編《清代官員履歷檔案全編》，華東師範大學出版社，1997，卷二第86頁。

臬司用之”[1]。乾隆十四年（1749），常鈞因“廢弛徇隱”“虧空白銀一萬七千兩”被甘肅巡撫鄂昌參奏後革職，後來依舊得到乾隆重用，“特授兵部主事、軍機處行走，隨征西路”[2]。乾隆二十年（1755），常鈞以軍機章京從征準噶爾，二十二年，因在軍中“承辦事件既無貽誤，且效力行間頗知奮勉”[3]，授額外員外郎。

之後，常鈞仕途步入了快車道，乾隆二十五年四月，“升授江南徐淮海道，未及赴任，旋授正白旗漢軍副都統兼公中佐領”[4]，同年六月遷刑部侍郎，同年十一月協助大學士劉統勳赴江西查處江西巡撫阿思哈收取賄贈案，署江西巡撫，十二月署安徽巡撫，同月調補倉場侍郎。乾隆二十六年四月實授河南巡撫，任內積極整治水患，賑濟災民，推廣犁樓和撒裂種二法，解決了濕地無法用牛犁田的難題，得到嘉獎。同年十月赴江西任巡撫，次年二月，乾隆南巡賜常鈞詩，表彰其軍功政績，詩云：“百戰得歸身，九歌出牧臣。無端泛河洛，有術免沉淪。熟路輕車易，賢勞體恤頻。西江魚米地，休息且同民。”[5]是年閏五月，乾隆又以常鈞從征準噶爾卓有勞績，恩賞雲騎尉世職。

此後常鈞被頻繁調任，於乾隆二十七年五月調甘肅巡撫，二十八年十一月調湖北巡撫，二十九年六月調雲南巡撫，同年七月署理湖廣總督，乾隆三十一年（1766）二月任湖南巡撫，期間審理“桂陽州民侯七郎毆殺從兄岳添”一案時，用人失察，受桂陽知州張宏燧蒙蔽，被革去巡撫之職，但很快就被重新啓用，乾隆三十二年二月，乾隆命常鈞任喀什噶爾辦事大臣，自備資斧前往，五月調任哈喇沙爾辦事大臣欽差，駐哈爾沙爾掌大臣關防，辦理回部事務。三十六年常鈞奉調回京，“補授三等侍衛，補本旗管理紅白

1 秦國經主編《清代官員履歷檔案全編》，華東師範大學出版社，1997，卷二第86頁。

2 ［清］那淳纂修《葉赫那拉氏世系生辰譜》，《北京圖書館藏家譜叢刊》，北京圖書館出版社，2003，第275頁。

3 《平定準噶爾方略》正編卷四六，《欽定四庫全書》第358册第4頁下。

4 ［清］那淳纂修《葉赫那拉氏世系生辰譜》，《北京圖書館藏家譜叢刊》，北京圖書館出版社，2003，第275頁。

5 國史館纂《滿漢大臣列傳》，卷四第14頁下。

銀兩事務章京”[1]。乾隆五十年，常鈞受邀參加千叟宴。五十四年卒，享壽八十八歲。

四、常鈞之重要著述

4.1 滿漢合璧《清語問答四十條》

4.1.1 版本

《清語問答四十條》是一部教授旗人學習滿語的會話書，由四十段不同主題的日常會話組成。滿文列左，右列是對應的北方口語翻譯。該書現存兩種版本，均流傳較廣。其一題名《清華問答四十條》，卷首有乾隆二十三年滿文序；其二題名《滿漢合璧四十條》，卷首有光緒四年滿漢對照序。這兩種版本在中央民族大學圖書館[2]和北京大學圖書館[3]均有收藏。

其中乾隆本，前有永貴序，後有作者跋，皆爲滿文，每頁六行，正文部分爲滿漢合璧，每頁滿漢文各五行，每行詞數不一，滿漢文隔行對照書寫。光緒本，前有序言，介紹了該書修訂出版的過程，云：“光緒二年二月，奉都軍憲，將八旗官學事務委派鑲紅、鑲藍二旗協領穆精額經理。查得官學原刊書板内有《四十條》一書，板片朽爛過多。至二十餘年，并未刷印，恐有誤於諸生，用是令領催祥瑞、雙祥、恩承、恩瑞、靈康、額勒赫布、翻譯教習依濟斯渾、錫特渾阿召諸梓人重行刊刻去後，今光緒四年四月刊刻已竣，刷出以資諸生受讀而垂永久也，是爲序。”光緒本序言與正文均是滿漢合璧，每頁滿漢文各五行，每行詞數不一，滿漢文隔行對照書寫。乾隆本和光緒本中縫上均有單魚尾，中縫下均有漢文頁碼標記，有外粗内細雙綫邊框，均無界欄。在内容上，二版本大體相同，極個別滿漢文用字、用詞略有出入，或可作爲不同時期語言發展變化的證據，具有一定的比較研究價值。

---

1 ［清］那淳纂修《葉赫那拉氏世系生辰譜》，《北京圖書館藏家譜叢刊》，北京圖書館出版社，2003，第276頁。

2 黃潤華、屈六生主編《全國滿文圖書資料聯合目録》，書目文獻出版社，1991，第126頁、241頁。

3 北京大學圖書館藏爲筆者親見。

此次整理以北京大學藏乾隆本爲底本，參校光緒本。兩個版本的不同之處均在注釋中説明。

4.1.2 從序跋看《四十條》的成書過程及内容特點

乾隆本成書時間早，書前有永貴序言，書後有作者跋，對編寫過程和宗旨有明確的記述，皆爲滿文，爲方便研究者使用，譯爲漢文[4]：

序

達意昭行，無言則不能遠存；卓識君子，定然言簡意賅，音律明晰，以增其行。國文字簡而音繁，清語言簡而意豐。修身、教子、齊家、領軍民，則不輸漢文。吾與先生於軍中共理繁雜，先生天生於穩重中有修身之功課，遇事不失其思，從容若無事理之，故而多重之而心結之。一日，先生出《四十條》一書，囑余作序，言“此乃我於軍旅中，得閑所編，於國語旁注漢語，爲教育子弟而作者”。余觀之，非但話條、明理之處亦豐。言者，心之聲也，行之兆也。學生明之而踐行，則非但熟習國語，更於修身有補。先生之學問、存心、行事，定於公私有益而用誠，由是亦可洞見。故而作序與之。

永貴 作

乾隆二十三年戊寅春日

跋

古今之人，若有闡發之項，必出其初心以作序，然今吾之爲教子弟所做者，特恐在子弟心性未定時，失老人之舊俗，故何必恬作序。吾生性愚鈍且自幼久居省城，故而未得勤學國語，丙午年，幸而考取得用，未久得放外任，輾轉二十餘年，不但未執清書，幼年所記之言語亦至忘却。乙亥年，以章京分從戎以來，雖無讀書之暇，尚有休息之刻，念及教授子弟，將眼前問答粗話編爲四十條，兼以漢字，不無獻醜于諸君子處，然若得見諒於慣引新進後生之思者，幸也。

那拉氏常鈞

乾隆二十二年丁丑年中秋

---

4 譯文由王碩執筆。

永貴（？—1783），雍正十年（1732）由筆帖式授户部主事，歷任伊犁將軍、吏部尚書、協辦大學士等要務。永貴和常鈞一樣，均緣事免職後被派往西北，在平定準噶爾等戰事中屢立戰功得到重用。從序跋看，《四十條》應是成書於“從征西路”期間，具體來説是乾隆二十年到乾隆二十二年之間。常鈞精通滿漢雙語，於雍正四年考取翻譯舉人，其長子那霨和次子那淳也分别考中翻譯舉人和翻譯進士。從序跋可知，常鈞撰寫該書的目的是爲了教育滿洲子弟，所傳授的不僅是滿語知識，還有“老滿洲”們的立身處世之道。因此，《四十條》不僅僅是一本教授滿語的“話條子”，還具有極强的教化、勸喻功能，這與《清文啓蒙》《清文指要》等經典滿漢合璧會話書一脉相承，如第二條就是勸學滿洲話的話題，以一問一答的形式展開：

甲：阿哥你會説滿洲話嗎？

A: age si manjurame bahanambiu?

乙：現今學着説呢。

B : te taqime gisurembi.

甲：你口裏説是學，看來不甚用功。滿洲話，是滿洲們分内必該會的，若不練熟使不得呢。光陰迅速，日月如梭，好好的用功，人不能替你用力，不要耽擱了自己。

A: si angga de taqimbi sere gojime, tuwaqi asuru kiqerakv, manju gisun serengge, manju halangga niyalma i teisu dorgi urunakv bahanaqi aqarangge, ureburakv oqi ojorakv kai, erin kemu geri fari, xun biya homso -i adali, saikan kiqe, niyalma sini funde hvsutuleme muterakv, ume beye be sartabure.

我們對四十個話條的主題進行了歸納，臚列如下：

1. 立身行己之理	6. 書本武備俱要用功	11. 爲弟的道理	16. 交友需慎
2. 勸學滿洲話	7. 射箭要訣	12. 讀書以明理	17. 招待經過的朋友
3. 勸學	8. 閑暇時光	13. 勸親友多走動	18. 友人處尋覓美食
4. 無師自通滿洲話	9. 品行是本，本事是末	14. 偶識新友	19. 參加宴請
5. 漢先生講授得法	10. 孝道	15. 寬厚爽快之益友	20. 便酌

（續表）

21. 道謝寒暄	26. 忌文過飾非	31. 感激朋友教導	36. 貧而無諂
22. 道別寒暄	27. 謙遜之道	32. 感謝朋友提醒	37. 仗義疏財
23. 贊人謹言慎言	28. 勸人謹言慎言	33. 背後莫議人非	38. 贈馬致謝
24. 精明人忌刻薄	29. 冒撞朋友	34. 勸人莫要驕縱	39. 打圍養犬話題
25. 辦事之道	30. 忍讓他人	35. 勸人制怒忍耐	40. 修身處事之道

如上表所示，《四十條》的内容十分豐富，不乏美食、下棋、射箭、聽戲、寫字、打彈弓、摔跤、打獵、飼養犬馬等旗人日常文娱軍體話題，但更多的内容集中在鼓勵子弟努力學習上進，教授他們如何爲人處事和待人接物。其中“勸學”題材的有8條，作者勉勵子弟們加强滿漢文學習的同時，也要勤習騎射技勇，不忘滿洲之根本。13、14、17、19、20、21、22、37、38、39等條則演示了在各種特定環境下如何待人接物，而剩餘諸條則教育子弟敦行孝悌，善交良友，謹言慎行，寬厚待人，修身養性。

4.1.3《四十條》是清代旗人生活的小百科——以第十九條爲例

《清語問答四十條》一書其目的雖“爲教育子弟而作”，内容除了教化旗人子弟修身、盡孝、齊家等外，還兼及各類文娱活動、軍事技能訓練，在字裏行間反映了彼時旗人社會的日常生活。如第十九條中的宴請描寫，反映了當時旗人生活中主食多爲各式麵條和糕點，菜品較少，以各式燒烤烹煮的肉類爲主，且在食用時，主要就餐工具仍然是刀，且自切自食。

僅hangse（麵）就有lakiyangga hangse（掛麵）、furungga hangse（切麵）、tatangga hangse（拉麵）等多種，此外，主食尚有lala（黄米飯），而食用時必配oromu（奶皮子），另外，如食用米飯還需配上xasigan（粉湯）、sile（清湯），而飯後又有飲品ayara（酸奶子）和飯後點心koforo efen（蜂糕）、hvya efen（螺絲餑餑）、feshen efen（撒糕）、ninggiya efen（餛飩）、tahvra efen（扁食）等。這一番對旗人宴請主食、飲品、甜點的精彩描寫，恰似清中前期的一部飲食簡介手册，充分體現了旗人對飲食（特別是麵食）的講究，與諸多描寫記録清代旗人社會生活的文獻相印證。

在不厭其煩地描述了麵點後，遲遲不見各類菜蔬登場，等來的却是要用小刀割着吃的bujuhangge（煮的肉）、xolohongge（燒烤的肉）和fuqihiyalahangge（燎毛的肉）。僅在一次宴席上就出現了至少三種不同做法的肉食（據筆者考查，應該都是豬肉）。這次宴席似乎規模不小，參與者衆，且有fuqihiyalahangge（燎毛的肉），似乎暗示了這是一場祭祀後闔族共分福肉的宴席。非但第十九條此一條，第二十條提及吃請，第二十一條提及各種節令點心，在四十條的局促篇幅内竟然有三條提到了飲食，其中兩條是以宴飲、餽贈爲主題，可見其在旗人社交生活中的重要地位。而《四十條》所描繪的旗人生活遠不僅如此，説它是一部旗人生活小百科手册毫不爲過。

4.1.4《清話問答四十條》的口語研究價值

《清話問答四十條》口語化程度很高，内容貼近京旗生活，爲研究當時的北京土語和滿語提供了珍貴的第一手資料。以書中詞彙爲例，“來着”“發福”“撒謊”“討没趣”“左撇子”“眼熟”“多材多藝”“張羅”“領情”“計較”“家常飯”“碰釘子”“有眼色”等大量北京話詞彙至今仍然使用，并爲普通話詞彙系統所吸收。而“凡百”“緣法”“情話”“有心有腸”“底裹”“大樣”“規模”“嘞摔”“提白”“尋趁”“巴結”“遭數”等大量特色詞彙或已退出使用，或迥異於今日用法，試舉幾例：

凡百：表示“所有、全部”。

（1）用力日久，一旦通達了的時節，凡百的都可以能彀透徹，前進的工夫還須問嗎？（《清話問答四十條·第一條》）

緣法：指“緣分”。

（2）尊駕多材多藝，聽見的久了，緣法好，纔得遇見，也要叙叙仰慕的情話。（《清話問答四十條·第十四條》）

尋趁：指故意挑刺找茬。

（3）人家的動作，管他作什麽，只是個反求諸己行去，没有尋趁的分兒，能彀怎麽樣呢？（《清話問答四十條·第三十條》）

大樣：裝模作樣，進而表示高傲、瞧不起人。

（4）説你有時謙遜，有時大樣。（《清話問答四十條·第二十七條》）

規模：典範、榜樣。

（5）想來你是身體力行有了效驗的，願給我們作個規模樣子。（《清話問答四十條·第九條》）

清代北京話研究長期以來受語料匱乏所限，進展緩慢，以《清話問答四十條》爲代表的滿漢合璧文獻也許會帶來突破。

4.2 滿漢合璧《射的説》

常鈞另一本滿漢合璧著作《射的説》成書於乾隆三十五年（1770），是一本教授射箭技巧的專業書，具體介紹了“步位”“執弓”“扣箭”“開弓”“審固”“撒放”等環節的技巧要領以及入門階段的訓練方法。常鈞認爲射箭之道不在力而在德，射箭技巧要發揮效用，精神層面上要做到“誠意”“正心”“存神”“養氣”，纔能達到弓、箭、手合一的境界。《射的説》後附《榆陽射圃觀馬圖説》，亦爲常鈞所著，介紹了挑選良駒的技巧和要點。

4.3《敦煌雜鈔》和《敦煌隨筆》

常鈞被認爲是“18世紀初葉第一個用文字記録了肅州以西各縣和敦煌莫高窟的文人”[1]，其代表著述《敦煌雜鈔》和《敦煌隨筆》均成書於乾隆七年（1742），據書中常鈞自序可知，兩書有所不同。《敦煌雜鈔》采“舊聞新得”，“略見沿革建置山川城堡之大凡”，主要是將《重修肅州新志》和各衛自輯志稿中的相關内容“分析義類，鈔葺成編”。而《敦煌雜抄》更側重“形勢險要疆域道裏風土人情吏治”，是常鈞游歷、觀察、思考所得，“間嘗於巡曆所至，轍迹所經，諮諏所及按之圖説，徵之輿論，其今昔之異宜，見聞之殊致者，輒隨筆記之”。

4.4 存世詩文畫作

除以上著述外，常鈞還有詩文傳世。《雪橋詩話》中收録《題鴨子泉詩》一首，係常鈞任安西道期間題於哈密西驛館壁間，《三州輯略》也收録該詩，名《題敦煌古寺》，詩云：

曾奏南熏解舜顔，敦煌祠廟白雲間。
靈旗影裏銅烏静，社鼓聲中鐵馬閑。

1 史葦湘《敦煌歷史與莫高窟藝術研究》，甘肅教育出版社，2002，第41頁。

萬里石沙開瀚海，一屏晴雪映天山。
高城月落飛羌笛，又見春光度玉關。

《八旗文經》收録《劉念台〈人譜〉序》一文，《人譜》爲明代大儒劉宗周的理學名著，乾隆三十年（1765）重新刊印時，常鈞爲之作序。[1]

《墨香居畫識》稱常鈞“解組後優游林下將二十年。精繪事，其畫虎尤妙，世尤珍之”[2]，其繪製的《海防圖》亦爲傳世輿圖之珍品。

五、結　語

綜上所述，在敦煌學史、邊疆史和滿語教學史上，常鈞都是一位重要人物，其著作《清話問答四十條》更是研究清代京旗生活和語言面貌的重要文獻。遺憾的是，常鈞及其著作目前尚未得到應有的關注，本文對常鈞的家世、履歷和著述情況進行了初步考證，期冀抛磚引玉，能够給後續研究提供一些綫索和參考。

1 見《八旗文經》，卷一四第488頁。

2 ［清］馮金伯撰《墨香居畫識》，卷六第2頁。

重排本

◎ᠮᠠᠨᠵᡠ ᡤᡳᠰᡠᠨ ᡳ ᠪᡳᡨᡥᡝ ᡥᡝᠰᡝ ᠠᡵᠠᡥᠠ ᡳ 『ᡶᠣᠨᠵᡳᡵᡝ ᠵᠠᠪᡠᡵᡝ ᡤᡳᠰᡠᠨ ᡩᡝᡥᡳ ᠮᡝᠶᡝᠨ』 ᡳ ᡧᡠᡨᡠᠴᡳᠨ

乾隆廿三年版『清話問答四十條』序

○ᡨᡠᠸᠠᠴᡳ ᠪᡝ ᡤᡡᠨᡳᠮᡝ ᠪᡳᡨᡥᡝ ᠪᡝ ᡨᡠᠸᠠᡥᠠᡩᠠ᠈ ᡤᡳᠰᡠᠨ ᠰᡝᡵᡝ ᠵᠠᡴᠠ ᡥᠣᠣᡳᡴᠠᠨ᠈ ᡤᠣᠰᡳᡥᠣᠨ ᠠᡴᡡ ᠪᡳᠰᡳᡵᡝ᠈ ᡥᡝᠰᡝ ᠮᡳᠯᠠᡵᠠᡴᡡᠩᡤᡝ ᠪᡝ ᡨᡠᠴᡳᠪᡠᡵᡝ᠈ ᡤᡳᠰᡠᠨ ᡩᡝ ᠮᡠᡨᡝᡵᡝ ᡩᡝ ᡨᡝᠪᡠᡥᡝ ᠵᠠᡳ ᠶᠠᠪᡠᡵᡝ ᠵᠠᠯᡳᠨ

ᠠᡵᡤᠠ ᡳ ᠰᠠᠮᠠ ᡤᡡᠨᡳᠨ ᠪᡝ ᡤᡳᠰᡠᡵᡝᠩᡤᡝ᠈ ᡤᡳᠰᡠᠨ ᡤᡳᠰᡠᠨ ᡳ ᠰᠠᡳᠨ ᠪᡝ ᡨᡠᠴᡳᠪᡠᡥᠠ᠈ ᠰᡝᠮᡝ ᡨᡝᠩᡤᡳᡴᡝ ᡤᡡᠨᡳᠨ ᡥᡠᠸᠠᠰᠠᡥᠠ᠈ ᡥᠠᡳᠰᠠᠨ ᠪᡝ ᡨᡠᠮᡝᠨ ᡳ ᡩᡝ ᠪᡳᡵᡝ ᠵᠠᡴᠠ ᡨᡠᠴᡳᠪᡠᡥᡝᡴᡠ᠈ ᡥᡠᠸᠠᡨᡠᠮᡝ ᡨᡝᡵᡝ ᠪᡳᠰᡳᡵᡝ

ᠮᡠᡴᡡᠨ ᠪᡝᡳ ᡤᡳᠰᡠᡵᡝᠩᡤᡝ᠈ ᡥᡠᠸᠠᠰᠠᡥᠠ ᠪᡝ ᡥᠣᡵᡤᡳᠮᡝ᠈ ᡨᠠᠴᡳᡥᠠ ᠪᡝᡳ ᠠᠮᠪᠠᠯᡳᠩᡤᡡ᠈ ᠵᡠᠸᡝ ᠪᡝ ᡨᡝᠪᡠᡥᡝ ᡩᠠᠮᡠ᠈ ᡩᠠᠮᡠ ᡨᠠᠴᡳᡥᠠᡩᡝ ᠪᡳᡨᡥᡝ ᠵᡳᡥᡝᠩᡤᡝ᠈ ᠪᠣ ᠪᡝ ᠰᡝᡵᡝᠩᡤᡝ ᠮᠠᠨᠵᡠ ᠪᡝ ᡨᡝ ᡤᡳᠰᡠᠨ ᡨᡝᡵᡝ ᠪᡝ ᠪᡳᡨᡥᡝ ᠰᡝᠮᡝ ᡤᡳᠰᡠᡵᡝᠩᡤᡝ᠈

ᡨᡠᠴᡳᠪᡠᡥᡝ ᠪᡝ ᠪᡳᡨᡥᡝ᠈ ᡥᡠᠸᠠᠰᠠᡥᠠ ᡳ ᠮᡠᡴᡡᠨ᠈ ᠪᡝᠶᡝ ᠪᡝᠶᡝ ᠰᠠᡳᠨ ᠠᠮᠪᠠ ᡨᡝᡵᡝ᠈ ᠵᡠᠸᡝ ᠮᡠᡨᡝᡵᡝ ᠪᡝ ᡴᠠᡳ᠈ ᡤᡳᠰᡠᠨ ᠪᡝ ᡨᡝᠪᡠᡥᡝ ᠠᡴᡡ᠈ ᡳᠯᡳᠪᡠᡥᠠ ᠰᡝᡥᡝ᠈ ᡤᡳᠰᡠᠨ ᡤᡳᠰᡠᠨ ᠪᡝ ᡳᠯᡳᠪᡠᡥᠠ᠈ ᠰᡝᠮᡝ ᡤᡳᠰᡠᡵᡝᠩᡤᡝ

ᠪᠠᡳᡨᠠ ᡤᡳ ᠮᡠᡴᡡᠨ ᠪᡝ ᡨᡠᠴᡳᠪᡠᡵᡝ ᡩᡝ ᡨᡝᡵᡝ ᡥᡳᠰᡳ᠈ ᡤᡳᠰᡠᠨ ᡳ ᡨᡠᠸᠠᡴᠠ ᠪᡝ ᡨᡠᠸᠠᠴᡳ ᠠᡴᡡ᠈ ᡤᡳᠰᡠᡵᡝ ᡨᡝᡵᡝ ᡨᡠᠸᠠᠴᡳ᠈ ᡳᠯᡳᠪᡠᡥᡝ ᠮᠠᠨᠵᡠ ᡳ ᡤᡳᠰᡠᠨ ᠪᡳᠰᡳᡵᡝ᠈ ᡨᡝᠪᡠᡥᡝ ᡳᠯᡳᠪᡠᡥᡝ ᠠᡵᠠᡥᠠ᠈ ᠮᡠᡨᡝᡵᡝᠩᡤᡝ ᠪᡝ ᠰᠠᡳᠨ᠈

ᠪᡳᡨᡥᡝ ᡳ ᡨᠠᠴᡳᡥᠠ ᠪᡝᡳ ᠮᡠᡴᡡᠨ᠈ ᡨᡠᠸᠠᡵᡝ ᠪᡝ ᡨᡝᠪᡠᡥᡝ᠈ ᡤᡳᠰᡠᠨ ᡳ ᡨᡠᠸᠠᠴᡳ ᡳᠯᡳᠪᡠᡥᠠ᠈ ᠪᠣ ᠮᡠᡨᡝᡵᡝᠩᡤᡝ᠈ ᡨᡝᡵᡝ ᠰᡝᠮᡝ᠈ ᠮᠠᠨᠵᡠ ᡤᡳᠰᡠᠨ ᠪᡝ ᠰᠠᡳᠨ ᠮᡠᡨᡝᡵᡝ᠈ ᠵᠠᠯᡳᠨ ᠪᡝᡳ ᡤᡳᠰᡠᡵᡝᠩᡤᡝ ᡨᡠᠴᡳᠪᡠᡥᡝ᠈

ᡨᡠᠸᠠᡥᠠ ᠪᡝ ᡨᡠᠸᠠᠴᡳ ᠮᡠᡴᡡᠨ ᡳ ᡳᠯᡳᠪᡠᡥᡝ᠈ ᡤᡳᠰᡠᠨ ᡳ ᡨᡠᠸᠠᡥᠠ ᠪᡝ ᡨᡝᠪᡠᡥᡝ ᠮᡠᡨᡝᡵᡝ ᠰᡝᠮᡝ᠈ ᡤᡳᠰᡠᠨ ᡳ ᠪᡝ ᡨᡝᡵᡝ ᠮᡠᡴᡡᠨ᠈ ᡳᠯᡳᠪᡠᡥᡝ ᡨᡠᠸᠠᡥᠠ ᠠᡴᡡ᠈ ᡨᡝᠪᡠᡥᡝ ᡤᡳᠰᡠᠨ᠈ ᠰᡝᠮᡝ ᡤᡡᠨᡳᠮᡝ ᡨᡠᠸᠠᡥᠠ᠈

ᡨᡠᠸᠠᡵᡝ ᠪᡝ ᡤᡡᠨᡳᠮᡝ᠈ ᠪᡳᡨᡥᡝ ᡳ ᡨᡠᠸᠠᠴᡳ᠈ ᡥᡝᠰᡝ ᠪᡝ ᡨᡝᠪᡠᡥᡝ᠈ ᡨᡝᡵᡝ ᠪᡝᡳ ᡤᡳᠰᡠᠨ᠈ ᡤᡳᠰᡠᡵᡝ ᠪᡝ ᠮᡠᡴᡡᠨ ᡳ ᡨᡠᠴᡳᠪᡠᡥᡝ᠈ ᡤᡳᠰᡠᠨ ᡨᡝᡵᡝ᠈ ᠮᡠᡨᡝᡵᡝ᠈ ᡨᡠᠸᠠᠴᡳ ᠪᡳᡨᡥᡝ ᠠᡴᡡ ᡤᡡᠨᡳᠮᡝ ᡨᡠᠸᠠᡥᠠ᠈

ᡨᡠᠴᡳᠪᡠᡥᡝ ᡳ ᡤᡳᠰᡠᠨ ᡳ ᡨᡠᠸᠠᠴᡳ ᠪᡝ᠈ ᡳᠯᡳᠪᡠᡥᡝ ᡨᡝᡵᡝ ᡳ ᡤᡡᠨᡳᠨ᠈ ᠮᡠᡨᡝᡵᡝ ᠪᡝ ᡨᡝᠪᡠᡥᡝ᠈ ᠰᡝᠮᡝ ᡥᡝᠰᡝ ᡳ ᡨᡠᠸᠠᡥᠠ ᠪᡝ ᡤᡳᠰᡠᡵᡝ᠈ ᡨᠠᠴᡳᡥᠠ ᡳᠯᡳᠪᡠᡥᡝ ᠪᡳᠰᡳᡵᡝ ᠪᡝ ᠮᡠᡨᡝᡵᡝᠩᡤᡝ᠈ ᡥᠠᡳᠰᠠᠨ ᠪᡝ᠈

ᠮᠠᠨᠵᡠ ᡤᡳᠰᡠᠨ ᡳ ᡨᡠᠸᠠᠴᡳ ᠪᡳᡨᡥᡝ᠈ ᡨᡠᠸᠠᡥᠠ ᠪᡝ ᡨᡝᠪᡠᡥᡝ ᠰᡝᠮᡝ᠈ ᡤᡳᠰᡠᠨ ᡳ ᡨᡠᠴᡳᠪᡠᡥᡝ ᠠᡴᡡ᠈ ᠮᡠᡨᡝᡵᡝ ᡨᡝᡵᡝ᠈ ᡳᠯᡳᠪᡠᡥᡝ ᠪᡝ᠉

難矣哉 若果把這心不想問着要用他 可就在格物致

肯用心 知識何以得長 子曰 飽食終日 無所用心

件件有個自然的理 要肯窮究那個理 没有不得的 若不

立身行己的道理 不是一言能盡的 世間的事 雖大小不得一樣

立身行己的道理 畢竟以甚麽爲先 按着層次前進 求教導 問的大

不曾聽見學的是何等本事 生成個人 學本事還算不得什麽 但是

阿哥看你 雖然年輕 生的伶俐 量不透日後到什麽地步 但目下

第一條

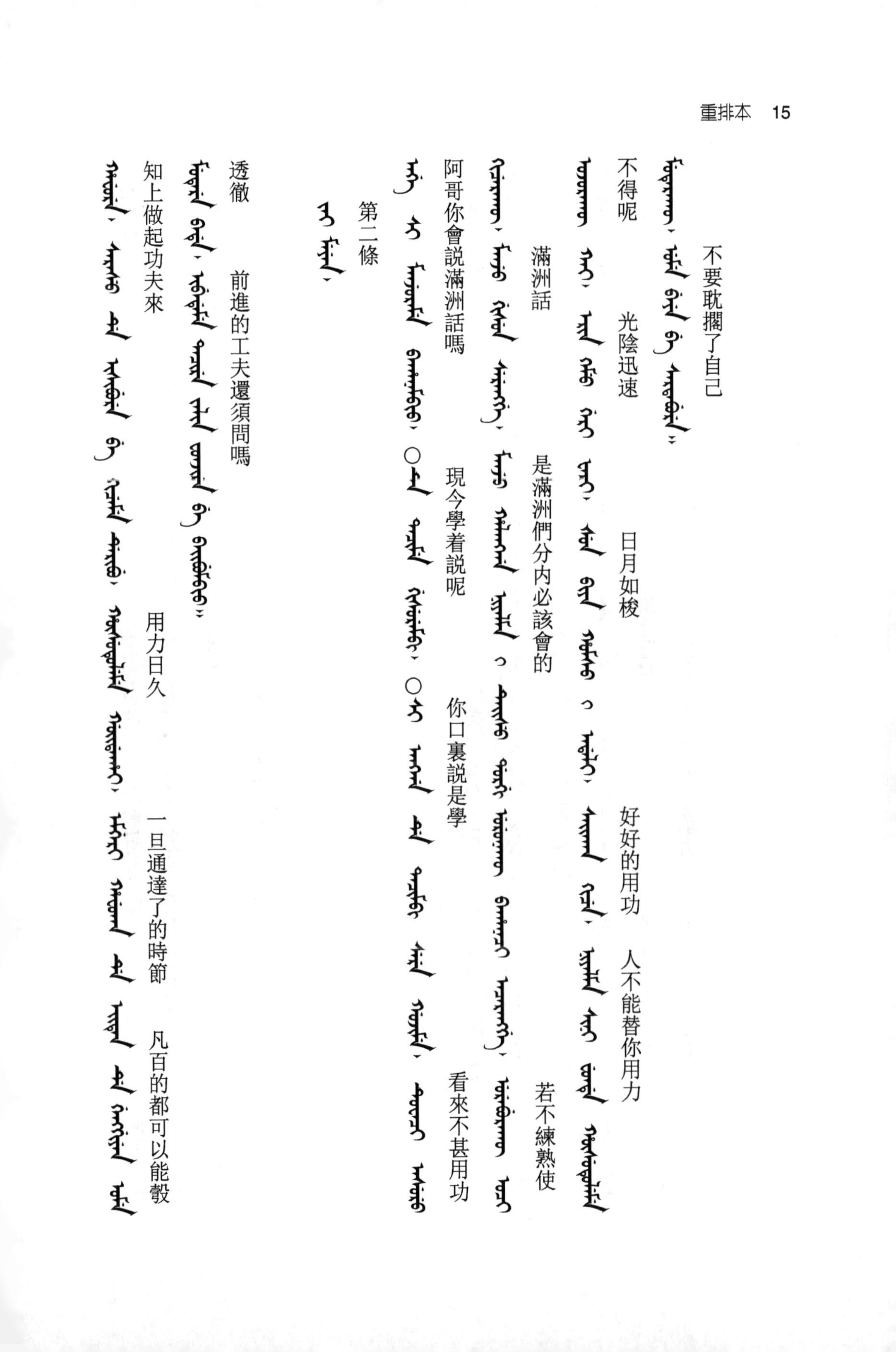

不要耽擱了自己

不得呢 光陰迅速 日月如梭 好好的用功 人不能替你用力

滿洲話 是滿洲們分內必該會的 若不練熟使

第二條

阿哥你會說滿洲話嗎 現今學着說呢 你口裏說是學 看來不甚用功

透徹 前進的工夫還須問嗎

知上做起功夫來 用力日久 一旦通達了的時節 凡百的都可以能彀

第三條

ᡳᠯᠠᠴᡳ ᠮᡝᠶᡝᠨ

阿哥你在家作什麼　讀書　讀什麼書　日裏讀漢書

ᠠᡤᡝ ᠰᡳ ᠪᠣᠣᡩᡝ ᠠᡳᠸᡝᡳᠯᡝᠮᠪᡳ᠈ ○ᠪᡳᡨᡥᡝ ᡥᡡᠯᠠᠮᠪᡳ᠈ ○ᠠᡳ ᡥᠠᠴᡳᠨ ᡳ ᠪᡳᡨᡥᡝ ᡥᡡᠯᠠᠮᠪᡳ᠈ ○ᡳᠨᡝᠩᡤᡳ ᡩᡝ ᠨᡳᡴᠠᠨ ᠪᡳᡨᡥᡝ

晚間念滿洲書　你這個年紀　正是學的時候　飽食暖衣的

ᡥᡡᠯᠠᠮᠪᡳ᠈ ᠶᠠᠮᠵᡳᠰᡥᡡᠨ ᠮᠠᠨᠵᡠ ᠪᡳᡨᡥᡝ ᡥᡡᠯᠠᠮᠪᡳ᠈ ○ᠰᡳ ᡝᡵᡝ ᠰᡝ ᡩᡝ᠈ ᠵᡳᠩ ᡨᠠᠴᡳᡵᡝ ᡝᡵᡳᠨ᠈ ᡝᠪᡳᡨᡝᠯᡝ ᠵᡝᡴᡝ ᠪᡠᠯᡠᡴᠠᠨ ᡝᡨᡠᡥᡝ᠈

没有費心的地方　知道該念書　有什麼説處呢　只不要徒在口頭耳邊用功夫

ᡤᡡᠨᡳᠨ ᠪᠠᡳᠪᡠᠯᠠᡵᠠ ᠪᠠ ᠠᡴᡡ᠈ ᠪᡳᡨᡥᡝ ᡥᡡᠯᠠᠴᡳ ᠪᡝ ᠰᠠᡵᠠ᠈ ᠠᡳ ᡤᡳᠰᡠᡵᡝᡵᡝ ᠪᠠ᠈ ᡩᠠᠮᡠ ᠠᠩᡤᠠ ᡧᠠᠨ ᡩᡝ ᡴᡳᠴᡝᡵᡝ ᠣᠵᠣᡵᠠᡴᡡ᠉

第四條

ᡩᡠᡳᠴᡳ ᠮᡝᠶᡝᠨ

阿哥你家裏請下滿洲師傅了嗎　曾經煩親友們尋訪　没有得　尚未請呢

ᠠᡤᡝ ᠰᡳᠨᡳ ᠪᠣᠣᡩᡝ ᠮᠠᠨᠵᡠ ᠰᡶᡠ ᠰᠠᡳᠯᠠᡥᠠᠣ᠈ ○ᠨᡳᠶᠠᠯᠮᠠ ᡩᡝ ᠪᠠᡳᡥᠠᠨᠠᠮᡝ ᠪᠠᡥᠠᡴᡡ᠈ ᠰᠠᡳᠯᠠᡵᠠᡴᡡ ᠪᡳ᠈

若是那樣你學會的滿洲書　是那個教的　怎敢説是會呢　眼面前的

○ᡨᡠᡨᡨᡠ ᠣᠴᡳ ᠰᡳᠨᡳ ᡨᠠᠴᡳᡥᠠ ᠮᠠᠨᠵᡠ ᠪᡳᡨᡥᡝ᠈ ᠸᡝ ᡨᠠᠴᡳᠪᡠᡥᠠ᠈ ○ᠪᡳ ᠠᡳ ᡤᡝᡥᡠᠨ ᠮᡝᠰᡝᠪᡝ ᠰᡝᠮᠪᡳ᠈ ᠶᠠᠰᠠ ᠵᡠᠯᡝᡵᡤᡳ

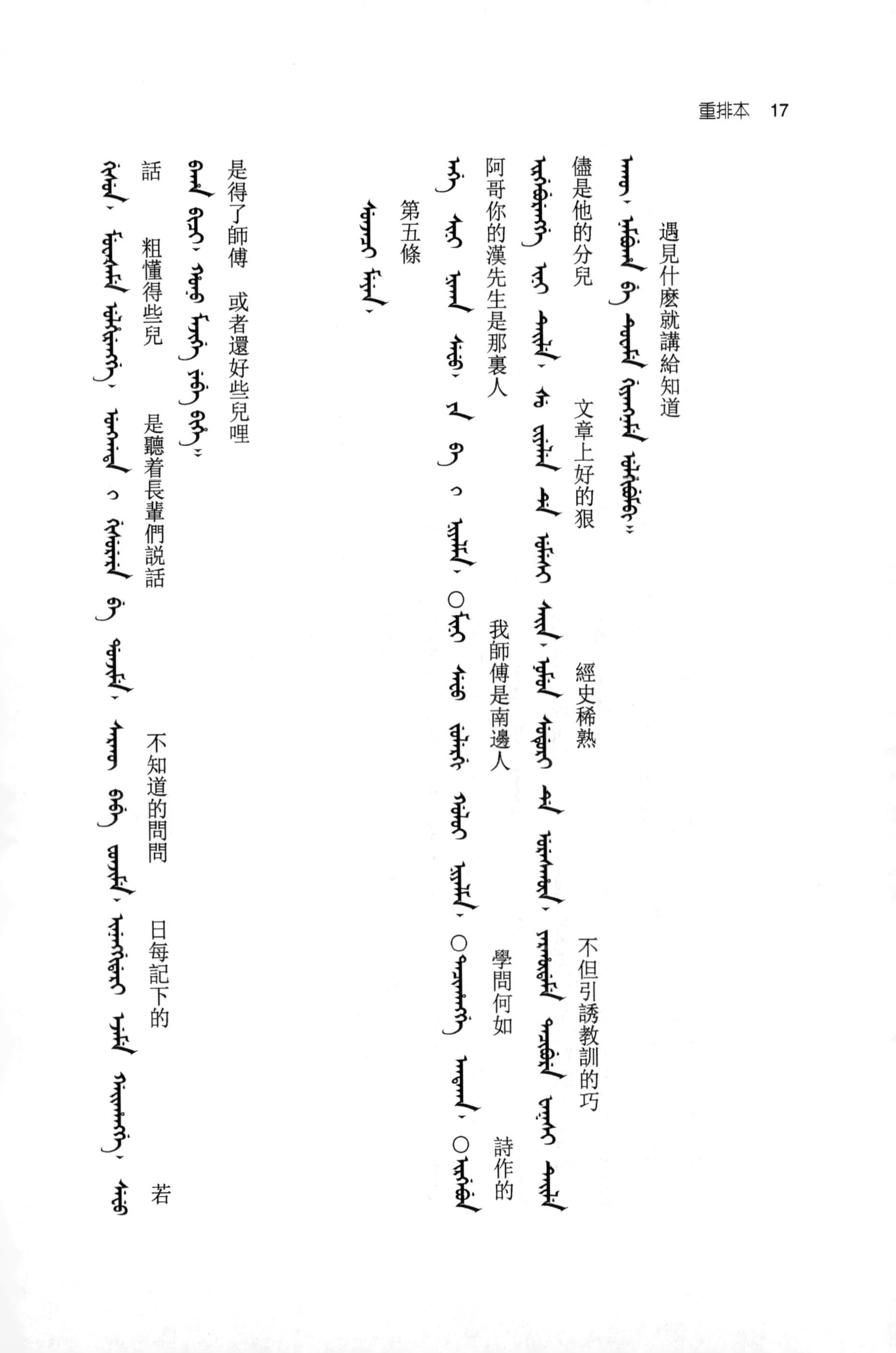

遇見什麼就講給知道

儘是他的分兒　文章上好的狠　經史稀熟　不但引誘教訓的巧

阿哥你的漢先生是那裏人　我師傅是南邊人　學問何如　詩作的

第五條

是得了師傅　或者還好些兒哩

話　粗懂得些兒　是聽着長輩們說話　不知道的問問　日每記下的　若

教導的狠是 謹記着奮勉

○ᡨᠠᠴᡳᠪᡠᡥᠠᠩᡤᡝ ᡠᠮᡝᠰᡳ ᡳᠨᡠ᠈ ᡝᠵᡝᡶᡳ ᡴᡳᠴᡝᠮᠪᡳ᠉

自己學得的 是自己的本領自己光彩 誰還能奪得了你的去嗎

ᠪᡝᠶᡝ ᡨᠠᠴᡳᡥᠠᠩᡤᡝ᠈ ᠪᡝᠶᡝᡳ ᡝᡵᡩᡝᠮᡠ᠈ ᠪᡝᠶᡝᡳ ᡝᠯᡩᡝᠩᡤᡝ᠈ ᠸᡝ ᡤᡝᠯᡳ ᠰᡳᠨᡳ ᠪᡝ ᡩᡠᡵᡳᠮᡝ ᡤᠠᠮᡝ ᠮᡠᡨᡝᠮᠪᡳ᠉

嘗言說 要吃甜的 先嘗苦的 要圖安逸 先勞筋力

ᡥᡝᠨᡩᡠᡵᡝ ᡤᡳᠰᡠᠨ᠈ ᠵᠠᠨᠴᡠᡥᡡᠨ ᠪᡝ ᠵᡝᡴᡳ ᠰᡝᠴᡳ᠈ ᠨᡝᠨᡝᠮᡝ ᡤᠣᠰᡳᡥᠣᠨ ᠪᡝ ᠠᠮᡨᠠᠯᠠ᠈ ᠵᡳᡵᡤᠠᡵᠠ ᠪᡝ ᠪᠠᡳᠴᡳ᠈ ᠨᡝᠨᡝᠮᡝ ᠰᡠᡳᠯᠠᠮᠪᡳ᠈

也該留心習學 不可今日推明日 這個月等那個年 耽誤了纔後悔

ᠰᡳ ᡳᠨᡠ ᡤᡡᠨᡳᠨ ᡝᡵᡤᡝᠮᡝ ᡨᠠᠴᡳᠴᡳ ᠠᠴᠠᠮᠪᡳ᠈ ᡝᠨᡝᠩᡤᡳ ᠴᡳᠮᠠᡵᡳ ᠰᡝᠮᡝ ᠠᠨᠠᠴᡳ ᠣᠵᠣᡵᠠᡴᡡ᠈ ᡝᡵᡝ ᠪᡳᠶᠠ ᡨᡝᡵᡝ ᠠᠨᡳᠶᠠ ᠰᡝᠮᡝ ᡨᠣᠣᡴᠠᠪᡠᡥᠠ ᠮᠠᡳᠩᡤᡳ᠈

阿哥你在父母運裏 有什麼憂愁的事 書上用功是不消說的了 武備上

ᠠᡤᡝ ᠰᡳ ᠠᠮᠠ ᡝᠮᡝ ᡳ ᡥᡡᡨᡠᡵᡳ ᡩᡝ᠈ ᠠᡳ ᠵᠣᠪᠣᡵᠣ ᠪᠠᡳᡨᠠ ᠪᡳ᠈ ᠪᡳᡨᡥᡝ ᡥᡡᠯᠠᡵᠠ ᠪᡝ ᡤᡳᠰᡠᡵᡝᡵᡝ ᠪᡝ ᠠᡳ ᡥᡝᠨᡩᡠᡵᡝ᠈ ᠴᠣᠣᡥᠠᡳ

第六條

ᡝᡵᡩᡝᠮᡠ ᡩᡝ᠈

生的原故 熟了的時節 件件都從容 還不单在着的上頭呢

心裏墊着怕裏了張了 只是忙促 不能正中帽子 這是

箭嗎 馬上還不怯 膿着放得出骲頭去 領馬收馬的遲急不得

左撇子射的 倒細緻 箭箭着 只是有吐信子打袖子的毛病 能射馬

撒放的更不乾净 雖偶然也碰的着 到底拿不準 看你的

阿哥你會射箭嗎 學着射 鼓子着的何如 不得準頭又定不住

第七條

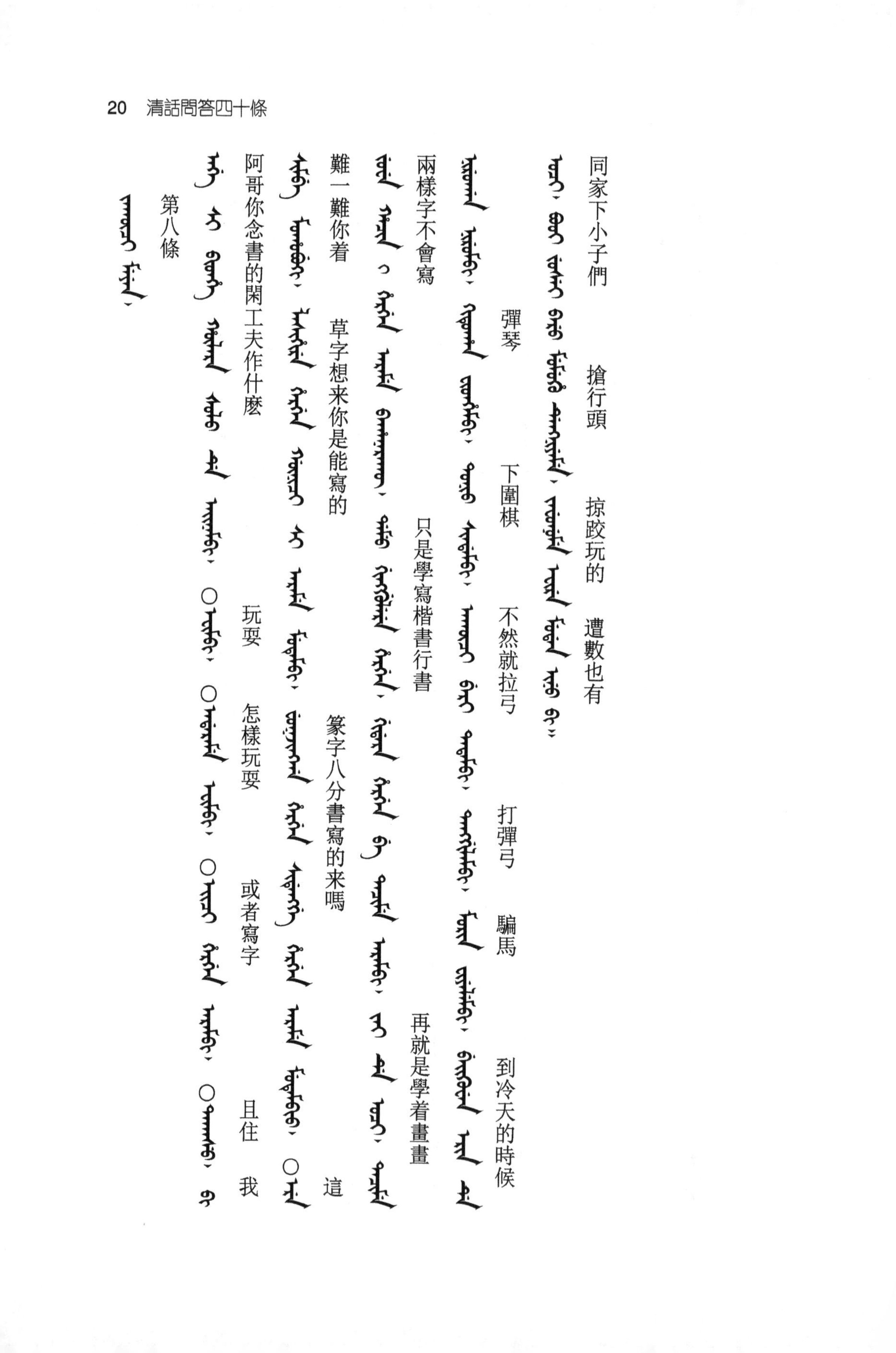

同家下小子們　搶行頭　掠跤玩的　遭數也有

彈琴　下圍棋　不然就拉弓　打彈弓　騙馬　到冷天的時候

兩樣字不會寫　只是學寫楷書行書　再就是學着畫畫

難一難你着　草字想来你是能寫的　篆字八分書寫的来嗎　這

阿哥你念書的閑工夫作什麼　玩耍　怎樣玩耍　或者寫字　且住　我

第八條

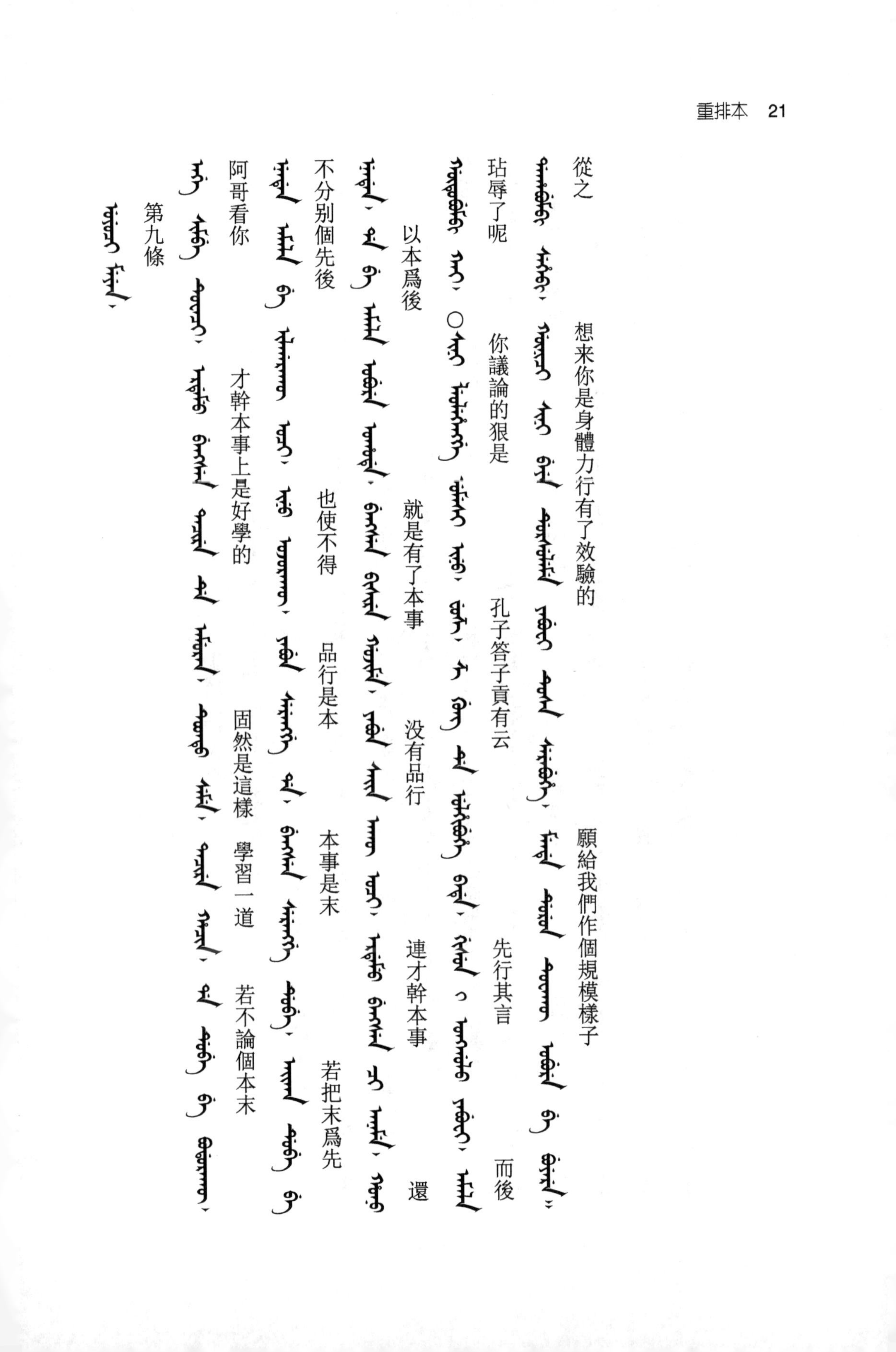

從之 想來你是身體力行有了效驗的 願給我們作個規模樣子

玷辱了呢 你議論的狠是 孔子答子貢有云 先行其言 而後

以本爲後 就是有了本事 沒有品行 連才幹本事 還

不分別個先後 也使不得 品行是本 本事是末 若把末爲先

阿哥看你 才幹本事上是好學的 固然是這樣 學習一道 若不論個本末

第九條

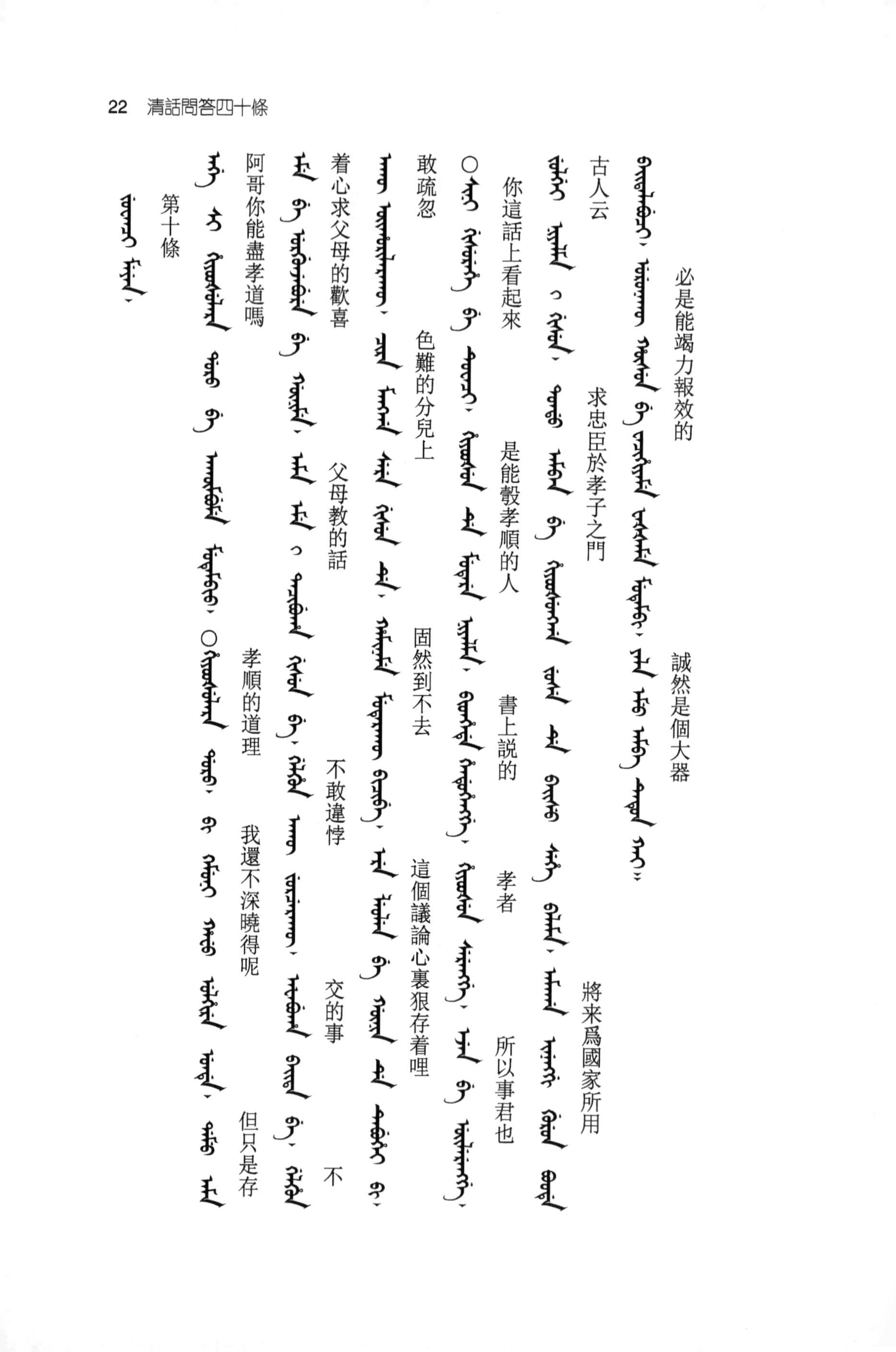

必是能竭力報效的 誠然是個大器

古人云 求忠臣於孝子之門 將来爲國家所用

你這話上看起來 是能彀孝順的人 書上說的 孝者 所以事君也

敢疏忽 色難的分兒上 固然到不去 這個議論心裏狠存着哩

着心求父母的歡喜 父母教的話 不敢違悖 交的事 不

阿哥你能盡孝道嗎 孝順的道理 我還不深曉得呢 但只是存

第十條

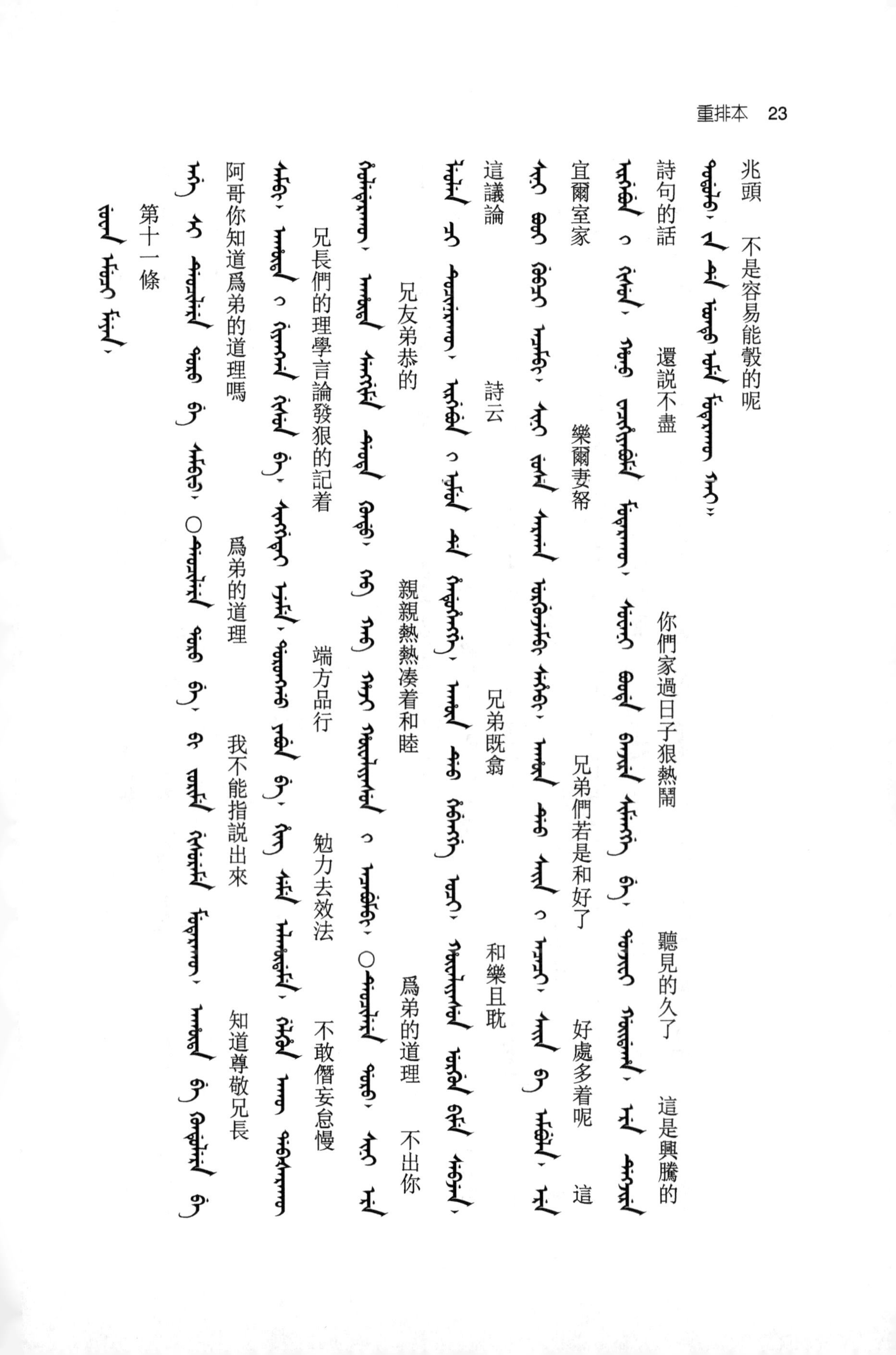

兆頭　不是容易能彀的呢

詩句的話　還說不盡　你們家過日子狠熱鬧　聽見的久了　這是興騰的

宜爾室家　樂爾妻帑　兄弟們若是和好了　好處多着呢　這

這議論　詩云　兄弟既翕　和樂且耽

兄友弟恭的　親親熱熱凑着和睦　爲弟的道理　不出你

兄長們的理學言論發狠的記着　端方品行　勉力去效法　不敢僭妄怠慢

阿哥你知道爲弟的道理嗎　爲弟的道理　我不能指說出來　知道尊敬兄長

第十一條

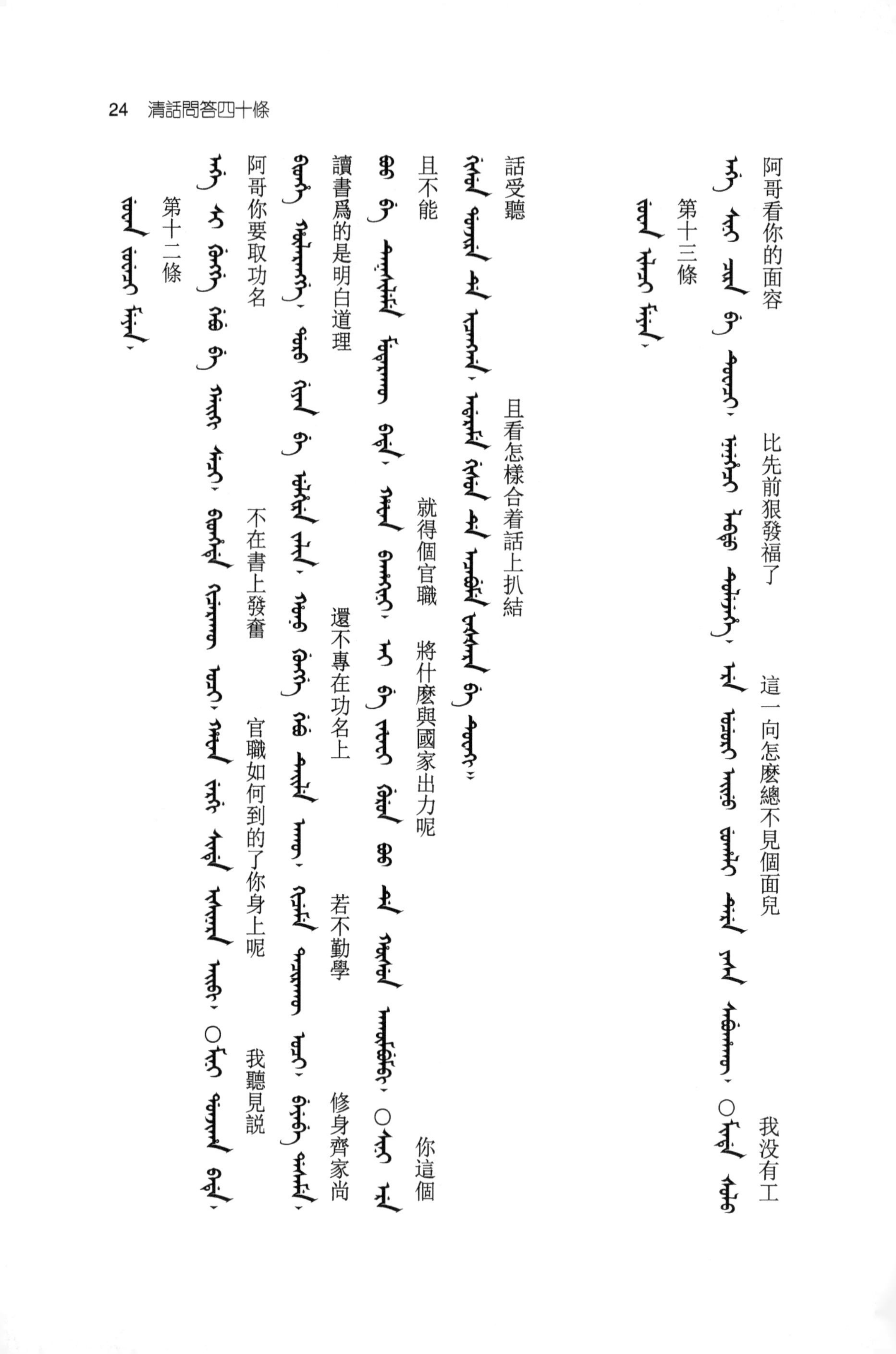

第十二條

阿哥你要取功名 不在書上發奮 官職如何到的了你身上呢 我聽見說

讀書爲的是明白道理 還不專在功名上 若不勤學 修身齊家尚

且不能 就得個官職 將什麼與國家出力呢 你這個

話受聽 且看怎樣合着話上扒結

第十三條

阿哥看你的面容 比先前狠發福了 這一向怎麼總不見個面兒 我沒有工

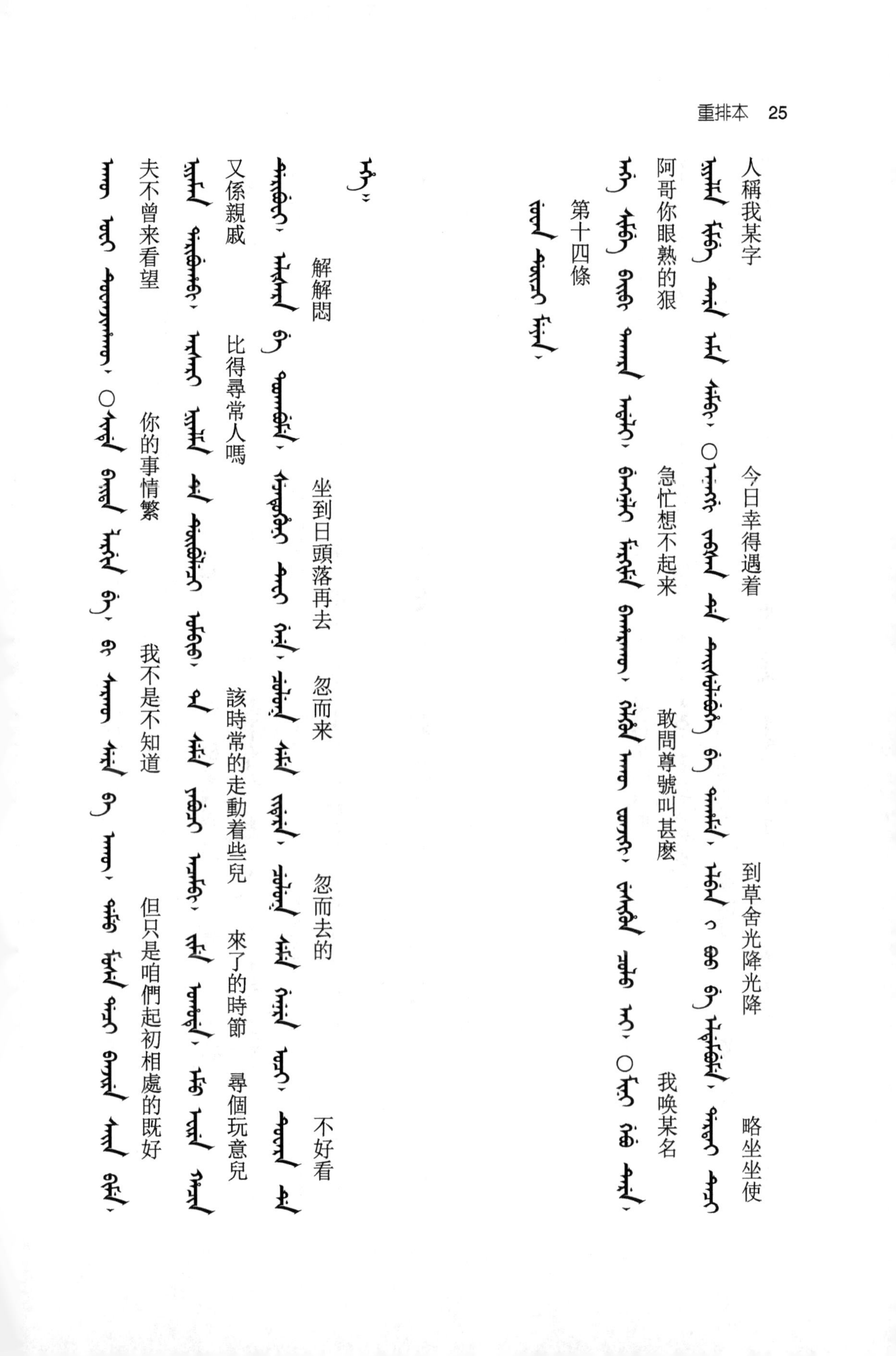

人稱我某字　今日幸得遇着　到草舍光降光降　略坐坐使

阿哥你眼熟的狠　急忙想不起来　敢問尊號叫甚麼　我喚某名

第十四條

解解悶　坐到日頭落再去　忽而来　忽而去的　不好看

又係親戚　比得尋常人嗎　該時常的走動着些兒　來了的時節　尋個玩意兒

夫不曾来看望　你的事情繁　我不是不知道　但只是咱們起初相處的既好

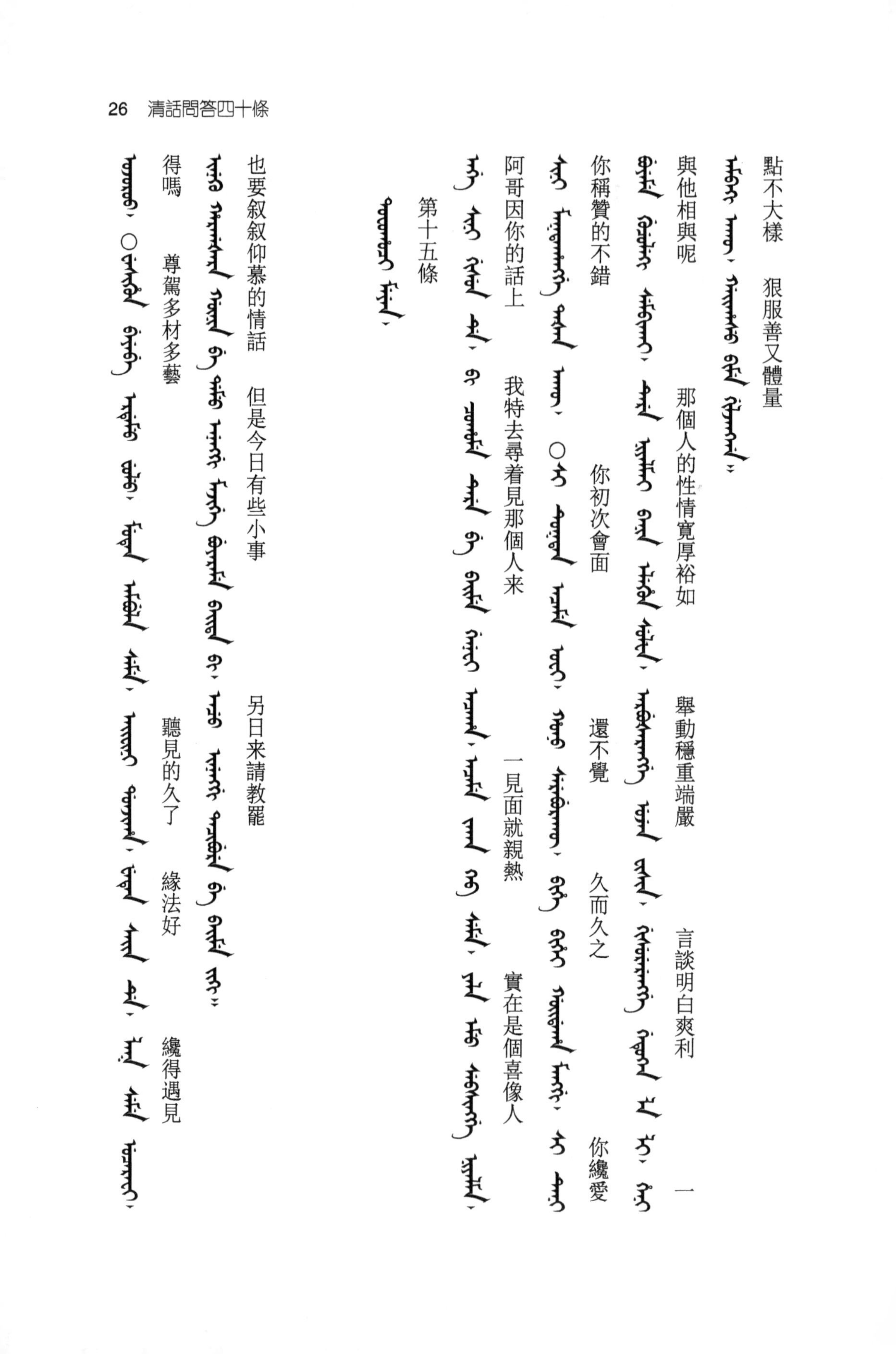

點不大樣　狠服善又體量

與他相與呢　那個人的性情寬厚裕如　舉動穩重端嚴　言談明白爽利　一

你稱贊的不錯　你初次會面　還不覺　久而久之　你纔愛

阿哥因你的話上　我特去尋着見那個人來　一見面就親熱　實在是個喜像人

第十五條

也要叙叙仰慕的情話　但是今日有些小事　另日来請教罷

得嗎　尊駕多材多藝　聽見的久了　緣法好　纔得遇見

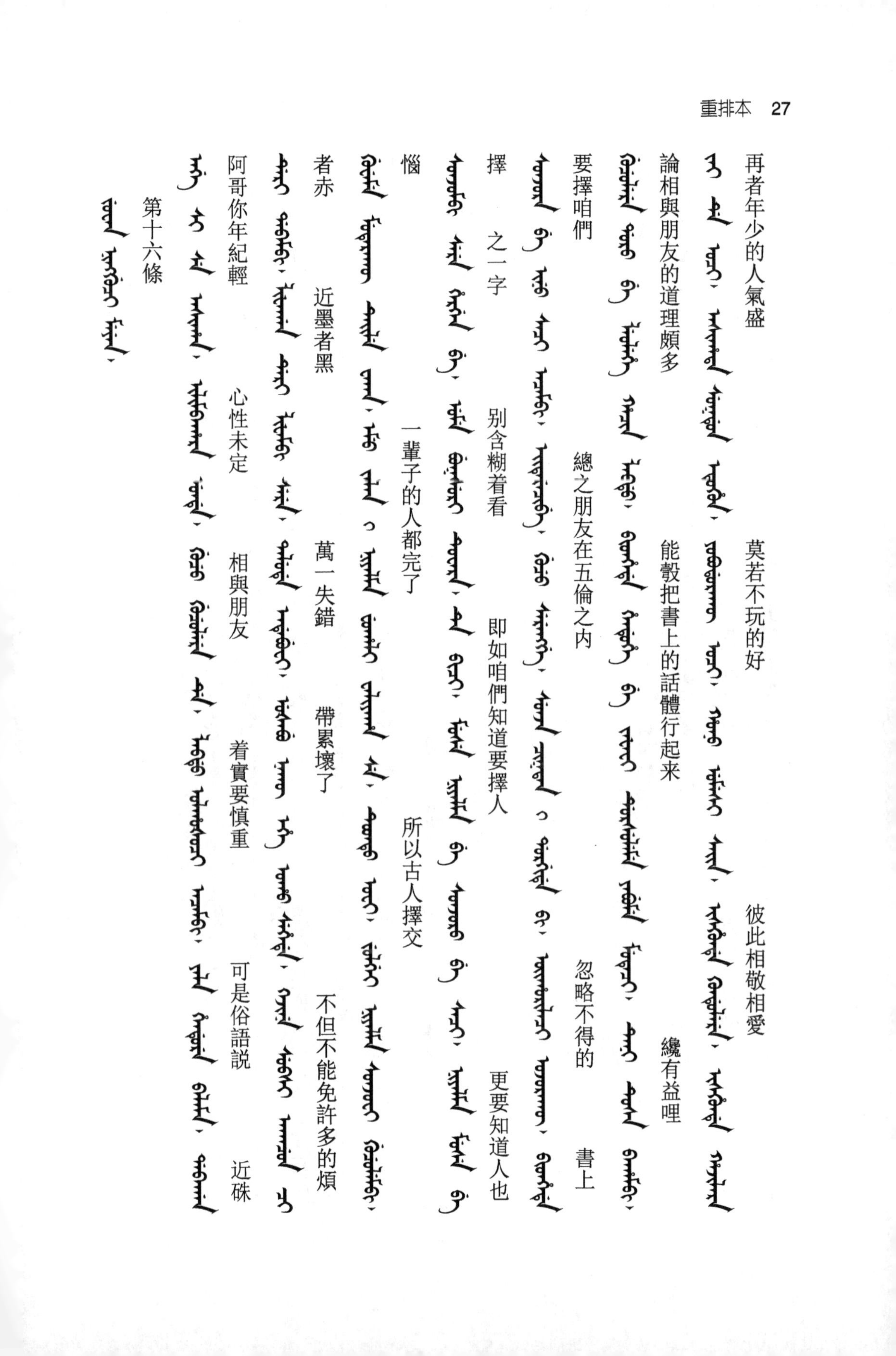

第十六條

阿哥你年紀輕 心性未定 相與朋友 着實要慎重 可是俗語說 近硃

者赤 近墨者黑 萬一失錯 帶累壞了 不但不能免許多的煩

惱 一輩子的人都完了 所以古人擇交

擇 之一字 別含糊着看 即如咱們知道要擇人 更要知道人也

要擇咱們 總之朋友在五倫之内 忽略不得的 書上

論相與朋友的道理頗多 能彀把書上的話體行起來 纔有益哩

再者年少的人氣盛 莫若不玩的好 彼此相敬相愛

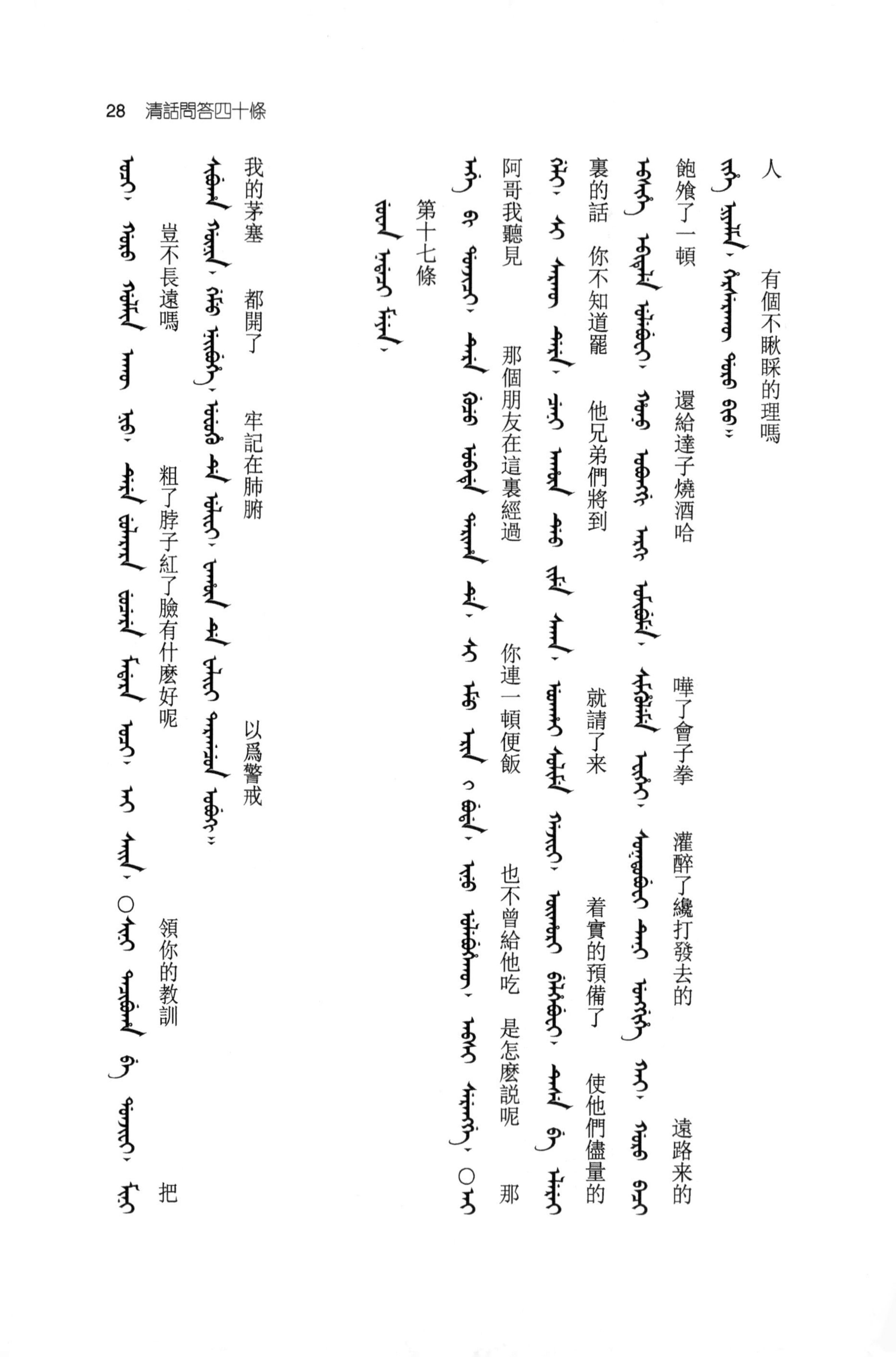

人　有個不瞅睬的理嗎

飽飧了一頓　還給達子燒酒哈　嘩了會子拳　灌醉了纔打發去的　遠路來的

裏的話　你不知道罷　他兄弟們將到　就請了来　着實的預備了　使他們儘量的

阿哥我聽見　那個朋友在這裏經過　你連一頓便飯　也不曾給他吃　是怎麼説呢　那

第十七條

我的茅塞　都開了　牢記在肺腑　以爲警戒

豈不長遠嗎　粗了脖子紅了臉有什麼好呢　領你的教訓　把

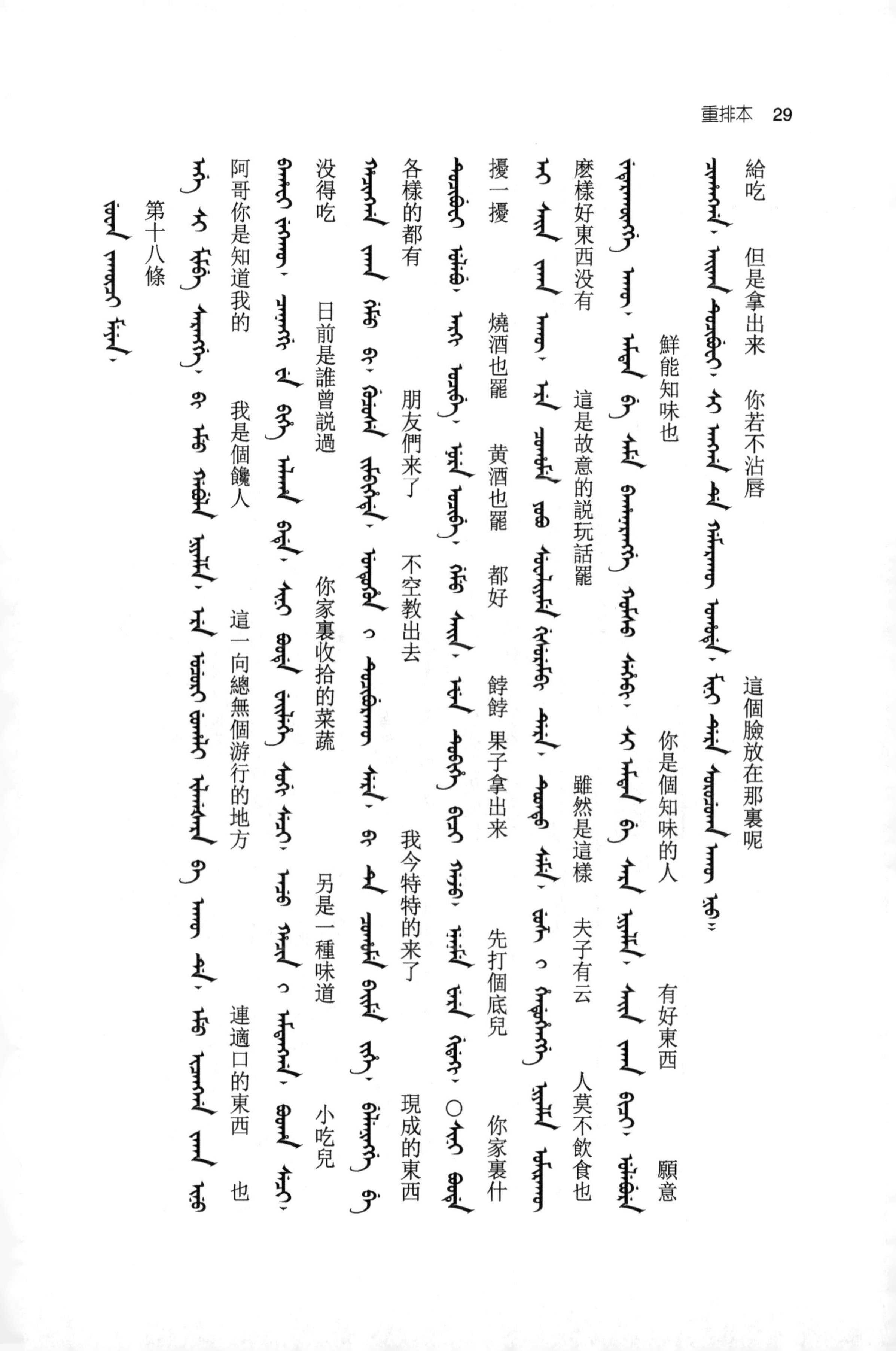

給吃　但是拿出来　你若不沾唇　這個臉放在那裏呢

鮮能知味也　你是個知味的人　有好東西　願意

麽様好東西没有　這是故意的説玩話罷　雖然是這様　夫子有云　人莫不飲食也

擾一擾　燒酒也罷　黄酒也罷　都好　餑餑　果子拿出来　先打個底兒　你家裏什

各様的都有　朋友們来了　不空教出去　我今特特的来了　現成的東西

没得吃　日前是誰曾説過　你家裏收拾的菜蔬　另是一種味道　小吃兒

阿哥你是知道我的　我是個饞人　這一向總無個游行的地方　連適口的東西　也

第十八條

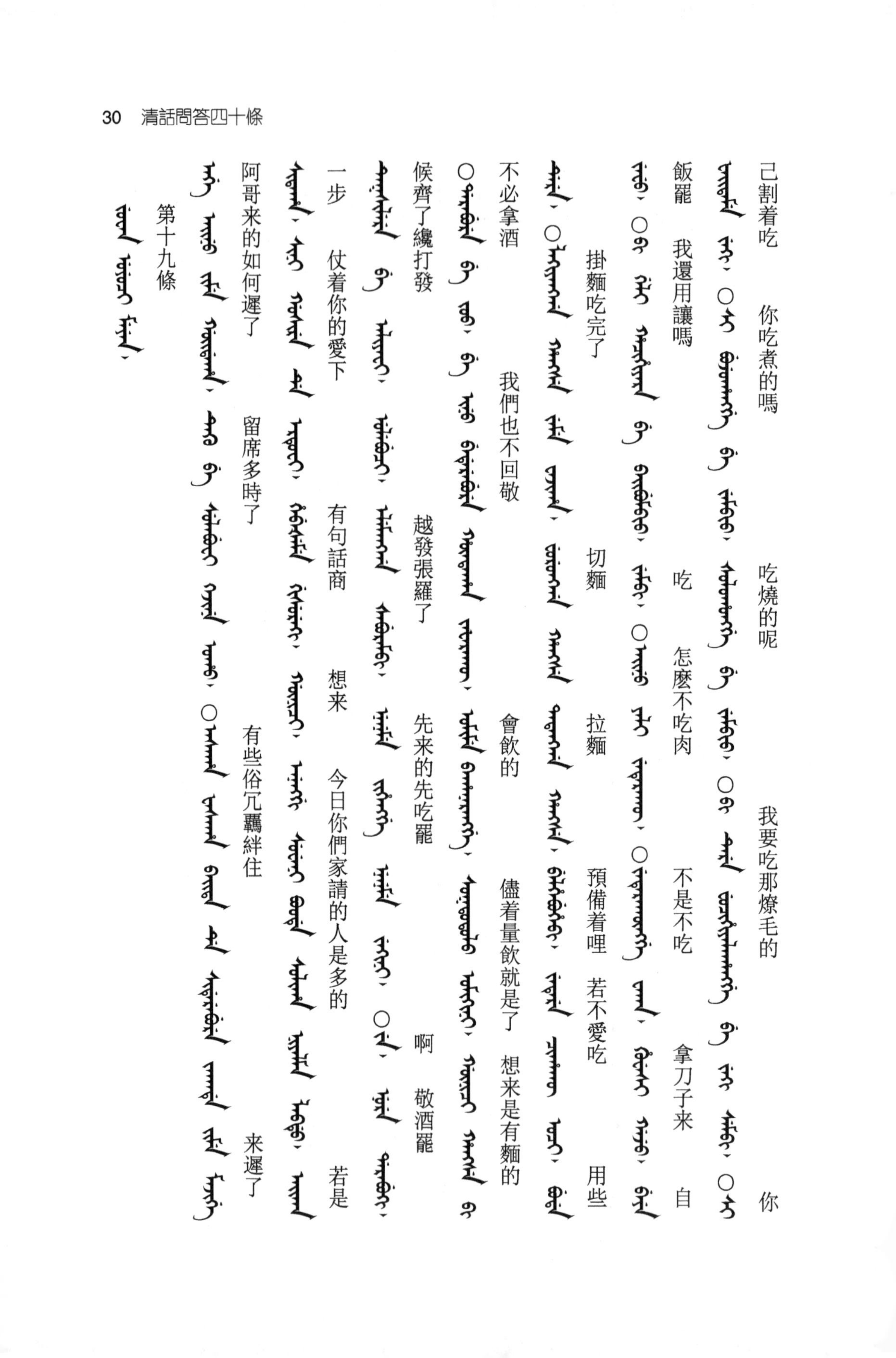

第十九條

阿哥来的如何遲了 留席多時了 有些俗冗羈絆住 来遲了

一步 仗着你的愛下 有句話商 想来 今日你們家請的人是多的 若是

候齊了纔打發 越發張羅了 先来的先吃罷 啊 敬酒罷

不必拿酒 我們也不回敬 會飲的 儘着量飲就是了 想来是有麵的

掛麵吃完了 切麵 拉麵 預備着哩 若不愛吃 用些

飯罷 我還用讓嗎 吃 怎麼不吃肉 不是不吃 拿刀子来 自

己割着吃 你吃煮的嗎 吃燒的呢 我要吃那燎毛的 你

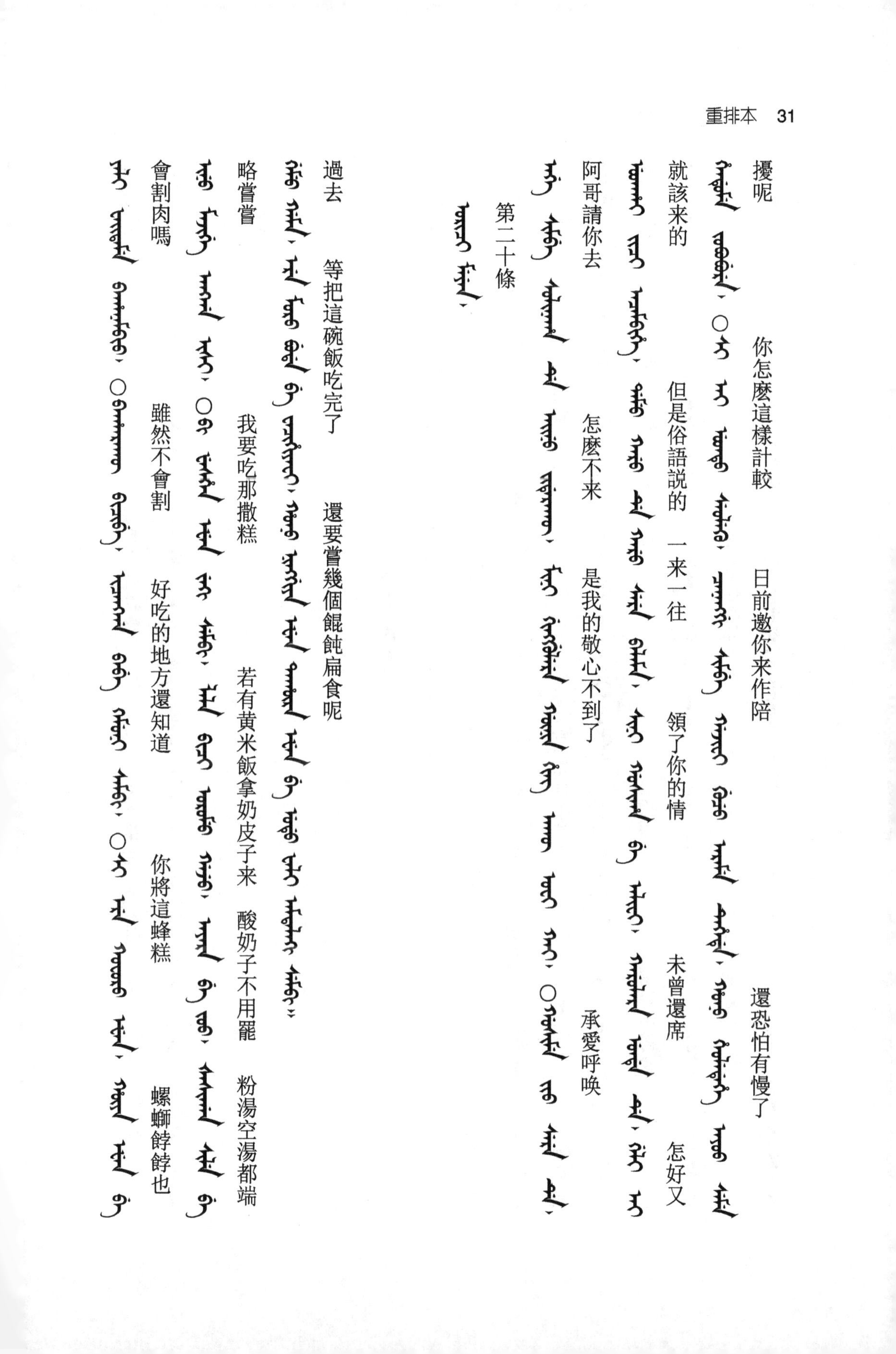

攙呢 你怎麼這樣計較 日前邀你來作陪 還恐怕有慢了

就該來的 但是俗語說的 一來一往 領了你的情 未曾還席 怎好又

阿哥請你去 怎麼不來 是我的敬心不到了 承愛呼喚

第二十條

過去 等把這碗飯吃完了 還要嘗幾個餛飩扁食呢

略嘗嘗 我要吃那撒糕 若有黃米飯拿奶皮子來 酸奶子不用罷 粉湯空湯都端

會割肉嗎 雖然不會割 好吃的地方還知道 你將這蜂糕 螺螄餑餑也

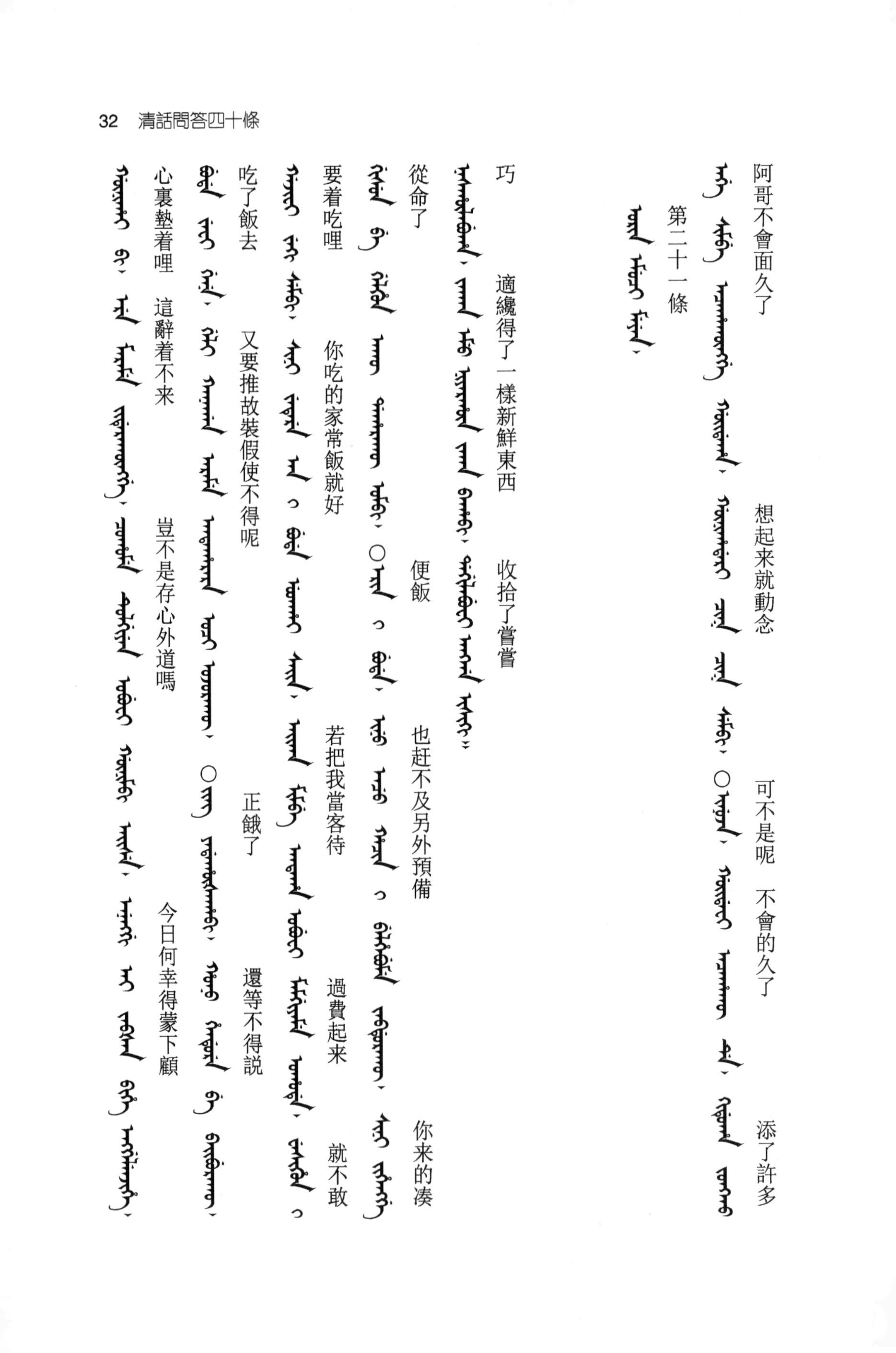

阿哥不會面久了　想起来就動念　可不是呢　不會的久了　添了許多

第二十一條

巧　適纔得了一樣新鮮東西　收拾了嘗嘗

從命了　便飯　也赶不及另外預備　你来的湊

要着吃哩　你吃的家常飯就好　若把我當客待　過費起来　就不敢

吃了飯去　又要推故裝假使不得呢　正餓了　還等不得說

心裏墊着哩　這辭着不来　豈不是存心外道嗎　今日何幸得蒙下顧

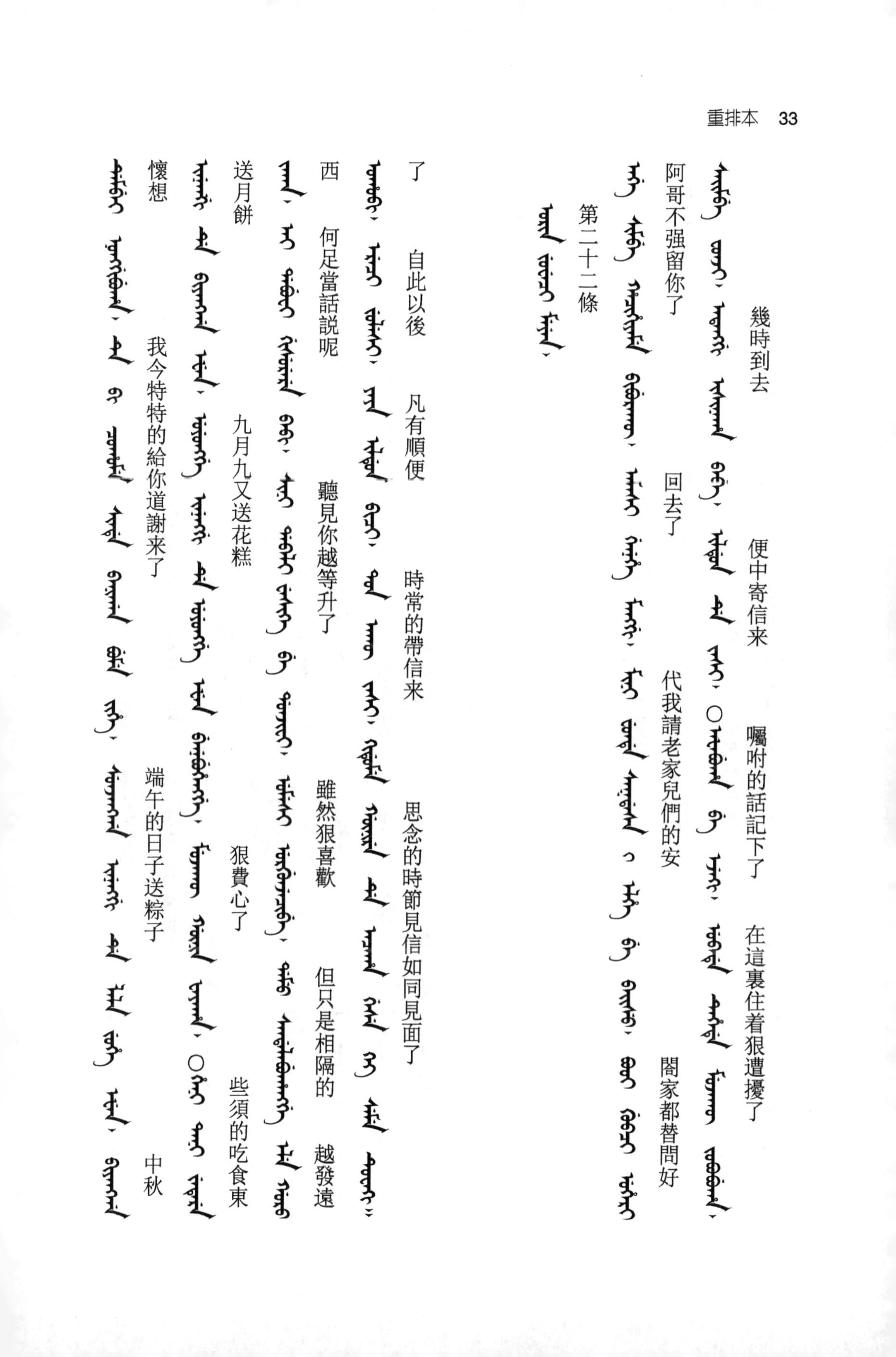

幾時到去　便中寄信来　嘱咐的話記下了　在這裏住着狠遭擾了

阿哥不强留你了　回去了　代我請老家兒們的安　閤家都替問好

第二十二條

了　自此以後　凡有順便　時常的帶信来　思念的時節見信如同見面了

西　何足當話説呢　聽見你越等升了　雖然狠喜歡　但只是相隔的　越發遠

送月餅　九月九又送花糕　狠費心了　些須的吃食東

懷想　我今特特的給你道謝来了　端午的日子送粽子　中秋

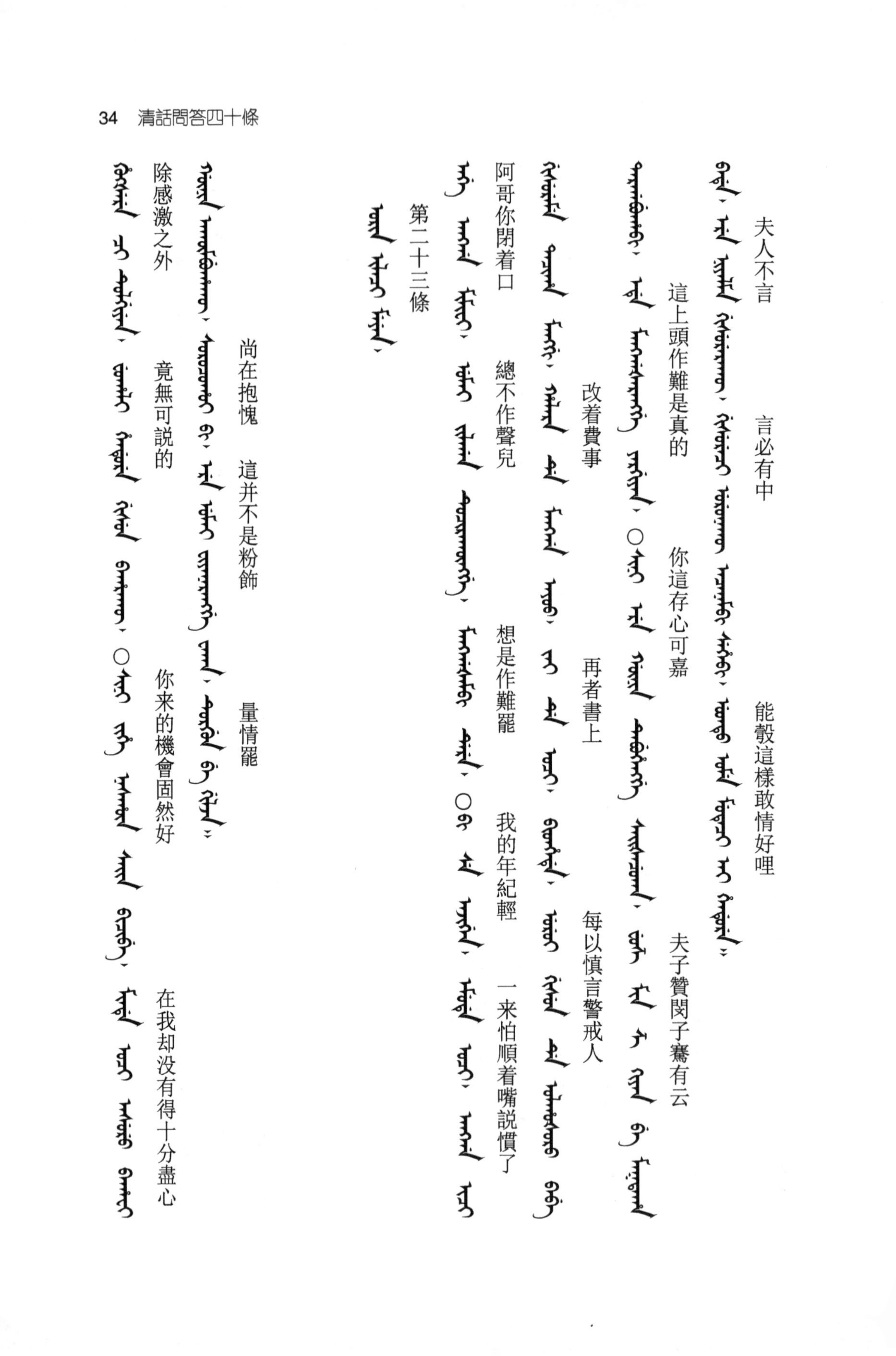

夫人不言　言必有中　能彀這樣敢情好哩

這上頭作難是真的　你這存心可嘉　夫子贊閔子騫有云

改着費事　再者書上　每以慎言警戒人

阿哥你閉着口　總不作聲兒　想是作難罷　我的年紀輕　一來怕順着嘴說慣了

第二十三條

尚在抱愧　這并不是粉飾　量情罷

除感激之外　竟無可說的　你來的機會固然好　在我却沒有得十分盡心

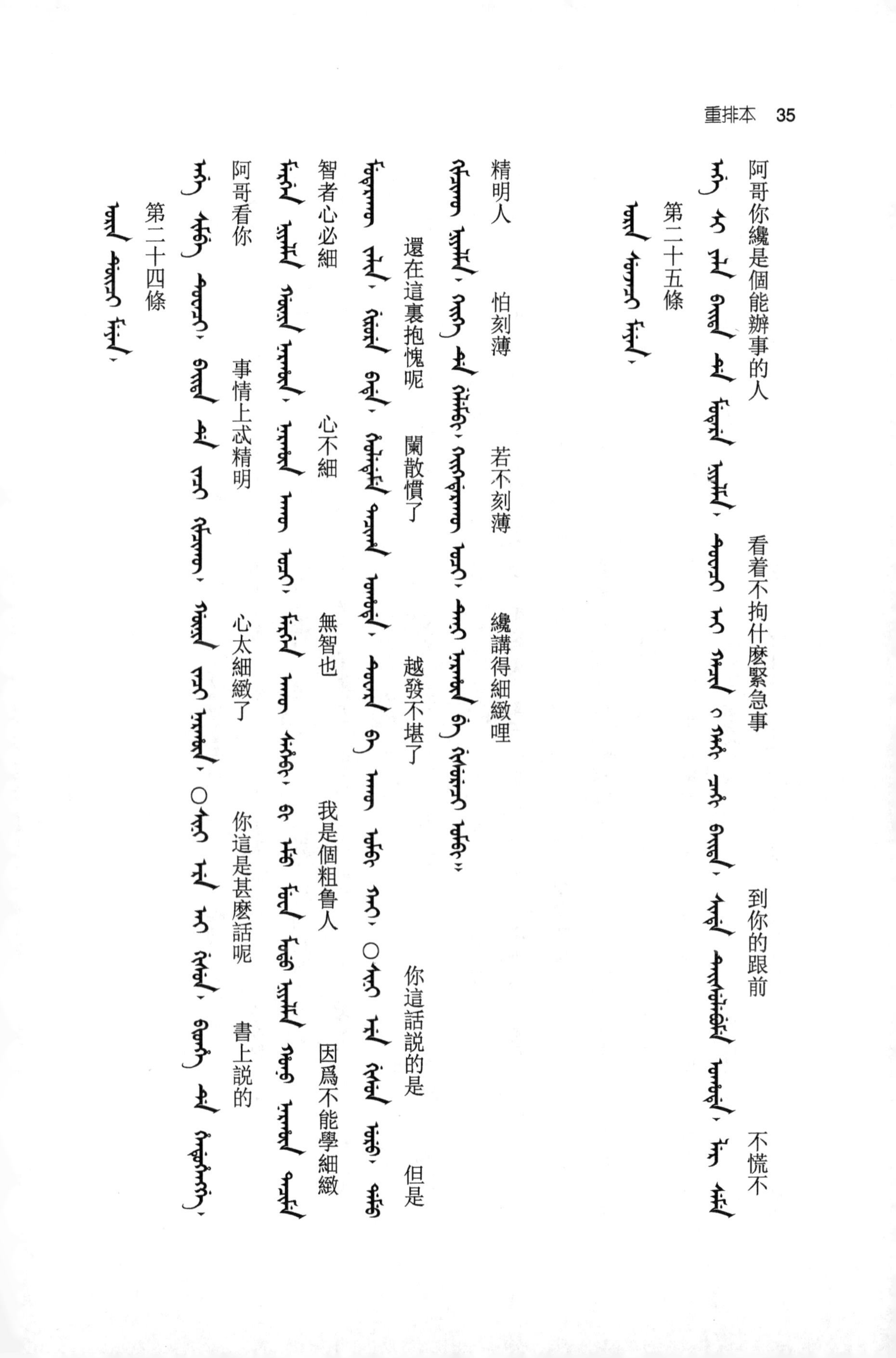

第二十四條

阿哥看你 事情上忒精明 心太細緻了 你這是甚麼話呢 書上說的

智者心必細 心不細 無智也 我是個粗魯人 因爲不能學細緻

還在這裏抱愧呢 闌散慣了 越發不堪了 你這話說的是 但是

精明人 怕刻薄 若不刻薄 纔講得細緻哩

第二十五條

阿哥你纔是個能辨事的人 看着不拘什麼緊急事 到你的跟前 不慌不

忙安安頓頓的料理 一點不露昏亂的形景 倒像無事的一樣 却有條有理的辦過去

了 是怎樣的就能穀如此 討教 那裏 我并非是博學宏儒

不過是記幾句聖賢的話 學着辦事 即如朱夫

子有云 水惟定 能照物 心惟定 能照理

又云 處天下事 只消得 安詳 二字 這些議

論 刻記在胸中 勉力效法着行去 自然而然的知識就添了

遇着事情 還愁不得主意嗎 既得了主意 昏亂的事就少了

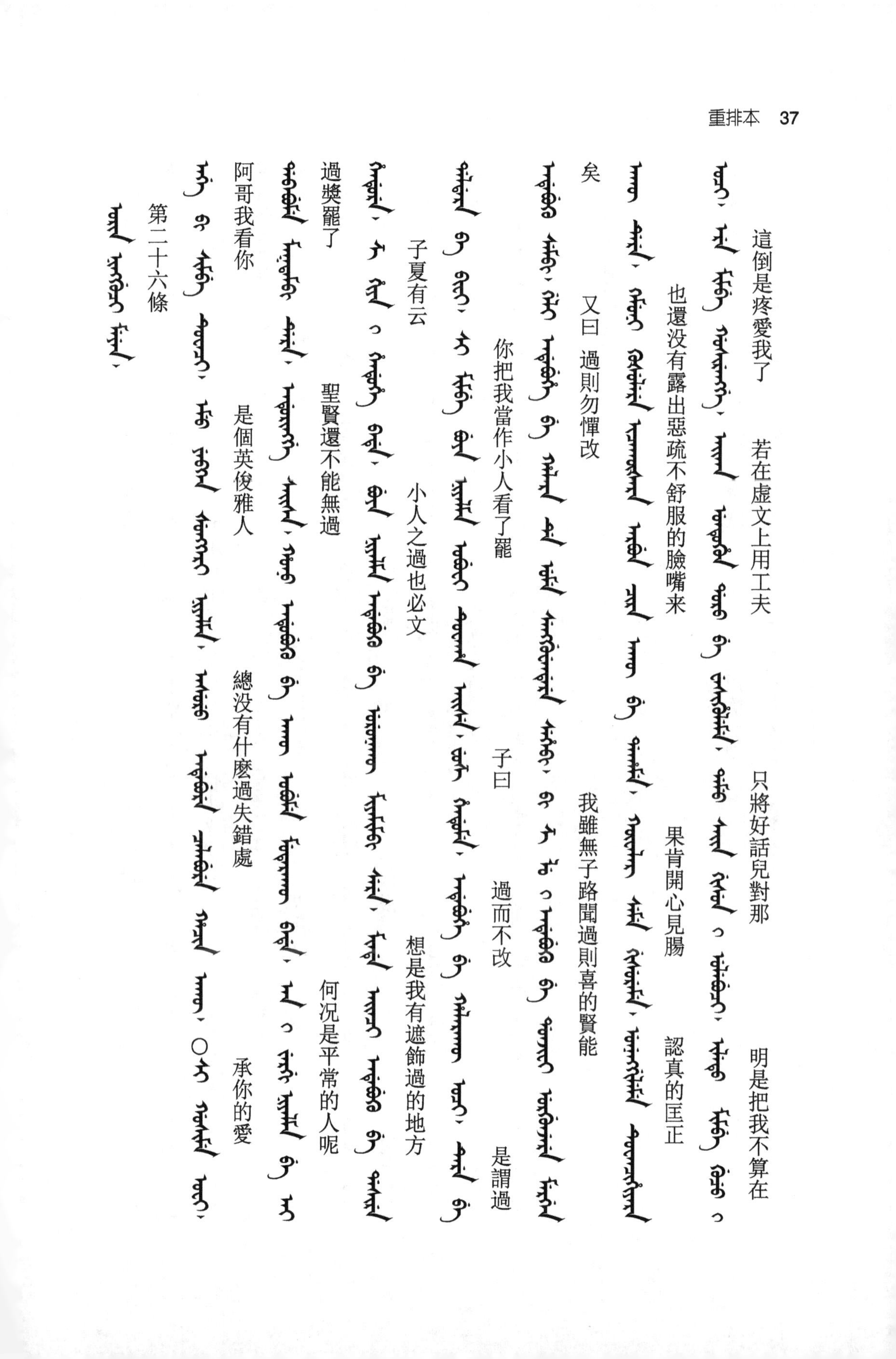

這倒是疼愛我了　若在虛文上用工夫　只將好話兒對那　明是把我不算在

也還沒有露出惡疏不舒服的臉嘴来　果肯開心見腸　認真的匡正

矣　又曰　過則勿憚改　我雖無子路聞過則喜的賢能

你把我當作小人看了罷　子曰　過而不改　是謂過

子夏有云　小人之過也必文　想是我有遮飾過的地方

過獎罷了　聖賢還不能無過　何況是平常的人呢

阿哥我看你　是個英俊雅人　總沒有什麼過失錯處　承你的愛

第二十六條

輕佻妄動　反被人看輕了　不是怪那議論的人　他若
遠恥辱也　若是不莊重　不以誠待之　不以禮節之　舉止
處多　是說不盡的　但是有子有云　恭近於禮
何敢大樣呢　書上說的　謙受益　滿招損　謙遜的好
阿哥有議論你的　怎樣議論　說你有時謙遜　有時大樣　我如

第二十七條

朋友之列了　我不但不感激　且還虧心哩

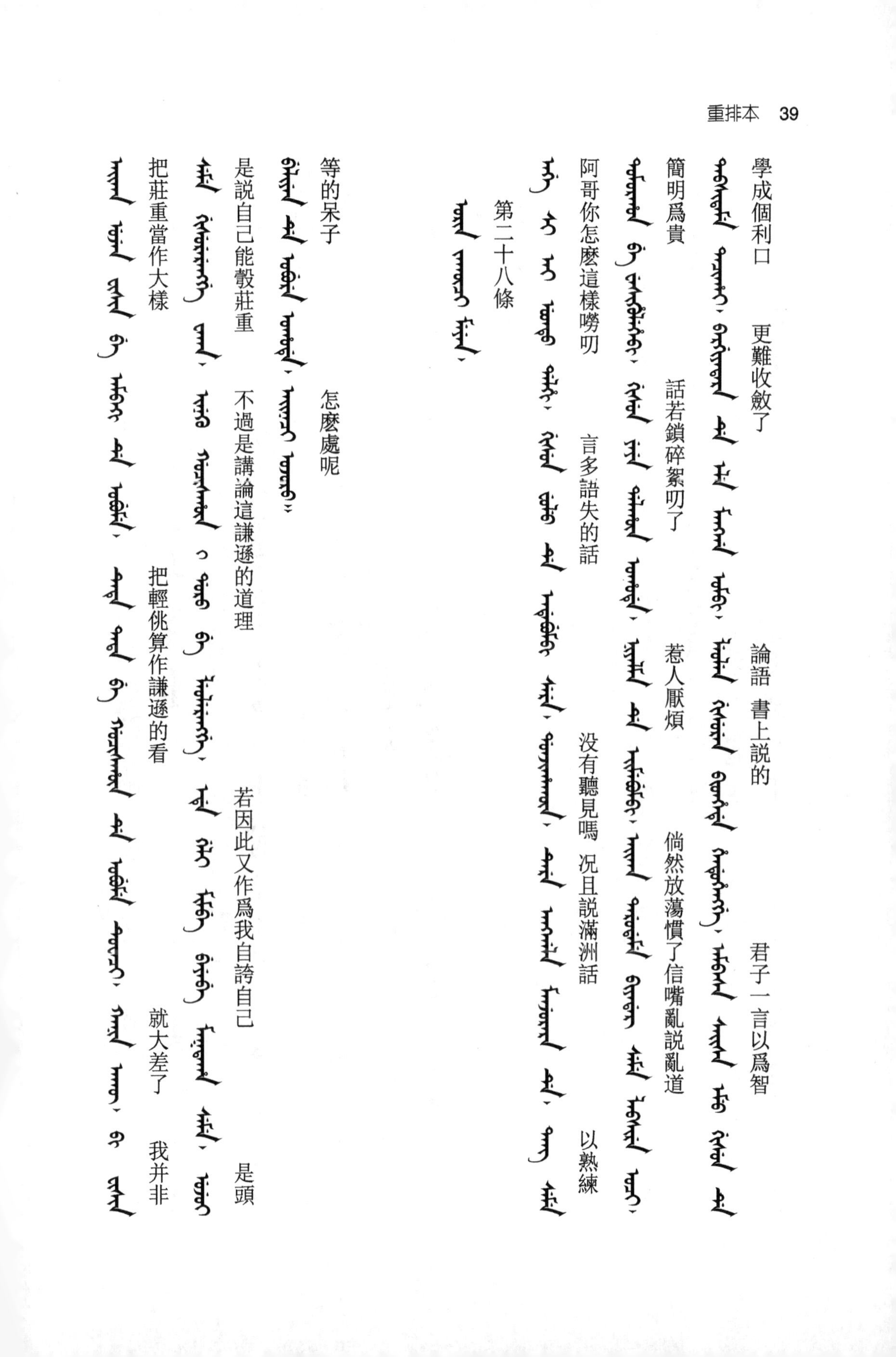

把莊重當作大樣 把輕佻算作謙遜的看 就大差了 我并非

是說自己能彀莊重 不過是講論這謙遜的道理 若因此又作爲我自誇自己 是頭

等的呆子 怎麼處呢

第二十八條

阿哥你怎麼這樣嘮叨 言多語失的話 沒有聽見嗎 況且說滿洲話 以熟練

簡明爲貴 話若鎖碎絮叨了 惹人厭煩 倘然放蕩慣了信嘴亂說亂道

學成個利口 更難收斂了 論語 書上說的 君子一言以爲智

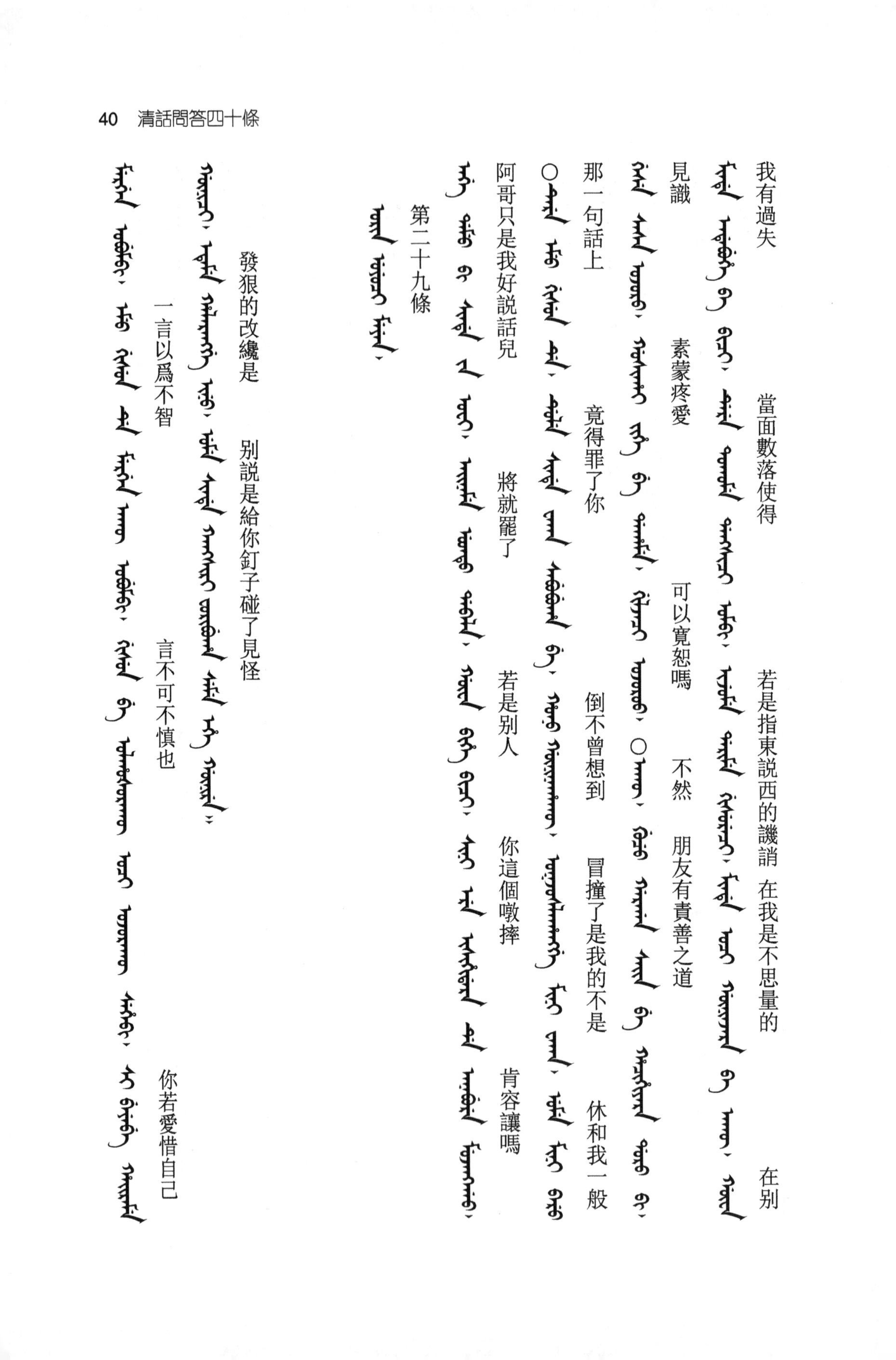

我有過失 當面數落使得 若是指東說西的譏誚 在我是不思量的 在別

見識 素蒙疼愛 可以寬恕嗎 不然 朋友有責善之道

那一句話上 竟得罪了你 倒不曾想到 冒撞了是我的不是 休和我一般

阿哥只是我好說話兒 將就罷了 若是別人 你這個嗽摔 肯容讓嗎

第二十九條

發狠的改纔是 別說是給你釘子碰了見怪

一言以爲不智 言不可不慎也 你若愛惜自己

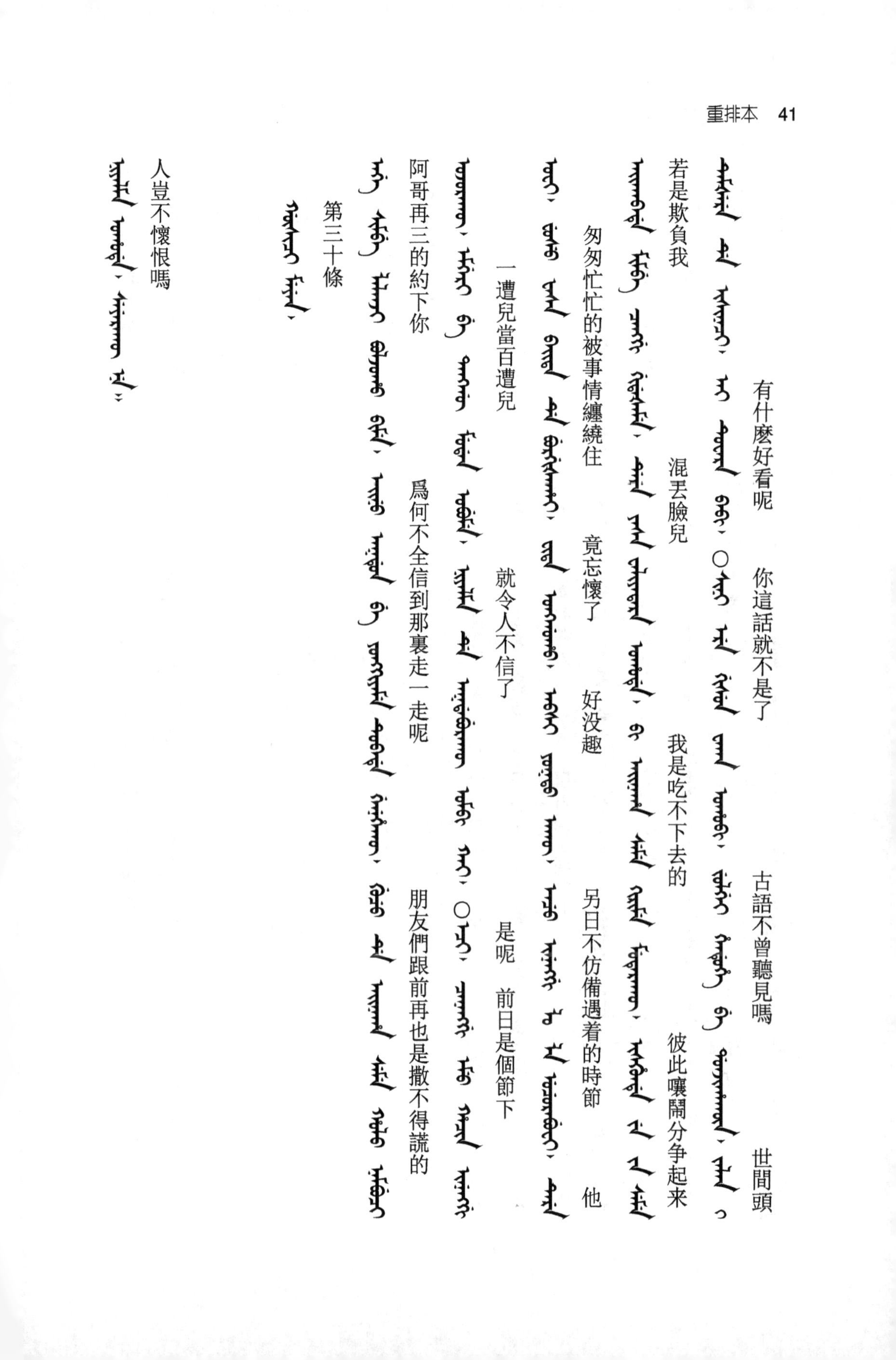

有什麼好看呢　你這話就不是了　古語不曾聽見嗎　世間頭

若是欺負我　混丟臉兒　我是吃不下去的　彼此嚷鬧分爭起來

匆匆忙忙的被事情纏繞住　竟忘懷了　好沒趣　另日不仿備遇着的時節　他

一遭兒當百遭兒　就令人不信了　是呢　前日是個節下

阿哥再三的約下你　爲何不全信到那裏走一走呢　朋友們跟前再也是撒不得謊的

第三十條

人豈不懷恨嗎

阿哥我勸你的上頭　不要見怪　豈有此理　承愛教導　還感激不盡呢

第三十一條

能穀怎麽樣呢

爲什麽不往能穀裏扒結　人家的動作　管他作什麽　只是個反求諸己行去　没有尋趁的分兒

得忍　乃是至論　能穀的人　自古来是稱贊的　咱們

只是千忍萬忍　嘗言説的　能忍人之不能忍　纔算

等的聰明伶俐　不及那忍耐儘讓的爲高　憑他怎樣搶白

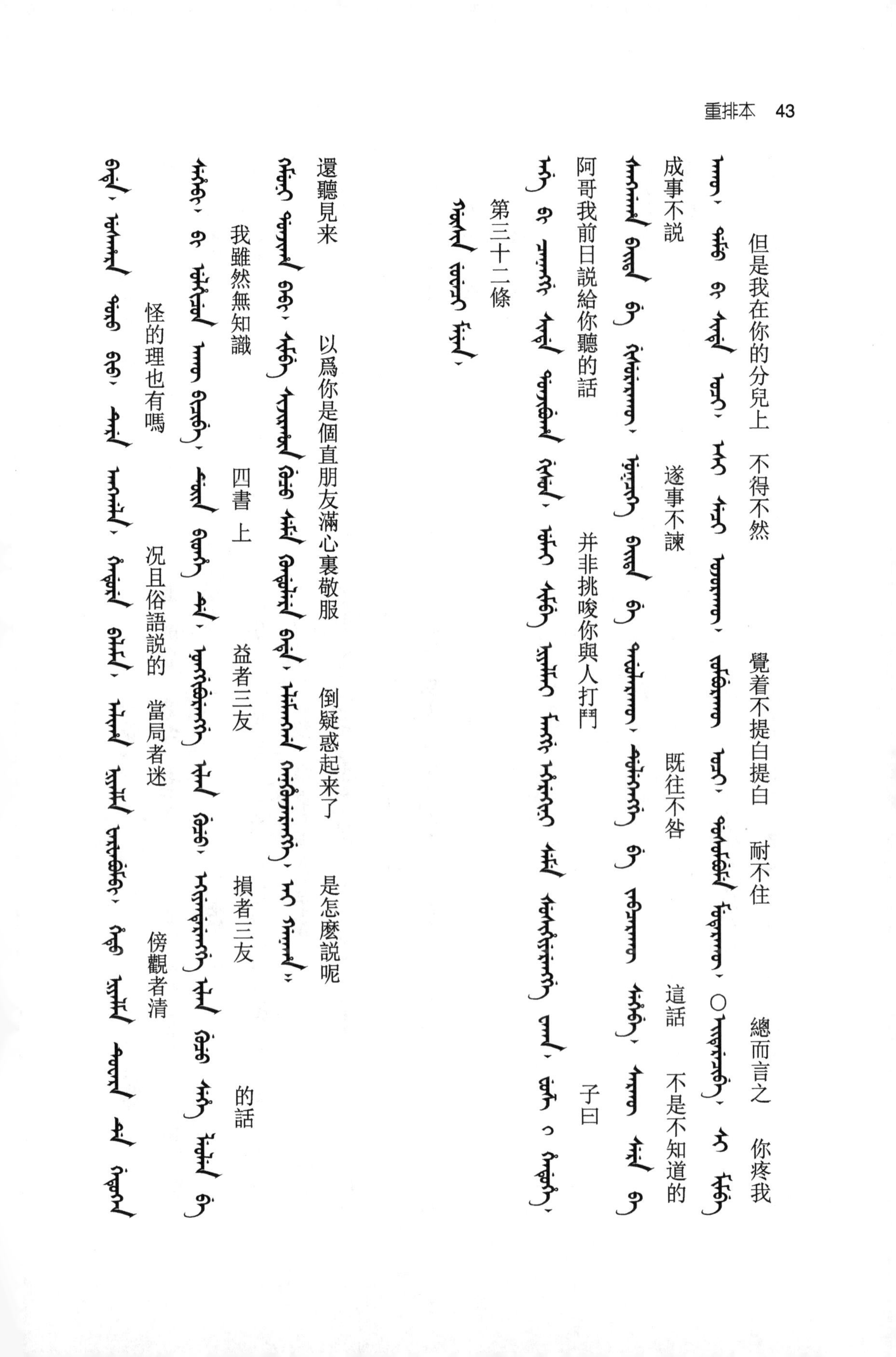

但是我在你的分兒上 不得不然 覺着不提白提白 耐不住 總而言之 你疼我

成事不説 遂事不諫 既往不咎 這話 不是不知道的

阿哥我前日説給你聽的話 并非挑唆你與人打鬥 子曰

第三十二條

還聽見来 以爲你是個直朋友滿心裏敬服 倒疑惑起来了 是怎麽説呢

我雖然無知識 四書上 益者三友 損者三友 的話

怪的理也有嗎 況且俗語説的 當局者迷 傍觀者清

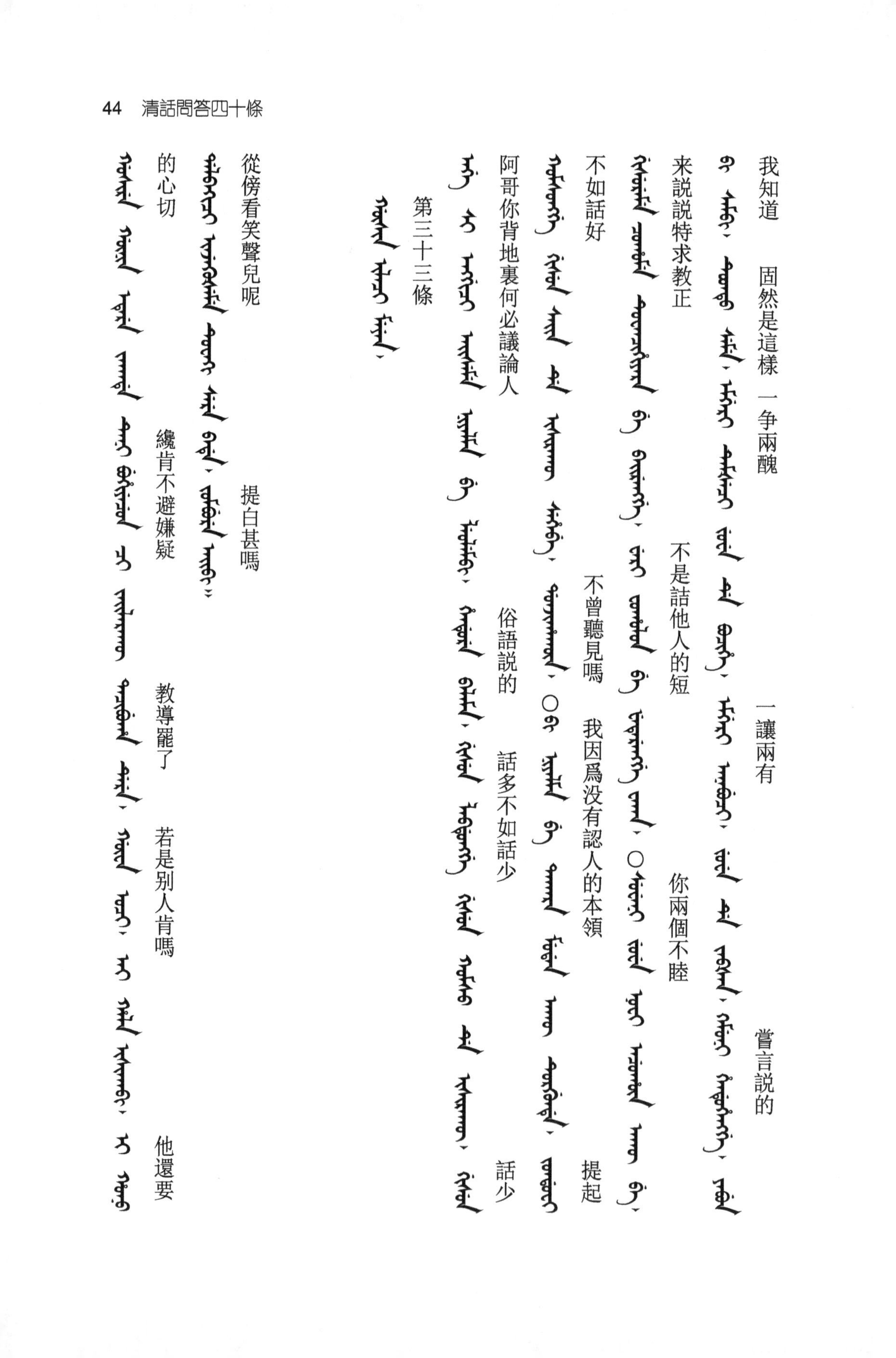

我知道　固然是這樣　一争兩醜　一讓兩有　嘗言説的

来説説特求教正　不是詰他人的短　你兩個不睦

不如話好　不曾聽見嗎　我因爲没有認人的本領　提起

阿哥你背地裏何必議論人　俗語説的　話多不如話少　話少

第三十三條

從傍看笑聲兒呢　提白甚嗎

的心切　纔肯不避嫌疑　教導罷了　若是别人肯嗎　他還要

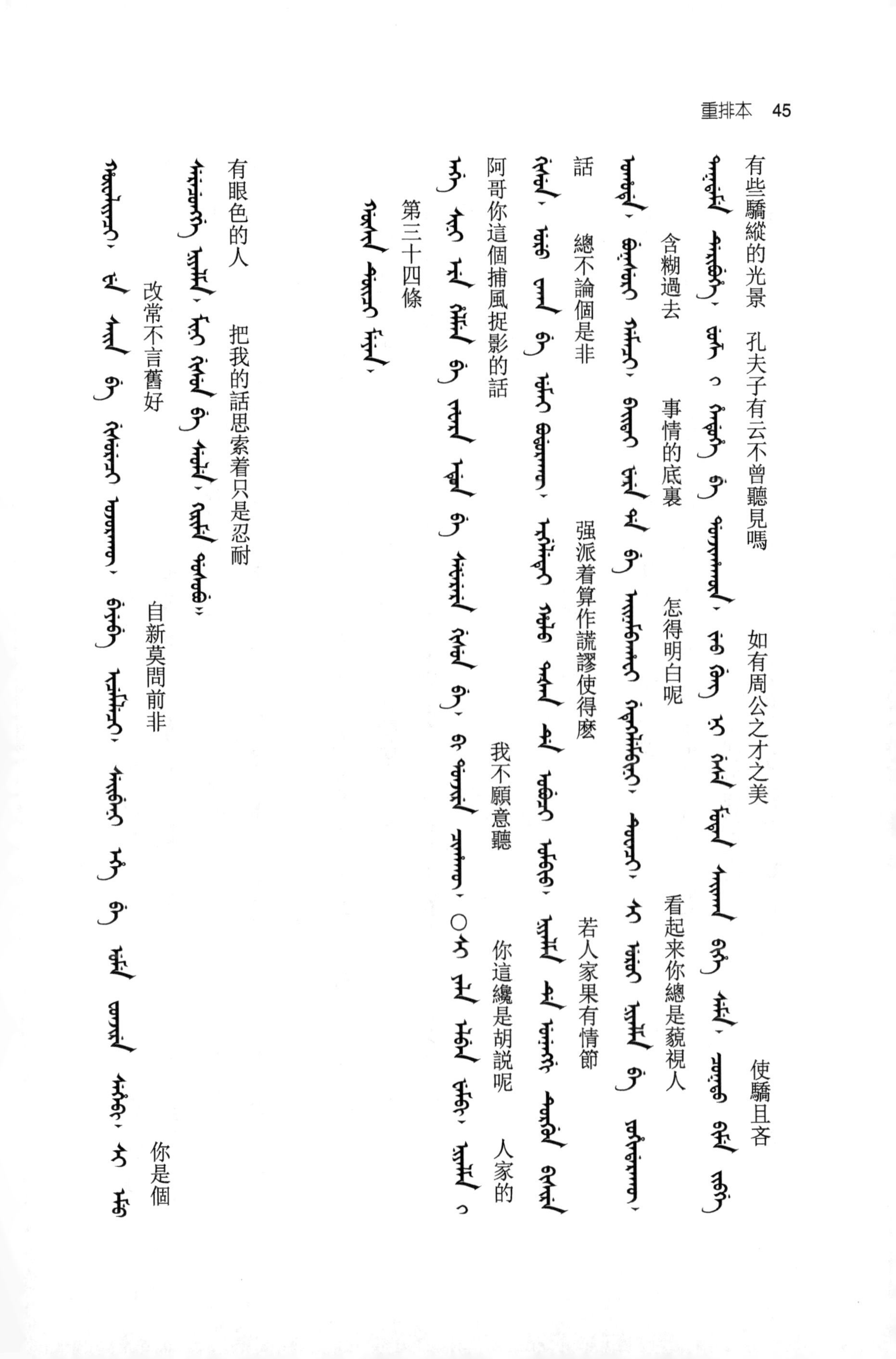

有些驕縱的光景　孔夫子有云不曾聽見嗎　如有周公之才之美　使驕且吝

含糊過去　事情的底裏　怎得明白呢　看起來你總是藐視人

話　總不論個是非　强派着算作謊謬使得麼　若人家果有情節

阿哥你這個捕風捉影的話　我不願意聽　你這纔是胡説呢　人家的

第三十四條

有眼色的人　把我的話思索着只是忍耐

改常不言舊好　自新莫問前非　你是個

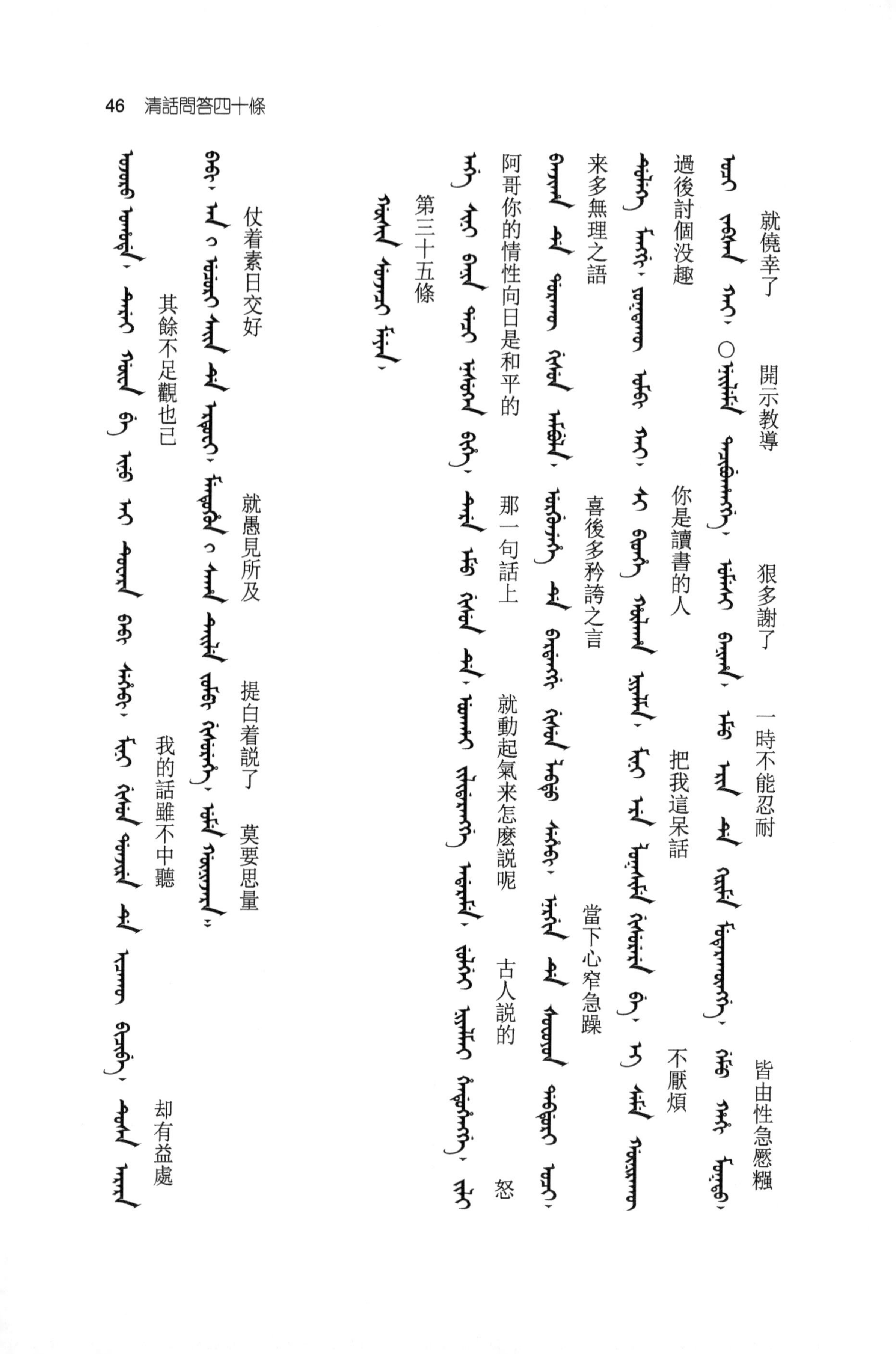

就僥幸了　開示教導　狠多謝了　一時不能忍耐　皆由性急歷糙

過後討個没趣　你是讀書的人　把我這呆話　不厭煩

來多無理之語　喜後多矜誇之言　當下心窄急躁

阿哥你的情性向日是和平的　那一句話上　就動起氣來怎麼說呢　古人說的　怒

第三十五條

仗着素日交好　就愚見所及　提白着說了　莫要思量

其餘不足觀也已　我的話雖不中聽　却有益處

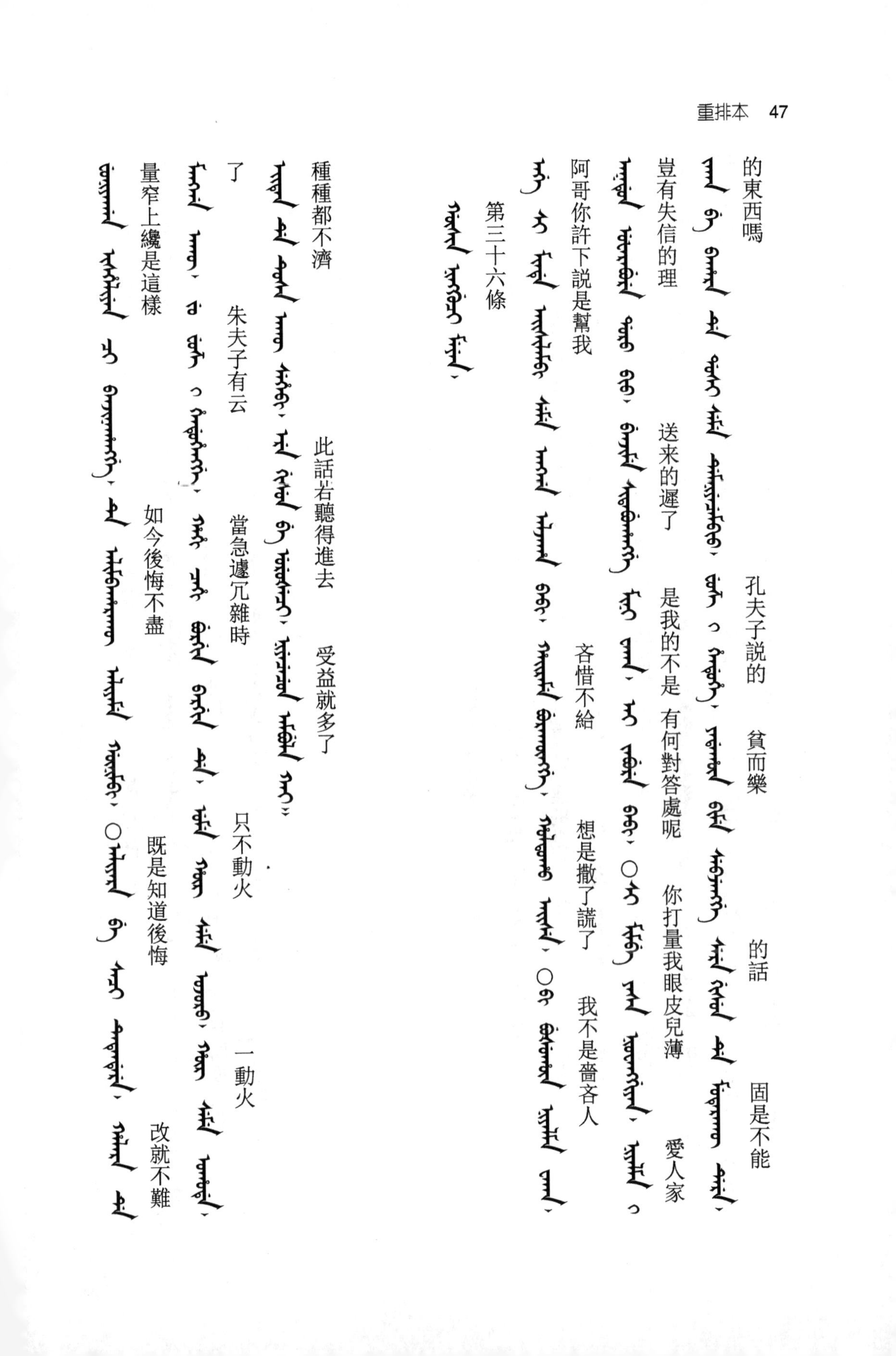

的東西嗎 孔夫子說的 貧而樂 的話 固是不能

豈有失信的理 送來的遲了 是我的不是 有何對答處呢 你打量我眼皮兒薄 愛人家

阿哥你許下說是幫我 吝惜不給 想是撒了謊了 我不是嗇吝人

第三十六條

種種都不濟 此話若聽得進去 受益就多了

了 朱夫子有云 當急遽冗雜時 只不動火 一動火

量窄上纔是這樣 如今後悔不盡 既是知道後悔 改就不難

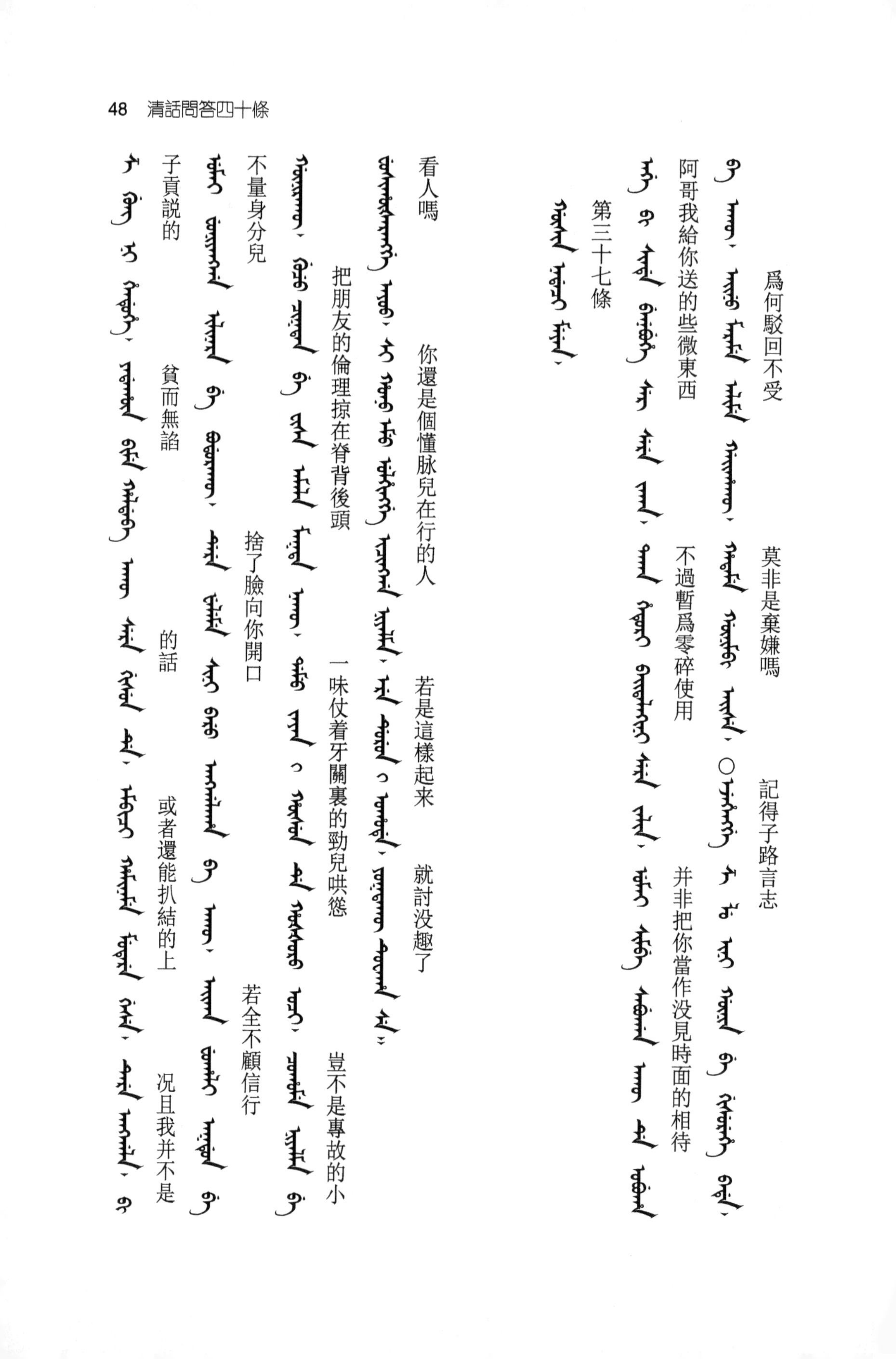

子貢說的 貧而無諂 的話 或者還能扒結的上 況且我并不是

不量身分兒 捨了臉向你開口 若全不顧信行

把朋友的倫理掠在脊背後頭 一味仗着牙關裏的勁兒哄慫 豈不是專故的小

看人嗎 你還是個懂脈兒在行的人 若是這樣起來 就討沒趣了

第三十七條

阿哥我給你送的些微東西 不過暫爲零碎使用 并非把你當作沒見時面的相待

爲何駁回不受 莫非是棄嫌嗎 記得子路言志

ᡩᠠᠪᠠᠯᠠ::
罷

ᠠᡳᠨᡠ ᠨᡝᠮᡝᡵᡳ᠈ ᡤᡠᠴᡠ ᡩᡝ ᡠᠯᡳᠨ ᠪᡝ ᡥᠠᡶᡠᠮᠪᡠᡵᡝ ᠵᡠᡵᡤᠠᠨ ᠪᡳ᠈ ᡝᡵᡝ ᠮᠠᠵᡳᡤᡝ ᠵᠠᡴᠠ ᡩᡝ ᠮᡝᠮᡝᡵᡝᠴᡳ᠈ ᡝᠯᡝᠮᠠᠩᡤᠠ ᡤᠣᠰᡳᡵᡝ ᡤᡡᠨᡳᠨ ᠸᠠᡴᠠ᠈ ᠪᠠᡵᡤᡳᠶᠠ
怎麼這樣嫩　朋友有通財之誼　這些須的上頭拘泥起來 反不是見愛的意思了　收下

ᠪᡳ ᠰᡳᠨᡳ ᡤᠣᠰᡳᡵᡝ ᠪᡝ ᠠᠯᡳᠮᡝ ᡤᠠᡳᠴᡳ᠈ ᠠᠮᠪᡠᠯᠠ ᡤᡳᡵᡠᠮᠪᡳ᠈ ᡩᠠᠮᡠ ᡤᠠᡳᡥᠠ ᠠᡩᠠᠯᡳ ᡤᡡᠨᡳᠨ ᡩᡝ ᡥᡠᡴᡧᡝᠮᡝ ᡤᠠᡳᡴᡳ᠈ ᠠᠨᡨᠠᡴᠠ᠈ ○ ᠰᡳ
臉領你的情　頗覺有愧　權當接受的一樣心感盛情　何如呢　你

ᠮᠠᡴᡨᠠᡵᠠᡴᡡᠨ᠈ ᠮᡳᠮᠪᡝ ᠰᠠᡳᠨ ᡩᡝ ᡨᡠᠸᠠᡥᠠ ᡨᡠᡵᡤᡠᠨ ᡩᡝ᠈ ᠰᡳᠨᡳ ᠪᠠᡵᡠ ᡥᠠᠯᡩᠠᠪᠠᡧᠠᡵᠠᠩᡤᡝ ᠸᠠᡴᠠ᠈ ᡩᠠᠮᡠ ᠪᡳ ᠪᠠᡳᠪᡳ ᠰᡳᠮᡝᠨᡝᠮᡝ
不稱贊呢　并非是因待我好　就奉承你　但是我無故　忝着

ᠵᡠᠯᡤᡝᡳ ᠨᡳᠶᠠᠯᠮᠠ ᡩᡝ᠈ ᠰᡳᠨᡳ ᡠᠯᡳᠨ ᠪᡝ ᠸᡝᡳᡥᡠᡴᡝᠯᡝᡵᡝ ᠵᡠᡵᡤᠠᠨ ᡩᡝ ᡩᠠᡥᠠᡵᠠ ᠠᠯᡤᡳᠨ᠈ ᠠᡳᡶᡳᠨᡳ ᡳᠯᡤᠠᡧᠠᡥᠠᠪᡳ᠈ ᡨᡝᡵᡝ
於古人　即如你的疏財仗義的名譽　傳揚久了　那個

ᠴᡝᠩ ᡶᡠᡯᡳ᠈ ᡯ ᠯᡠ ᠪᡝ ᠵᡠᡵᡤᠠᠨ ᡩᡝ ᠪᠠᡨᡠᡵᡠ ᠰᡝᡥᡝᠪᡳ᠈ ᠪᡳ ᠰᡳᠨᡳ ᠶᠠᠪᡠᠨ ᠪᡝ ᡨᡠᠸᠠᠴᡳ᠈ ᡝᠪᡝᡵᡳ ᠠᡴᡡ
程夫子以此贊子路　勇於義者　我看你的行爲　不亞

ᠰᡝᠵᡝᠨ ᠮᠣᡵᡳᠨ ᠸᡝᡳᡥᡠᡴᡝᠨ ᡶᡠᡵᡩᡝᡥᡝ ᠪᡝ᠈ ᡤᡠᠴᡠ ᡳ ᡝᠮᡤᡳ ᡠᡥᡝᠯᡝᡶᡳ᠈ ᠮᠠᠨᠠᡨᠠᠯᠠ ᡴᠣᡵᠰᠣᡵᠠᡴᡡ ᠰᡝᡥᡝ ᠪᡝ
願車馬　衣輕裘　與朋友共　敝之而無憾

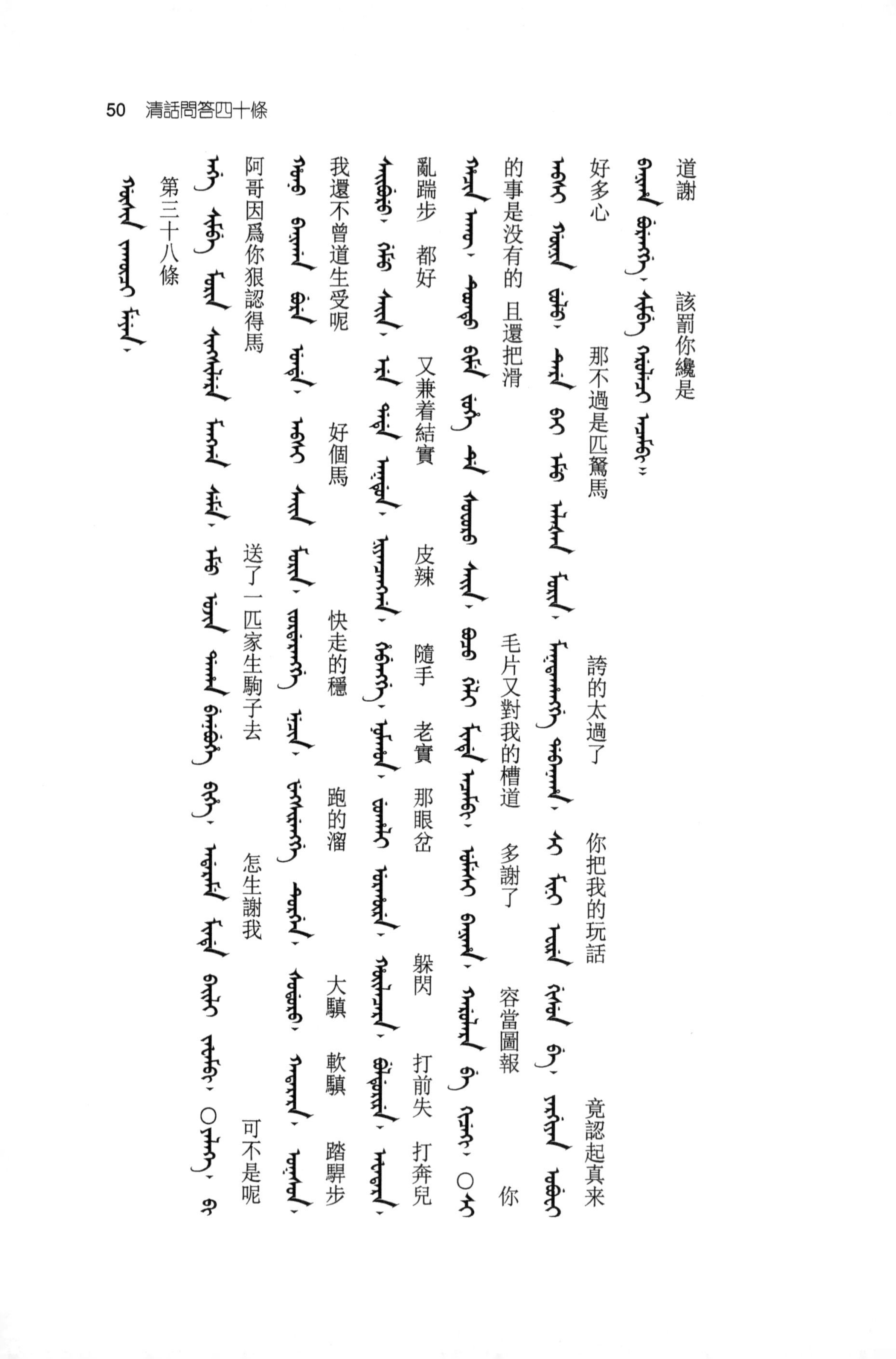

道謝 該罰你纔是

好多心 那不過是匹駑馬 誇的太過了 你把我的玩話 竟認起真来

的事是沒有的 且還把滑 毛片又對我的槽道 多謝了 容當圖報 你

亂端步 都好 又兼着結實 皮辣 隨手 老實 那眼岔 躲閃 打前失 打奔兒

我還不曾道生受呢 好個馬 快走的穩 跑的溜 大顛 軟顛 踏騍步

阿哥因爲你狠認得馬 送了一匹家生駒子去 怎生謝我 可不是呢

第三十八條

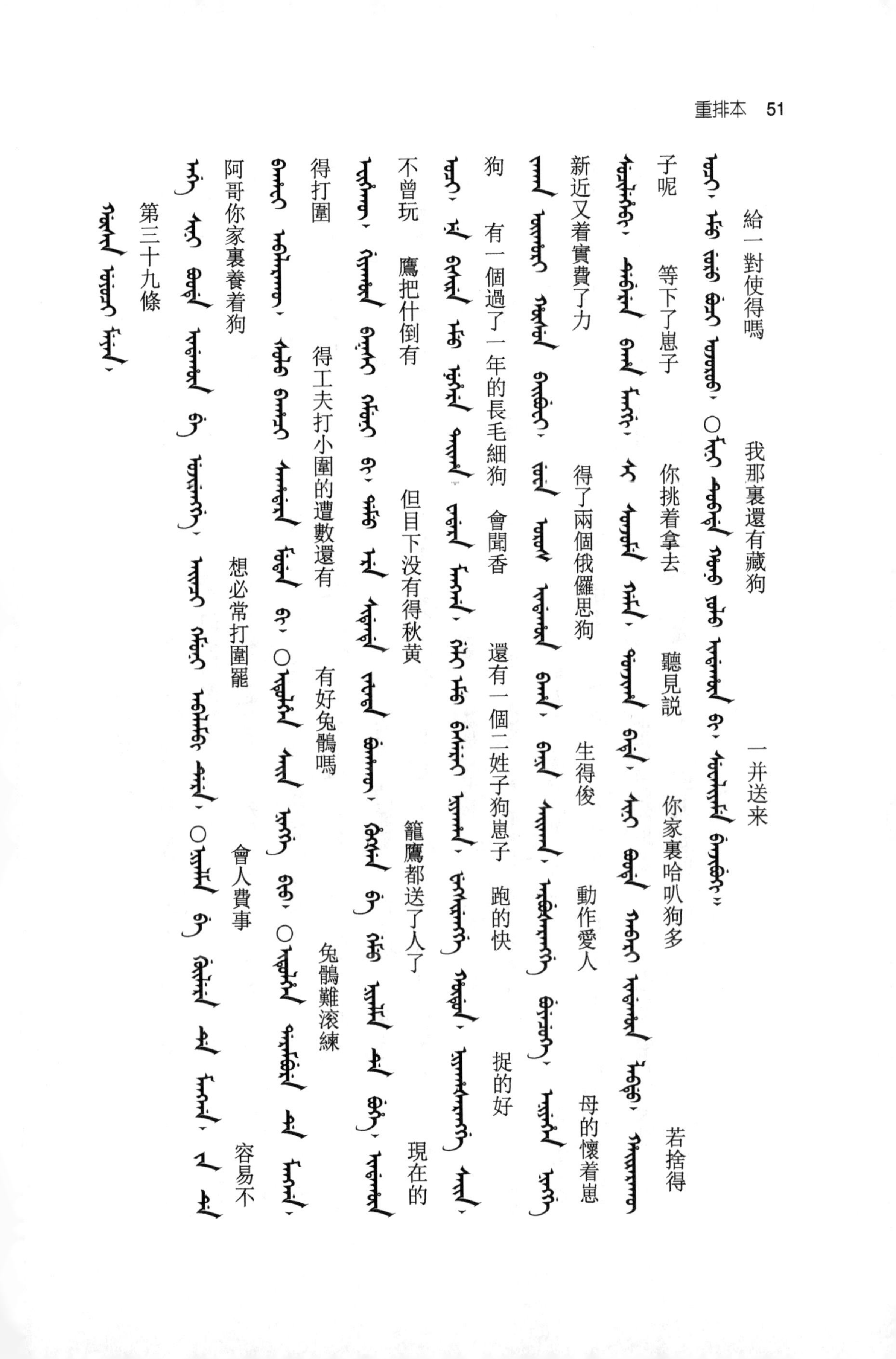

給一對使得嗎　我那裏還有藏狗　一并送来

子呢　等下了崽子　你挑着拿去　聽見説　你家裏哈叭狗多　若捨得

新近又着實費了力　得了兩個俄儸思狗　生得俊　動作愛人　母的懷着崽

狗　有一個過了一年的長毛細狗　會聞香　還有一個二姓子狗崽子　跑的快　捉的好

不曾玩　鷹把什倒有　但目下没有得秋黄　籠鷹都送了人了　現在的

得打圍　得工夫打小圍的遭數還有　有好兔鶻嗎　兔鶻難滚練

阿哥你家裏養着狗　想必常打圍罷　會人費事　容易不

第三十九條

上說的 君子和而不流 又說 好人之所惡 惡人之所好

事没有經過 這個問法 是要聽我的道聽途說嗎 四書

竟像不曾聽見不曾看見的一樣 是怎麼能彀把心拿的這樣定倒要問問 你何等

丟個趣話兒 一點也不拘執 倒像是狠好 進去了的樣子 及之過後 纔是全不在意

的地方 時常遇着你 就是曲兒也罷 就是戲也罷 你有心有腸的凑熱鬧兒 還

修身的道理實在用了工夫了 譬如只就這玩的事上說罷 凡有筵席宴會

阿哥我平素不但把你的行止看透了 把你居心的地方 也着實留心推求過

第四十條

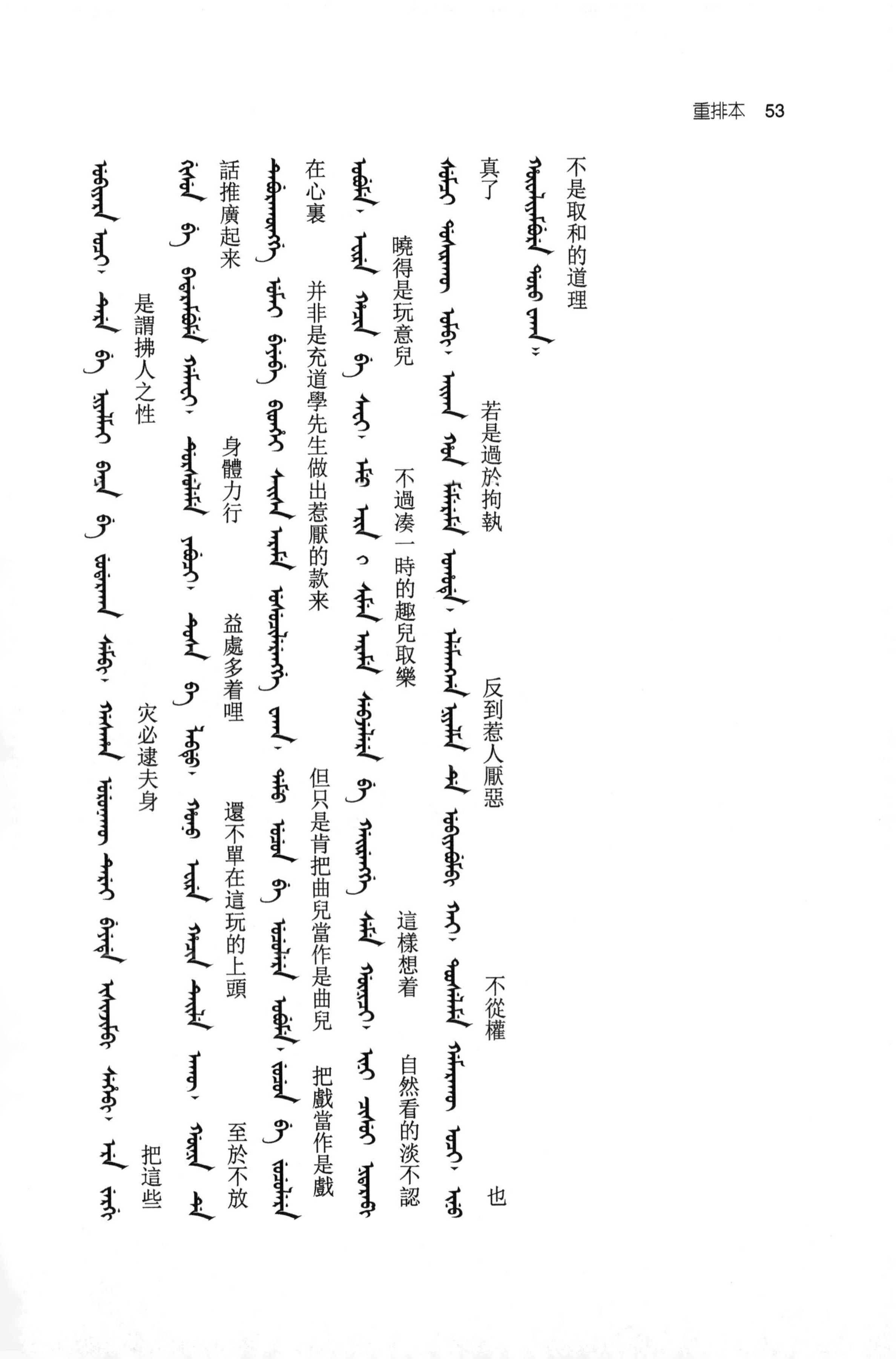

不是取和的道理

真了 若是過於拘執 反到惹人厭惡 不從權 也

曉得是玩意兒 不過凑一時的趣兒取樂 這樣想着 自然看的淡不認

在心裏 并非是充道學先生做出惹厭的款来 但只是肯把曲兒當作是曲兒 把戲當作是戲

話推廣起来 身體力行 益處多着哩 還不單在這玩的上頭 至於不放

是謂拂人之性 灾必逮夫身 把這些

轉寫本

清話問答四十條[1]

第一條（1a1）

1-1[A] age simbe tuwa-qi,

阿哥 你.**賓** 看-**條**

阿哥看你，（1a2）

1-2 se asigan[2] bi-qibe,

年齡 年輕 存在-**讓**

雖然年輕，（1a2）

1-3 sure banji-ha-bi,

聰明 生長-**完**-**現**

生的伶俐，（1a2-3）

1-4 amaga inenggi ai de isi-na-ra be sa-r-kv,

後來 日子 什麼 **與** 到-去-**未** **賓** 知道-**未**-**否**

量不透日後到什麼地步，（1a3）

1-5 damu ere siden-de ai gese bengsen taqi-ha be donji-re unde.

但 這 之間-**位** 什麼 樣子 本事 學習-**完** **賓** 聽-**未** 尚未

但目下不曾聽見學的是何等本事。（1a4-5）

1-6[B] niyalma se-me banji-fi,

人 說.**助**-**并** 生存-**順**

生成個人，（1a5）

---

1 《滿漢合璧四十條》此處序曰："光緒二年二月，奉都軍憲，將八旗官學事務委派鑲紅、鑲藍二旗協領穆精額經理，查得官學原刊書板内有《四十條》一書，板片朽爛過多，至二十餘年，并未刷印，恐有誤於諸生，用是令領催祥瑞、雙祥、恩承、恩瑞、靈康、額勒赫布、翻譯教習依濟斯渾、錫特渾阿召諸梓人重行刊刻去後，今光緒四年四月刊刻已竣，刷出以資諸生受讀而垂永久也，是爲序。"

2 asigan：《滿漢合璧四十條》作"asihan"。

1-7 bengsen taqi-re be hono ai se-re,

本事 學習-**未** **賓** 尚且 什麼 説-**未**

學本事還算不得什麼，（1a5-b1）

1-8 damu beye-be ili-bu-re beye-i yabu-re doro,

但 身體-**賓** 立起-**使**-**未** 自己-**工** 踐行-**未** 道理

但是立身行己的道理，（1b1-2）

1-9 ai-be nenden o-bu-fi

什麼-**賓** 首先 成爲-**使**-**順**

畢竟以甚麼爲先，（1b2）

1-10 ilhi ana-me ibe-de-re be

次序 按照-**并** 前進-漸漸-**未** **賓**

按着層次前進，（1b2）

1-11 taqibu-re be bai-mbi.

教導-**未** **賓** 求-**現**

求教導。（1b3）

1-12[A] fonji-ha-ngge amba kai,

問-**完**-**名** 大 啊

問的大，（1b3）

1-13 beye-be ili-bu-re beye-i yabu-re doro,

身體-**賓** 立足-**使**-**未** 自己-**工** 踐行-**未** 道理

立身行己的道理，（1b3-4）

1-14 emu gisun de waqihiya-me mute-ra-kv.

一 話語 **位** 完盡-**并** 能够-**未**-**否**

不是一言能盡的。（1b4-5）

1-15　jalan -i baita,

世間 **屬** 事情

世間的事，（1b5）

1-16　amba ajige adali akv bi-qibe,

大 小 一樣 **否** 存在-**讓**

雖大小不得一樣，（1b5-2a1）

1-17　haqin tome emu banjina-ra giyan bi,

事件 每 一 形成-**未** 事理 有

件件有個自然的理。（2a1）

1-18　tere giyan be sibki-me moho-bu-qi,

那 事理 **賓** 追究-**并** 窮盡-**使**-**條**

要肯窮究那個理，（2a1-2）

1-19　baha-ra-kv se-re ba[1] akv,

獲得-**未**-**否** 説.**助**-**未** 處 **否**

没有不得的。（2a2）

1-20　aika mujilen be baitala-ra-kv o-qi,

若是 心思 **賓** 使用-**未**-**否** 成爲-**條**

若不肯用心，（2a3）

1-21　sa-ra bahana-ra-ngge ai-de nonggi-bu-mbi.

知道-**未** 懂得-**未**-**名** 什麽-**位** 增加-**使**-**現**

知識何以得長？（2a3-4）

1-22　fuzi hendu-me,

孔夫子 説道-**并**

1　ba：地方、處所。可引申用於泛指各種情況、事情。下同。

子曰：（2a4）

1-23 inenggi-dari ebi-tele je-me,

日子-每 吃飽-**至** 吃-**并**

“飽食終日，（2a4）

1-24 mujilen be baitala-ra ba akv o-qi,

心思 **賓** 使用-**未** 處 **否** 成爲-**條**

無所用心，（2a5）

1-25 mangga kai se-he-bi,

困難 啊 說.**助**-**完**-**現**

難矣哉!”[1]（2a5-b1）

1-26 unenggi ere mujilen be jirga-bu-ra-kv baitala-ki se-qi,

果然 這 心思 **賓** 安逸-**使**-**未**-**否** 使用-**祈** 說.**助**-**條**

若果把這心不間[2]着要用他，（2b1-2）

1-27 uthai jaka be hafu-re sarasu de isi-bu-re be kiqe-me deribu,

就 事物 **賓** 通曉-**未** 知識 **與** 到達-**使**-**未** **賓** 用功-**并** 開始.**祈**

可就在格物致知上做起功夫來。（2b2-3）

1-28 hvsutule-me goida-hai,

用力-**并** 長久-**延**

用力日久，（2b3）

1-29 emgeri hafu-ka de

一旦 通曉-**完** **位**

一旦通達了的時節，（2b3-4）

1 語出《論語·陽貨》。

2 間：即“閑”。

1-30 eiten de genggiyen o-me mute-re ba-de,
一切 **與** 清楚 成爲-**并** 能够-**未** 處-**位**
凡百的都可以能彀透徹，（2b4）

1-31 ibe-de-me taqi-re jalin fonji-re be baibu-mbi-u.
前進-漸進-**并** 學習-**未** 爲了 問-**未** **賓** 需要-**現**-**疑**
前進的工夫還須問嗎?（2b4-5）

第二條（3a1）

2-1[A] age si manjura-me bahana-mbi-u,
阿哥 你 説滿語-**并** 學會-**現**-**疑**
阿哥你會説滿洲話嗎?（3a2）

2-2[B] te taqi-me gisure-mbi,
現在 學習-**并** 説話-**現**
現今學着説呢。（3a2）

2-3[A] si angga de taqi-mbi se-re gojime,
你 嘴巴 **位** 學習-**現** 説-**未** 雖然
你口裏説是學，（3a3）

2-4 tuwa-qi asuru kiqe-ra-kv,
看-**條** 很 用功-**未**-**否**
看來不甚用功。（3a3-4）

2-5 manju gisun se-re-ngge,
滿洲 話語 説-**未**-**名**
滿洲話，（3a4）

2-6 manju halangga niyalma -i teisu dorgi urunakv bahana-qi aqa-ra-ngge,
滿洲 姓氏的 人 **屬** 本分 裏面 必定 學會-**條** 應該-**未**-**名**

是滿洲們分内必該會的，（3a4-5）

2-7 ure-bu-ra-kv o-qi ojo-ra-kv kai,

熟練-**使-未-否** 成爲-**條** 可以-**未-否** 啊

若不練熟使不得呢。（3a5-b1）

2-8 erin kemu geri_fari,[1]

時間 時刻 迅速貌

光陰迅速，（3b1）

2-9 xun biya homso -i adali,

太陽 月亮 梭子 **屬** 一様

日月如梭，（3b1-2）

2-10 saikan kiqe,

好好地 用功.**祈**

好好的用功，（3b2）

2-11 niyalma funde[2] hvsutule-me mute-ra-kv,

人 替代 用力-**并** 能够-**未-否**

人不能替你用力，（3b2-3）

2-12 ume beye be sarta-bu-re.

不要 自己 **賓** 遲誤-**使-未**

不要耽擱了自己。（3b3）

第三條（3b4）

3-1[A] age si bou-de aina-mbi,

阿哥 你 家-**位** 做什麼-**現**

---

1 geri_fari：複合式摹擬詞的第二個詞往往没有實際語義，故以底綫與第一個詞連接。

2 funde：《滿漢合璧四十條》作“sini funde”，意思是代替你。

阿哥你在家作什麽？（3b5）

3-2[B] bithe hvla-mbi,

書 讀-現

讀書。（3b5）

3-3[A] ai haqin -i bithe hvla-mbi,

什麽 種類 屬 書 讀-現

讀什麽書？（3b5-4a1）

3-4[B] inenggi de o-qi nikan bithe hvla-mbi,

白天 位 成爲-條 漢文 書 讀-現

日裹讀漢書，（4a1-2）

3-5 yamji-ha manggi manju bithe hvla-mbi,

天黑-完 之後 滿洲 書 讀-現

晚間念滿洲書。（4a2）

3-6[A] sini ere se de,

你.屬 這 年齡 位

你這個年紀，（4a3)

3-7 jing taqi-re erin,

正好 學習-未 時候

正是學的時候。（4a3）

3-8 halukan etu-me ebi-me je-me,

温暖 穿-并 吃飽-并 吃-并

飽食暖衣的，（4a3-4）

3-9 gvnin faya-ra haqin akv,

心思 耗費-未 事件 否

没有費心的地方，（4a4）

3-10 bithe hvla-ra be sa-qi,

書 讀-未 賓 知道-條

知道該念書，（4a4-5）

3-11 ai gisure-re ba-bi,

什麼 說話-未 處-有

有什麼説處呢？（4a5）

3-12 damu ume angga xan de teile kiqe-re.

衹是 不要 嘴巴 耳朵 位 僅僅 用功-未

只不要徒在口頭耳邊用功夫。（4a5-b1）

第四條（4b2）

4-1[A] age sini bou-de manju sefu soli-ha-bi-u,

阿哥 你.屬 家-位 滿洲 師傅 聘請-完-現-疑

阿哥你家裏請下滿洲師傅了嗎？（4b3）

4-2[B] niyaman guqu de yandu-fi bai-ha bihe,

親戚 朋友 與 委託-順 找尋-完 過

曾經煩親友們尋訪[1]，（4b3-4）

4-3 baha[2]-kv o-fi,

獲得.完-否 成爲-順

没有得，（4b4）

4-4 soli-re unde,

聘請-未 尚未

尚未請呢。（4b4-5）

1 尋訪：《滿漢合璧四十條》作“訪來”。

2 baha：bahambi的詞幹，也是其完整體形式，是不規則變化。

4-5[A] tuttu oqi sini manju bithe bahana-ha-ngge,

那樣 若是 你.**屬** 滿洲 書 學會-**完**-**名**

若是那樣你學會的滿洲書，（4b5）

4-6 weqi taqibu-ha,

誰 教導-**完**

是那個教的？（5a1）

4-7[B] ai gelhun akv[1] bahana-mbi se-mbi,

怎麽 怕 **否** 學會-**現** 説-**現**

怎敢説是會呢？（5a1）

4-8 yasa-i juleri gisun,

眼睛-**屬** 前面 話語

眼面前的話，（5a2）

4-9 muwaxa-me ulhi-re-ngge,

粗略-**并** 懂得-**未**-**名**

粗懂得些兒，（5a2）

4-10 ungga-ta -i gisure-re be donji-me,

長輩-**複** **屬** 説話-**未** **賓** 聽-**并**

是聽着長輩們説話，（5a2-3）

4-11 sa-r-kv ba-be fonji-me,

知道-**未**-否 處-**賓** 問-**并**

不知道的問問，（5a3）

4-12 inenggi-dari eje-me gai-ha-ngge,

日子-每 記住-**并** 取得-**完**-**名**

---

1 ai gelhun akv：怎敢，豈敢。gelhun akv即不怕、敢做某事。ai即什麽，此處表達反問語氣。

日每[1]記下的。（5a3-4）

4-13 sefu baha biqi,

師傅 得到.**完** 若有

若是得了師傅，（5a4）

4-14 hono majige yebe bi-he.

還 略微 稍好 存在-**完**

或者還好些兒哩。（5a4-5）

第五條（5b1）

5-1[A] age sini nikan sefu ya ba -i niyalma,

阿哥 你.**屬** 漢人 師傅 哪 處 **屬** 人

阿哥你的漢先生是那裏人？（5b2）

5-2[B] mini sefu julergi golo-i niyalma,

我.**屬** 師傅 南邊 地區-**屬** 人

我師傅是南邊人。（5b2-3）

5-3[A] taqi-ha-ngge antaka,

學習-**完**-**名** 怎麼樣

學問何如[2]？（5b3）

5-4[B] irgebun irgebu-re-ngge ini teile,

詩 作詩-**未**-**名** 他.**屬** 僅僅

詩作的儘是他的分兒，（5b4）

5-5 xu fiyelen de umesi sain,

文章 篇章 **與** 很 好

1 日每：《滿漢合璧四十條》作“每日”。

2 何如：《滿漢合璧四十條》作“如何”。

文章上好的狠，（5b4）

5-6 nomun suduri de ureshvn,

經書 歷史 **與** 嫻熟

經史稀熟，（5b5）

5-7 yarhvda-me taqibu-re faksi teile akv[1],

引導-**并** 教導-**并** 巧妙 僅僅 **否**

不但引誘教訓的巧，（5b5-6a1）

5-8 nambu-ha be tuwa-me giyangna-me ulhi-bu-mbi.

遇到-**完** **賓** 看-**并** 講述-**并** 明白-**使**-**現**

遇見什麼就講給知道。（6a1-2）

第六條（6a3）

6-1[A] age si ama aja -i kesi de,

阿哥 你 父親 母親 **屬** 恩情 **位**

阿哥你在父母運裹，（6a4）

6-2 ai jobo-ro haqin bi,

什麼 憂愁-**未** 事件 有

有什麼憂愁的事？（6a4-5）

6-3 bithe-de kiqe-qi aqa-ra be gisure-re ba akv,

書-**位** 用功-**條** 應該-**未** **賓** 説話-**未** 處 **否**

書上用功是不消説的了，（6a5-b1）

6-4 qouha-i erdemu de inu gvnin weri-xe-fi taqi-qi aqa-mbi,

軍事-**屬** 武藝 **位** 也 心思 留存-多多-**順** 學習-**條** 應該-**現**

---

1 teile akv：不僅。

武備上也該留心習學，（6b1）

6-5 ume enenggi se-hei qimari,

不要 今天 說-持 明天

不可今日推明日，（6b2）

6-6 biya se-hei aniya,

月份 說-持 年

這個月等那個年，（6b2-3）

6-7 touka-bu-nakv aliya-me gvni-re,

遲誤-使.祈-之後 後悔-并 想-未

耽誤了纔後悔。（6b3）

6-8 dekdeni gisun,

俗諺 話語

嘗言[1]說：（6b3）

6-9 janquhvn be buye-qi,

甜的 賓 喜歡-條

“要吃甜的，（6b4）

6-10 neneme gosihon be baisu,

首先 苦的 賓 要求.祈

先嘗苦的，（6b4）

6-11 jirga-ra be buye-qi,

安逸-未 賓 喜歡-條

要圖安逸，（6b4-5）

1 嘗言：即“常言”，在清代文獻中亦作“嘗言”。

6-12 neneme beye-be suila-bu se-he-bi.

首先 身體-賓 勞苦-使.祈 説.助-完-現

先勞筋力。”（6b5）

6-13 beye-de taqi-me gai-qi,

自己-位 學習-并 取得-條

自己學得的，（6b5-7a1）

6-14 beye-i erdemu beye derengge dere[1],

自己-屬 德才 自己 光彩的 吧

是自己的本領自己光彩，（7a1）

6-15 we aika sini-ngge be duri-me gama-me mute-mbi-u,

誰 難道 你.屬-名 賓 搶奪-并 拿去-并 能够-現-疑

誰還能奪得了你的去嗎？（7a1-2）

6-16[B] taqibu-ha-ngge umesi inu,

教導-完-名 很 是

教導的狠是，（7a2-3）

6-17 ginggule-me eje-fi kiqe-ki.

恭謹-并 記住-順 勤奮-祈

謹記着奮勉。（7a3）

第七條（7a4）

7-1[A] age si gabta-me bahana-mbi-u,

阿哥 你 射箭-并 學會-現-疑

阿哥你會射箭嗎？（7a5）

---

1 dere：表達判斷的語氣詞。

7-2[B] taqi-me gabta-mbi,
學習-**并** 射箭-**現**
學着射。（7a5）

7-3[A] tungken[1] goi-re-ngge antaka,
箭靶子 射中-**未**-**名** 怎麼樣
鼓子着的何如？（7a5-b1）

7-4[B] toyon baha-kv dade tokto-bu-me mute-ra-kv,
準頭 獲得.**完**-**否** 且又 穩定-**使**-**并** 能够-**未**-**否**
不得準頭又定不住，（7b1）

7-5 uksala-ra-ngge geli bolgo akv ojo-ro jakade,
撒手放箭-**未**-**名** 又 乾净利落 **否** 成爲-**未** 之故
撒放的更不乾净。（7b2）

7-6 talu de inu goi-qibe,
偶然 **位** 也 射中-**讓**
雖偶然也碰的着，（7b2-3）

7-7 jiduji jorin baha-ra-kv,
到底 準頭 得到-**未**-**否**
到底拿不準。（7b3）

7-8[A] tuwa-qi sini hasutai gabta-ra-ngge,
看-**條** 你.**屬** 左撇子 射箭-**未**-**名**
看你的左撇子射的，（7b3-4）

7-9 elemangga narhvn,
反倒 細緻

---

1 tungken：鼓。當時人將射箭的箭靶gabtara tungken譯爲“鼓子”。

倒細緻。（7b4）

7-10 da tolo-me[1] goi-mbi,

支 計數-**并** 射中-**現**

箭箭着，（7b4）

7-11 damu gunire-re[2] tabqilabu-re[3] jadaha bi,

祇是 吐信子-**未** 刮袖子-**未** 毛病 有

只是有吐信子打袖子的毛病。（7b5）

7-12 niyamniya-me mute-mbi-u,

騎馬射箭-**并** 能够-**現**-**疑**

能射馬箭嗎？（7b5）

7-13[B] morin de kemuni gele-ra-kv,

馬 **與** 還 害怕-**未**-**否**

馬上還不怯，（8a1）

7-14 arkan yoro[4] tuqi-bu-me mute-qibe,

將將 骲頭 出去-**使**-**并** 能够-**讓**

臁着放得出骲頭去，（8a1）

7-15 morin sinda-ra bargiya-ra kemun be baha-ra-kv,

馬 放開-**未** 收回-**未** 分寸 **賓** 獲得-**未**-**否**

領馬收馬的遲急不得，（8a2-3）

7-16 dosi-rahv milara-rahv se-me gvnin gaisila-bu-re jakade,

進入-**虚** 跑開-**虚** 説.**助**-**并** 内心 牽累-**被**-**未** 之故

---

1 da tolombi：箭箭中，即每射一支箭都中靶。da在此處爲箭的計量單位“支”。

2 gunirembi：指把弓拉滿後没放手，弓又有點兒往回鬆，即放箭吐信子。

3 tabqilabumbi：指射箭時，臉、袖子被弓弦刮着。

4 yoro：用骨或木製的箭頭。

心裏墊着怕裏了張了，（8a3）

7-17 urui momorxo-mbi,

總是 慌亂-**現**

只是忙促，（8a4）

7-18 mahala[1] be tomortai goi-me mute-ra-kv,

靶子 **賓** 正射中 射中-**并** 能够-**未**-**否**

不能正中帽子。（8a4）

7-19[A] ere eshun haran,

這 生疏 緣故

這是生的原故，（8a5）

7-20 ure-he manggi,

熟悉-**完** 之時

熟了的時節，（8a5）

7-21 eiten de jabdu-mbi,

一切 **位** 來得及-**現**

件件都從容，（8a5）

7-22 goi-re teile akv

射中-**未** 僅僅 **否**

還不单在着的上頭呢。（8b1）

第八條（8b2）

8-1[A] age si bithe hvla-ra xolo de aina-mbi,

阿哥 你 書 讀-**未** 空閑 **位** 幹什麼-**現**

---

1 mahala：帽子。這裏引申爲射箭的靶子。

阿哥你念書的閑工夫作什麼？（8b3）

8-2[B] efi-mbi,

玩要-現

玩要。（8b4）

8-3[A] adarame efi-mbi,

怎様 玩要-現

怎様玩要？（8b4）

8-4[B] eiqi hergen ara-mbi,

或是 字 寫-現

或者寫字。（8b4）

8-5[A] takasu,

且住.祈

且住，（8b5）

8-6 bi simbe mohobu-ki,

我 你.賓 詰問-祈

我難一難你着，（8b5）

8-7 lasihire hergen gvni-qi si ara-me mute-mbi,

草體 字 料想-條 你 寫-并 能够-現

草字想來你是能寫的，（8b5-9a1）

8-8 fukjingga hergen sidengge hergen ara-me mute-mbi-u,

篆體 字 隸體 字 寫-并 能够-現-疑

篆字八分書寫的來嗎？（9a1-2）

8-9[B] ere juwe haqin -i hergen ara-me bahana-ra-kv,

這 二 種類 屬 字 寫-并 學會-未-否

這兩樣字不會寫。（9a2-3）

8-10 damu ginggulere hergen gidara hergen be taqi-me ara-mbi,

祇是 楷體 字 行體 字 **賓** 學習-**并** 寫-**現**

只是學寫楷書行書，（9a3）

8-11 jai de o-qi taqi-me nirugan niru-mbi,

第二 **位** 成爲-**條** 學習-**并** 畫 繪畫-**現**

再就是學着畫畫，（9a4）

8-12 kituhan fithe-mbi,

琴 彈奏-**現**

彈[1]琴，（9a5）

8-13 toniu sinda-mbi,

圍棋 下棋-**現**

下圍棋，（9a5）

8-14 akvqi beri tata-mbi,

否則 弓 拉扯-**現**

不然就拉弓，（9a5）

8-15 tanggila-mbi,

打彈弓-**現**

打彈弓，（9b1）

8-16 morin fiyele-mbi,

馬 飛身上馬-**現**

騙[2]馬。（9b1）

8-17 beikuwen erin de o-qi,

寒冷 時候 **位** 成爲-**條**

---

1 彈：原作“撣”，據《滿漢合璧四十條》改。

2 騙：義同“騎”。

到冷天的時候，（9b1）

8-18 bou-i juse-i baru mumuhu dengniye-me,

家-屬 童僕.複-屬 同 球 搶球-并

jafunu-me efi-re mudan inu bi.

摔跤-并 玩耍-未 次數 也 有

同家下小子們搶行頭掠跤玩的遭數也有。（9b1-3）

第九條（9b4）

9-1[A] age simbe tuwa-qi,

阿哥 你.賓 看-條

阿哥看你，（9b5）

9-2 erdemu bengsen taqi-re de amuran,

德才 本事 學習-未 與 愛好

才幹本事上是好學的。（9b5）

9-3 tuttu seme,

那樣 雖然

固然是這樣，（10a1）

9-4 taqi-re haqin,

學習-未 事件

學習一道，（10a1）

9-5 da dube be bodo-ra-kv,

根本 末尾 賓 考慮-未-否

若不論個本末，（10a1）

9-6 nenden amala be ilga-ra-kv o-qi,

首先 後面 賓 分辨-未-否 成爲-條

不分别個先後，（10a2）

9-7 inu ojo-ra-kv,

也 可以-**未-否**

也使不得。（10a2）

9-8 yabun se-re-ngge da,

品行 説-**未-名** 根本

品行是本，（10a3）

9-9 bengsen se-re-ngge dube,

本事 説-**未-名** 末尾

本事是末，（10a3）

9-10 aika dube be nenden,

若是 末尾 **賓** 首先

若把末爲先，（10a3-4）

9-11 da be amala o-bu-re ohode,

根本 **賓** 後面 成爲-**使-未** 倘若

以本爲後，（10a4）

9-12 bengsen bisi-re gojime,

本事 有-**未** 雖然

就是有了本事，（10a4-5）

9-13 yabun sain akv o-qi,

品行 好 **否** 成爲-**條**

没有品行，（10a5）

9-14 erdemu bengsen qi aname,

德才 本事 **從** 連同

連才幹本事，（10a5-b1）

9-15 hono gvtubu-mbi kai,

還 玷辱-**現** 啊

還玷辱了呢。（10b1）

9-16[B] sini leule-he-ngge umesi inu,

你.**屬** 議論-**完**-**名** 很 是

你議論的狠是。（10b1-b2）

9-17 fuzi zi gung de ulhi-bu-he ba-de,

孔夫子子 貢 **與** 領悟-**使**-**完** 處-**位**

孔子答子貢有云：（10b2）

9-18 gisun -i onggolo yabu-fi,

話語 **工** 先 踐行-**順**

"先行其言，（10b2-3）

9-19 amala daha-bu-mbi se-he-bi,

後來 跟從-**使**-**現** 說.**助**-**完**-**現**

而後從之。"[1]（10b3）

9-20 gvni-qi sini beye dursule-me yabu-fi tusa sere-bu-he[2],

料想-**條** 你.**屬** 身體 模仿-**并** 踐行-**順** 益處 知覺-**被**-**完**

想来你是身體力行有了效驗的，（10b3-4）

9-21 mende durun tuwakv o-bu-re be buye-re.

我們.**與** 楷模 榜樣 成爲-**使**-**未** **賓** 希望-**未**

願給我們作個規模樣子。（10b4-5）

---

1 語出《論語·爲政》。

2 serebuhe：《滿漢合璧四十條》作"serembihe"。

第十條（11a1）

10-1[A] age si hiyouxula-ra doro be akvmbu-me mute-mbi-u,
阿哥 你 孝順-未 道理 賓 盡到-并 能够-現-疑
阿哥你能盡孝道嗎？（11a2）

10-2[B] hiyouxula-ra doro,
孝順-未 道理
孝順的道理，（11a3）

10-3 bi kemuni hafu ulhi-re unde,
我 還 通透 明白-未 尚未
我還不深曉得呢，（11a3）

10-4 damu ama eme be urgunje-bu-re be gvni-me,
衹是 父親 母親 賓 高興-使-未 賓 想-并
但只是存着心求父母的歡喜。（11a4）

10-5 ama eme -i taqibu-ha gisun be,
父親 母親 屬 教導-完 話語 賓
父母教的話，（11a4-5）

10-6 gelhun akv jurqe-ra-kv,
怕 否 違悖-未-否
不敢違悖，（11a5）

10-7 afabu-ha baita be,
交付-完 事情 賓
交的事，（11b1）

10-8 gelhun akv oihorila-ra-kv,
怕 否 疏忽-未-否
不敢疏忽，（11b1）

10-9 qira mangga[1] se-re gisun de,
臉色 難 説.助-未 話語 與
色難的分兒上，（11b1-2）

10-10 hami-na-me mute-ra-kv bi-qibe,
將到-去-并 能够-未-否 存在.助-讓
固然到不去，（11b2）

10-11 ere leulen be gvnin de tebu-hei bi,
這 議論 賓 内心 位 懷有-持 現
這個議論心裹狠存着哩！（11b2-3）

10-12[A] sini gisure-he be tuwa-qi,
你.屬 説話-完 賓 看-條
你這話上看起來，（11b3-4）

10-13 hiyouxun de mute-re niyalma,
孝順 位 能够-未 人
是能彀孝順的人。（11b4）

10-14 bithe-de hendu-he-ngge,
書-位 説道-完-名
書上説的：（11b4）

10-15 hiyouxun se-re-ngge,
孝順 説-未-名
“孝者，（11b5）

10-16 ejen be uile-re-ngge,
君主 賓 侍奉-未-名

1 qira mangga：色難。語出《論語·爲政》，指侍奉父母時，保持和顔悦色是最難的。

所以事君也。”（11b5）

10-17 julge-i niyalma -i gisun,

古代-**屬** 人 **屬** 話語

古人云：（11b5-12a1）

10-18 tondo amban be hiyouxungga juse de baisu se-he balama,

忠 大臣 **賓** 孝順的 孩子.**複** **與** 尋求.**祈** 説.**助-完** 俗話

“求忠臣於孝子之門。”（12a1）

10-19 amaga inenggi gurun bou-de baitala-bu-qi,

將來 日子 國 家-**與** 使用-**被-條**

將来爲國家所用，（12a2）

10-20 urunakv hvsun be waqihiya-me faxxa-me mute-mbi,

必定 力氣 **賓** 竭盡-**并** 效力-**并** 能够-**現**

必是能竭力報效的，（12a3）

10-21 yala emu amba tetun kai.

誠然 一 大 器具 啊

誠然是個大器。（12a3-4）

第十一條（12a5）

11-1[A] age si deuqile-re doro be sa-mbi-u,

阿哥 你 友悌-**未** 道理 **賓** 知道-**現-疑**

阿哥你知道爲弟的道理嗎？（12b1）

11-2[B] deuqile-re doro be,

友悌-**未** 道理 **賓**

爲弟的道理，（12b1-2）

11-3 bi jori-me gisure-me mute-ra-kv,

我 指出-**并** 説話-**并** 能够-**未**-**否**

我不能指説出來。（12b2）

11-4 ahvta be kundule-re be sa-mbi,

兄長.**複** **賓** 尊敬-**未** **賓** 知道-**現**

知道尊敬兄長，（12b2-3）

11-5 ahvta -i giyangga gisun be singge-tei eje-me,

兄長.**複** **屬** 理義的 話語 **賓** 牢牢-**極** 記住-**并**

兄長們的理學言論發狠的記着，（12b3-4）

11-6 doronggo yabun be,

端莊的 品行 **賓**

端方品行，（12b4）

11-7 hing se-me alhvda-me,

誠懇貌 **助**-**并** 效法-**并**

勉力去效法，（12b4）

11-8 gelhun akv dabaxa-ra-kv heulede-ra-kv,

怕 **否** 僭越-**未**-**否** 怠慢-**未**-**否**

不敢僭妄怠慢[1]。（12b5）

11-9 ahvta senggi-me deu-te kundu,

兄長.**複** 友愛-**并** 弟弟-**複** 恭敬

兄友弟恭的，（12b5）

11-10 keb_kab haji hvwaliyasun -i aqabu-mbi,

親近貌 親熱 和睦 **工** 相合-**現**

---

1 怠慢：《滿漢合璧四十條》作“怠惰”。

親親熱熱湊着和睦。（13a1）

11-11[A] deuqile-re doro,

友悌-未 道理

爲弟的道理，（13a2）

11-12 sini ere leulen qi tuqi-ne-ra-kv,

你.屬 這 議論 從 出-去-未-否

不出你這議論。（13a2）

11-13 irgebun -i nomun de hendu-he-ngge,

詩 屬 經 位 説道-完-名

詩云：（13a3）

11-14 ahvn deu hebengge oqi,

兄長 弟弟 和氣的 若是

“兄弟既翕，（13a3）

11-15 hvwaliyasun urgun bime sebjen,

和睦 喜悦 并且 快樂

和樂且耽，（13a4）

11-16 sini bou-i gubqi aqa-mbi,

你.屬 家-屬 全 合宜-現

宜爾室家，（13a4-5）

11-17 sini juse sargan urgunje-mbi se-he-bi,

你.屬 孩子.複 妻子 高興-現 説.助-完-現

樂爾妻帑。”[1]（13a5）

---

1 語出《詩・小雅・常棣》，原作“和樂且湛”。

11-18 ahvn deu sain -i aqa-qi,

兄長 弟弟 好 工 和好-條

兄弟們若是和好了，（13b1）

11-19 sain ba ambula,

好 處 很多

好處多着呢。（13b1）

11-20 ere irgebun -i gisun,

這 詩 屬 話語

這詩句的話，（13b2）

11-21 hono waqihiya-bu-me mute-ra-kv,

還 完結-使-并 能够-未-否

還説不盡。（13b2）

11-22 suweni bou-de banji-re simengge be,

你們.屬 家-位 生活-未 熱鬧 賓

你們家過日子狠熱鬧，（13b3）

11-23 donji-fi goida-ha,

聽-順 久-完

聽見的久了，（13b3）

11-24 ere dekji-re todolo,

這 興旺-未 徵兆

這是興騰的兆頭，（13b4）

11-25 ja de uttu o-me mute-ra-kv kai.

容易 位 這樣 成爲-并 能够-未-否 啊

不是容易能彀的呢。（13b4）

第十二條（13b5）

12-1[A] age si gungge gebu be gai-ki se-qi,
阿哥 你 功勞 名號 賓 要-祈 說.助-條
阿哥你要取功名，（14a1）

12-2 bithe-de kiqe-ra-kv oqi,
書-位 勤奮-未-否 若是
不在書上發奮，（14a1-2）

12-3 hafan jergi sinde isina-ra aibi,
官職 品銜 你.與 到達-未 怎能
官職如何到的了你身上呢？（14a2）

12-4[B] mini donji-ha ba-de,
我.屬 聽-完 處-位
我聽見說，（14a3）

12-5 bithe hvla-ra-ngge doro giyan be ulhi-re jalin,
書 讀-未-名 道理 規矩 賓 明白-未 爲了
讀書爲的是明白道理，（14a3-4）

12-6 hono gungge gebu teile akv,
還 功勞 名氣 僅僅 否
還不專在功名上。（14a4）

12-7 kiqe-me taqi-ra-kv oqi,
勤奮-并 學習-未-否 若是
若不勤學，（14a4-5）

12-8 beye-be dasa-me bou be teksile-me mute-ra-kv bade,
身體-賓 修正-并 家 賓 齊全-并 能够-未-否 尚且
修身齊家尚且不能，（14a5-b1）

12-9 hafan baha-kini,

官職 獲得-祈

就得個官職，（14b1）

12-10 ai be jafa-fi gurun bou de hvsun akvmbu-mbi,

什麼 賓 拿-順 國 家 與 力氣 盡力-現

將什麼與國家出力呢?（14b1-2）

12-11[A] sini ere gisun donji-re de iqangga,

你.屬 這 話語 聽-未 位 舒服

你這個話受聽。（14b2-3）

12-12 adarame gisun de aqabu-me faxxa-ra be tuwa-ki.

怎樣 話語 與 相合-并 努力-未 賓 看-祈

且看怎樣合着話上扒結。（14b3-4）

第十三條（14b4）

13-1[A] age sini qira be tuwa-qi,

阿哥 你.屬 臉 賓 看-條

阿哥看你的面容，（15a1）

13-2 nenehe-qi labdu tuleje-he,

先前-從 多 發福-完

比先前狠發福了，（15a1-2）

13-3 ere uquri ainu fuhali dere yasa sabu-ha-kv,

這 一向 怎麼 完全 面部 眼睛 看到-完-否

這一向怎麼總不見個面兒?（15a2-3）

13-4[B] minde xolo akv ofi tuwa-nji-ha-kv,

我.位 空閑 否 因爲 看-來-完-否

我没有工夫不曾来看望。（15a3）

13-5[A] sinde baita largin be,

你.**位** 事情 繁多 **賓**

你的事情繁，（15a4）

13-6 bi sa-r-kv se-re ba akv,

我 知道-**未**-**否** 説-**未** 處 **否**

我不是不知道，（15a4-5）

13-7 damu muse daqi banji-re sain bime,

衹是 咱們 起初 相處-**未** 好 而且

但只是咱們起初相處的既好，（15a5）

13-8 niyaman daribu-ha-bi,

親戚 沾親帶故-**完**-**現**

又係親戚，（15a5-b1）

13-9 arsari niyalma de duibule-qi o-mbi-u,

普通的 人 **與** 相比-**條** 可以-**現**-**疑**

比得尋常人嗎?（15b1）

13-10 ta se-me yabu-qi aqa-mbi,

頻繁貌 **助**-**并** 行走-**條** 應該-**現**

該時常的走動着些兒。（15b2）

13-11 ji-me o-ho-de emu efi-re haqin deribu-fi,

來-**并** 成爲.**助**-**完**-**位** 一 玩耍-**未** 事件 開啓-**順**

來了的時節尋個玩意兒，（15b2-3）

13-12 alixa-ra be toukabu-me,

煩悶-**未** **賓** 解悶-**并**

解解悶，（15b3）

13-13 xuntuhuni te-fi gene,
整日 坐-順 去.祈
坐到日頭落再去。（15b3-4）

13-14 quluk se-me jide-re,
忽來忽去貌 助-并 來-未
忽而来，（15b4）

13-15 quluk se-me gene-re oqi,
忽來忽去貌 助-并 去-未 若是
忽而去的，（15b4-5）

13-16 tuwa-ra de ehe.
看-未 位 壞
不好看。（15b5）

第十四條（16a1）

14-1[A] age simbe baibi taka-ra adali,
阿哥 你.賓 竟然 認識-未 一樣
阿哥你眼熟的狠，（16a2）

14-2 bengneli merki-me baha-ra-kv,
倉促 回憶-并 獲得-未-否
急忙想不起来，（16a2-3）

14-3 gelhun akv fonji-ki wesihun qolo ai,
怕 否 問-祈 尊貴 稱號 什麼
敢問尊號叫甚麽？（16a3）

14-4[B] mini gebu tere,
我.屬 名字 某

我喚某名，（16a4）

14-5 niyalma mimbe tere ama[1] se-mbi,

人 我.賓 某 父 稱爲-現

人稱我某字。（16a4）

14-6[A] enenggi jabxan de teisulebu-he be dahame,

今天 幸運 位 相遇-完 賓 既然

今日幸得遇着，（16a5）

14-7 elben -i bou be elde-mbu-me,

茅草 屬 家 賓 光照-使-并

到草舍光降光降，（16a5-b1）

14-8 dartai te-qi ojo-rou,

暫時 坐-條 可以-未.疑.祈

略坐坐使得嗎?（16b1）

14-9[B] wesihun beye-be erdemu fulu muten ambula se-me,

尊貴 身體-賓 德才 豐富 才藝 很多 說-并

尊駕多材多藝，（16b1-2）

14-10 aifini donji-ha,

早已 聽-完

聽見的久了，（16b2）

14-11 feten sain de,

緣分 好 位

緣法好，（16b3）

---

1 ama：父（fǔ）。古時“父”是對有才德男子的美稱，多附綴於表字後面，也作“甫”。《廣韻·麌韻》：“父，尼父，尚父，皆男子之美稱。”

14-12 lak se-me uqa-ra-fi,
恰好貌 **助-并** 相遇-**未**-**順**
纔得遇見，（16b3）

14-13 ineku hargaxa-ra gvnin be tuqi-bu-me gisure-ki se-mbi,
本來 仰慕-**未** 想法 **賓** 出-**使**-**并** 説話-**祈** 説.**助**-**現**
也要叙叙仰慕的情話，（16b3-4）

14-14 damu enenggi majige buyarame baita bi,
但是 今天 一點 零碎 事情 有
但是今日有些小事，（16b4-5）

14-15 enqu inenggi taqibu-re be bai-me ji-ki.
另外 日子 教導-**未** **賓** 請求-**并** 來-**祈**
另日来請教罷。（16b5-17a1）

第十五條（17a2）

15-1[A] age sini gisun de,
阿哥 你.**屬** 話語 **位**
阿哥因你的話上，（17a3）

15-2 bi qohome tere be bai-me gene-fi aqa-ha,
我 特意 他 **賓** 尋找-**并** 去-**順** 見面-**完**
我特去尋着見那個人来，（17a3-4）

15-3 aqa-me jaka keb se-me,
見面-**并** 隨即 親熱貌 **助**-**并**
一見面就親熱，（17a4）

15-4 yala emu sebsingge niyalma,
確實 一 和氣的 人

實在是個喜像人。（17a4-5）

15-5[B] sini makta-ha-ngge taxan akv,

你.**屬** 稱贊-**完-名** 差錯 **否**

你稱贊的不錯，（17a5）

15-6 si tuktan aqa-me o-fi,

你 初次 見面-**并** 成爲-**順**

你初次會面，（17b1）

15-7 hono serebu-ra-kv,

還 發覺-**未-否**

還不覺[1]，（17b1）

15-8 bi-he bi-hei[2] goida-ha manggi,

存在-**完** 存在-**持** 長久-**完** 之後

久而久之，（17b1-2）

15-9 si teni buye-me guqule-ki se-mbi-kai,

你 纔 喜歡-**并** 交朋友-**祈** 說.**助-現**-啊

你纔愛與他相與呢！（17b2-3）

15-10 tere niyalma-i banin elehun sulfa,

那 人-**屬** 天性 寬厚 安逸

那個人的性情寬厚裕如，（17b3）

15-11 arbuxa-ra-ngge ujen fisin,

舉動-**未-名** 穩重 厚重

舉動穩重端嚴，（17b3-4）

---

1 還不覺：《滿漢合璧四十條》作“還不覺的”。

2 bihe bihei：久而久之。

15-12 gisure-re-ngge getuken la_li,

說話-未-名 明白的 爽快利落貌

言談明白爽利，（17b4）

15-13 heni ambaki akv,

一點 裝模作樣 否

一點不大樣，（17b4-5）

15-14 gaihasu bime giljangga.

聽從善言 而且 寬容的

狠服善又體量。（17b5）

第十六條（18a1）

16-1[A] age si se asihan,

阿哥 你 年齡 年輕

阿哥你年紀輕，（18a2）

16-2 ilimbaha-ra unde,

老練成熟-未 尚未

心性未定，（18a2）

16-3 guqu guqule-re de,

朋友 交朋友-未 與

相與朋友，（18a2-3）

16-4 labdu olhoxo-qi aqa-mbi,

非常 慎重-條 應該-現

着實要慎重。（18a3）

16-5 yala hendu-re balama,

確實 說道-未 俗話

可是俗語説：（18a3-4）

16-6 dabagan deri daba-mbi,

山嶺 經 越過-現

“近硃者赤，（18a4）

16-7 lifagan deri lifa-mbi se-re,

泥巴 經 陷入-現 説.助-未

近墨者黑。”（18a4-5）

16-8 talude endebu-fi,

萬一 失誤-順

萬一失錯，（18a5）

16-9 uxabu nakv ehe o-ho se-he-de,

受牽連.祈 之後 壞 成爲-完 説.助-完-位

帶累壞了，（18a5-b1）

16-10 kejine subsi akaqun qi guwe-me mute-ra-kv teile waka,

許多 瑣碎的 傷感 從 避免-并 能够-未-否 僅僅 不是

不但不能免許多的煩惱，（18b1-2）

16-11 emu jalan -i niyalma fuhali waliya-ha se,

一 輩子 屬 人 完全 完結-完 説.祈

一輩子的人都完了。（18b2）

16-12 tuttu ofi julge-i niyalma sonjo-fi guqule-mbi,

那樣 因爲 古代-屬 人 選擇-順 交友-現

所以古人擇交，（18b3）

16-13 sonjo-mbi[1] se-re hergen be,

選擇-現 説-未 字 賓

1 sonjombi：《滿漢合璧四十條》作“sonjofi”。

"擇"之一字，（18b3-4）

16-14 ume buksuri tuwa-ra,

别 含糊 看-未

别含糊着看[1]。（18b4）

16-15 te bi-qi muse niyalma be sonjo-ro be sa-qi,

現在 存在-條 咱們 人 賓 選擇-未 賓 知道-條

即如咱們知道要擇人，（18b4-5）

16-16 niyalma muse be sonjo-ro be inu sa-qi aqa-mbi,

人 咱們 賓 選擇-未 賓 也 知道-條 應該-現

更要知道人也要擇咱們，（18b5-19a1）

16-17 eitereqibe guqu se-re-ngge sunja qiktan -i dorgi-de bi,

總之 朋友 説-未-名 五 倫常 屬 裏面-位 在

總之朋友在五倫之内，（19a1-2）

16-18 oihorila-qi ojo-ra-kv,

忽略-條 可以-未-否

忽略不得的。（19a2-3）

16-19 bithe-de guqule-re doro be leule-he haqin labdu,

書-位 交友-未 道理 賓 談論-完 事項 多

書上論相與朋友的道理頗多，（19a3-4）

16-20 bithe-de hendu-he be jafa-fi dursule-me yabu-me mute-qi,

書-位 説道-完 賓 掌握-順 照做-并 踐行-并 能够-條

能彀把書上的話體行起来，（19a4-5）

1 别含糊着看：《滿漢合璧四十條》作"别含糊着"。

16-21 teni tusa baha-mbi,

纔 利益 獲得-現

纔有益哩。（19a5）

16-22 jai de o-qi asihata sukdun etuhun,

第二 位 成爲-條 年輕人.複 氣 旺盛

再者年少[1]的人氣盛，（19a5-b1）

16-23 yobodo-ra-kv oqi hono umesi sain,

調笑-未-否 若是 尚且 很 好

莫若不玩的好。（19b1）

16-24 ishunde kundule-re ishunde hajila-ra oqi,

互相 尊敬-未 互相 親近-未 若是

彼此相敬相愛，（19b1-2）

16-25 goro golmin akv ni-u,

長 遠 否 呢-疑

豈不長遠嗎？（19b2）

16-26 dere fulara-ra fuqe-re mada-ra oqi ai sain,

臉 發紅-未 生氣-未 腫脹-未 若是 什麼 好

粗了脖子紅了臉有什麼好呢？（19b3）

16-27[B] sini taqibu-ha be donji-fi,

你.屬 教導-完 賓 聽-順

領你的教訓，（19b3-4）

16-28 mini sibu-he[2] gvnin,

我.屬 堵塞-完 想法

1 年少：《滿漢合璧四十條》作“少年”。

2 sibuhe：《滿漢合璧四十條》作“sibuha”，是sibumbi的完整體形式。sibuhe較少見。

把我的茅塞（19b4）

16-29 gemu nei-bu-he,

都 打開-**使**-**完**

都開了，（19b4）

16-30 ufuhu de uli-fi fahvn de fali-fi

肺 **位** 穿繞-**順** 肝 **位** 打結-**順**

牢記在肺腑，（19b5）

16-31 targaqun o-bu-ki.

警戒 成爲-**使**-**祈**

以爲警戒。（19b5）

第十七條（20a1）

17-1[A] age bi donji-qi,

阿哥 我 聽-**條**

阿哥我聽見，（20a2）

17-2 tere guqu uba-de dari-ha de,

那 朋友 這裏-**位** 經過-**完** **位**

那個朋友在這裏經過，（20a2）

17-3 si emu erin[1] -i buda,

你 一 時 **屬** 飯

你連一頓便飯，（20a3）

17-4 inu ulebu-he-kv[2],

也 給吃-**完**-**否**

1 erin：此處引申爲“（一）頓”。

2 ulebumbi：餵養，給吃。此處引申爲款待。下同。

也不曾給他吃，（20a3）

17-5 absi se-re-ngge,

怎麽 説-**未-名**

是怎麽説呢？（20a3-4）

17-6[B] ai geli,

什麽 又

那裏的話？（20a4）

17-7 si sa-r-kv dere,

你 知道-**未-否** 罷了

你不知道罷，（20a4）

17-8 qeni ahvn deu ji-me saka,

他們.**屬** 兄長 弟弟 來-**并** 纔

他兄弟們將到，（20a4-5）

17-9 uthai soli-me gaji-fi,

就 邀請-**并** 領來-**順**

就請了来。（20a5）

17-10 oihori belhe-bu-fi,

極好 準備-**使-順**

着實的預備了，（20a5-b1）

17-11 tese be ele-re[1] ebsihe ebi-tele ulebu-fi,

他們 **賓** 足够-**未** 儘量 吃飽-**至** 給吃-**順**

使他們儘量的飽飧了一頓，（20b1）

---

1 elere：《滿漢合璧四十條》作“elerei”。

17-12 hono obonggi arki[1] omi-bu-me,

還 泡沫 燒酒 喝-**使**-**并**

還給達子燒酒哈，（20b2）

17-13 simhule-me efi-hei,

劃拳-**并** 玩耍-**持**

嘩了會子拳，（20b2）

17-14 sokto-bu-fi teni unggi-he kai,

醉-**使**-**順** 纔 送走-**完** 啊

灌醉了纔打發去的。（20b2-3）

17-15 goro ba-qi ji-he niyalma,

遠 處-**從** 來-**完** 人

遠路来的人，（20b3）

17-16 herse-ra-kv doro bi-u.

理睬-**未**-**完** 道理 有-**疑**

有個不瞅睬的理嗎？（20b3-4）

第十八條（20b5）

18-1[A] age si mimbe sa-ra-ngge,

阿哥 你 我.**賓** 知道-**未**-**名**

阿哥你是知道我的，（21a1）

18-2 bi emu gabula niyalma,

我 一 嘴饞 人

我是個饞人，（21a1）

1 obonggi arki：沫子燒酒，滿族人釀造的一種白酒。

18-3 ere uquri fuhali ilgaxa-ra ba akv de,

這 一向 完全 閑逛-**未** 處 **否** **位**

這一向總無個游行的地方，（21a2）

18-4 emu iqangga jaka

一 可口 東西

連適口的東西（21a3）

18-5 inu baha-fi je-ke-kv,

也 獲得-**順** 吃-**完**-**否**

也没得吃。（21a3）

18-6 qananggi we bi-he ala-ha[1] ba-de,

前天 誰 存在-**完** 告訴-**完** 處-**位**

日前是誰曾説過，（21a3-4）

18-7 sini bou-de weile-he sogi se-qi[2],

你.**屬** 家-**位** 製作-**完** 蔬菜 説-**條**

你家裏收拾的菜蔬，（21a4-5）

18-8 enqu haqin -i amtangga,

另外 種類 **屬** 滋味

另是一種味道[3]，（21a5）

18-9 bouha se-qi[4],

小菜肴 説-**條**

小吃兒，（21a5）

---

1 alaha：《滿漢合璧四十條》作“minde alaha”，意思是告訴我。

2 seqi：《滿漢合璧四十條》此處無“seqi”。

3 另是一種味道：《滿漢合璧四十條》作“另有一種味道”。

4 seqi：《滿漢合璧四十條》作“sogi”，意思是菜。

18-10 haqingga jaka gemu bi,

各種各樣 東西 都 有

各樣的都有。（21a5-b1）

18-11 guqu-se ji-mbihe-de,

朋友-**複** 來-**過**-**位**

朋友們来了，（21b1）

18-12 untuhun -i tuqi-bu-ra-kv se-re,

空的 **工** 出-**使**-**未**-**否** 説.**助**-**未**

不空教出去。（21b1-2）

18-13 bi te qohome bai-me ji-he,

我 現在 特意地 找尋-**并** 來-**完**

我今特特的来了，（21b2）

18-14 beleningge be tuqi-bu-fi ulebu,

現成的 **賓** 出-**使**-**順** 給吃.**祈**

現成的東西擾一擾，（21b2-3）

18-15 arki oqibe,

燒酒 或是

燒酒也罷，（21b3）

18-16 nure oqibe,

黄酒 或是

黄酒也罷，（21b3）

18-17 gemu sain,

都 好

都好。（21b3-4）

18-18 efen tubihe bi-qi gaju,

點心 水果 有-條 拿來.祈

餑餑、果子拿出来，（21b4）

18-19 neneme fere gida-ki,

首先 底 壓-祈

先打個底兒。（21b4）

18-20[B] sini bou-de ai sain jaka akv,

你.屬 家-位 什麽 好 東西 否

你家裏什麽様好東西没有？（21b5）

18-21 ere qohome yobo suwaliya-me gisure-mbi dere,

這 特意 玩笑 摻雜-并 説話-現 吧

這是故意的説玩話罷？（21b5-22a1）

18-22 tuttu seme,

那様 雖然

雖然是這様，（22a1）

18-23 fuzi -i hendu-he-ngge

孔夫子 屬 説道-完-名

夫子有云：（22a1-2）

18-24 niyalma omi-ra-kv jete-ra-kv-ngge akv,

人 喝-未-否 吃-未-否-名 否

“人莫不飲食也，（22a2）

18-25 amtan be sa-me bahana-ra-ngge komso se-he-bi,

滋味 賓 知道-并 學會-未-名 少 説.助-完-現

鮮能知味也。”（22a2-3）

18-26 si amtan be sa-ra niyalma,

你 滋味 **賓** 知道-**未** 人

你是個知味的人，（22a3-4）

18-27 sain jaka biqi,

好 東西 若有

有好東西，（22a4）

18-28 ulebu-re qihangga,

給吃-**未** 願意的

愿意給吃。（22a4）

18-29 aika tuqi-bu-fi,

倘若 出-**使**-**順**

但是拿出来，（22a4-5）

18-30 si angga de gama-ra-kv ohode,

你 嘴巴 **與** 拿去-**未**-**否** 倘若

你若不沾唇，（22a5）

18-31 mini dere soroquka akv ni-u.

我.**屬** 臉 害羞的 **否** 呢-**疑**

這個臉放在那裏呢？（22a5-b1）

第十九條（22b2）

19-1[A] age ainu ji-me goida-ha,

阿哥 爲何 來-**并** 遲-**完**

阿哥来的如何遲了？（22b3）

19-2 teku be sula-bu-fi kejine o-ho,

座位 **賓** 遺留-**使**-**順** 良久 成爲-**完**

留席多時了。（22b3-4）

19-3[B] asaha_fasaha baita de sidere-bu-re jakade
匆匆忙忙貌 事情 **與** 絆住-**被-未** 因爲
有些俗冗羈絆住，（22b4）

19-4 ji-me majige sita-ha,
來-**并** 略微 延遲-**完**
来遲了一步。（22b5）

19-5 sini gosi-re de ertu-fi,
你.**屬** 憐愛-**未** **位** 倚仗-**順**
仗着你的愛下，（22b5）

19-6 hebexe-me gisure-ki,
商議-**并** 説話-**祈**
有句話商量。（22b5-23a1）

19-7 gvni-qi,
料想-**祈**
想來，（23a1）

19-8 eneggi suweni bou-de soli-ha niyalma labdu,
今天 你們.**屬** 家-**位** 邀請-**完** 人 多
今日你們家請的人是多的。（23a1-2）

19-9 aika teksile-re be aliya-fi ulebu-qi,
倘若 齊全-**未** **賓** 等候-**順** 給吃-**條**
若是候齊了纔打發，（23a2）

19-10 elemangga xabura-mbi,
更加 張羅-**現**
越發張羅了，（23a2-3）

19-11 neneme ji-he-ngge neneme je-kini,
首先 來-**完-名** 首先 吃-**祈**
先来的先吃罷。（23a3）

19-12[A] je, nure darabu-ki,
嗻 燒酒 敬酒-**祈**
啊，敬酒罷。（23a3-4）

19-13[B] darabu-re be jou,
敬酒-**未** **賓** 不必.**祈**
不必拿酒，（23a4）

19-14 be inu bedere-bu-re hvntahan jafa-ra-kv,
我們 也 返回-**使-未** 酒盅 敬獻-**未-否**
我們也不回敬。（23a4-5）

19-15 omi-me bahana-ra-ngge,
喝-**并** 學會-**未-名**
會飲的，（23a5）

19-16 sokto-tolo omi-kini,
醉-**至** 喝-**祈**
儘着量飲就是了。（23a5）

19-17 gvni-qi hangse bi dere,
料想-**條** 麵條 有 吧
想来是有麵的。（23b1）

19-18[A] lakiyangga hangse je-me waji-ha,
懸掛的 麵條 吃-**并** 完畢-**完**
掛麵吃完了，（23b1-2）

19-19 furungga hangse tatangga hangse,

切的 麵條 拉的 麵條

切麵拉麵[1]，（23b2）

19-20 belhe-bu-he-bi,

準備-**使**-**完**-**現**

預備着哩。（23b2）

19-21 jete-re qihakv oqi,

吃-**未** 不願意 若是

若不愛吃，（23b3）

19-22 buda jefu,

飯 吃.**祈**

用些飯罷。（23b3）

19-23[B] bi geli haqihiya-ra be baibu-mbi-u,

我 又 勸讓-**未** **賓** 需要-**現**-**疑**

我還用讓嗎？（23b3-4）

19-24 je-mbi,

吃-**現**

吃！（23b4）

19-25[A] ainu yali jete-ra-kv,

爲何 肉 吃-**未**-**否**

怎麽不吃肉？（23b4）

19-26[B] jete-ra-kv-ngge waka,

吃-**未**-**否**-**名** 不是

---

1 拉麵：《滿漢合璧四十條》作“扯麪”。

不是不吃，（23b5）

19-27 huwesi gaju,

小刀 拿來.**祈**

拿刀子来，（23b5）

19-28 beye faita-me je-ki,

自己 割-**并** 吃-**祈**

自己割着吃。（23b5）

19-29[A] si bujuhangge be je-mbi-u,

你 煮的 **賓** 吃-**現-疑**

你吃煮的嗎？（24a1）

19-30 xolo-ho-ngge be je-mbi-u,

燒烤-**完-名** **賓** 吃-**現-疑**

吃燒的呢。（24a1）

19-31[B] bi tere fuqihiyala-ha-ngge be je-ki se-mbi,

我 那 燎毛-**完-名** **賓** 吃-**祈** 説.**助-現**

我要吃那燎毛的。（24a2）

19-32[A] si yali faita-me bahana-mbi-u,

你 肉 割-**并** 學會-**現-疑**

你會割肉嗎？（24a3）

19-33[B] bahana-ra-kv bi-qibe,

學會-**未-否** 存在.**助-讓**

雖然不會割，（24a3）

19-34 iqangga ba-be kemuni sa-mbi,

可口的 處-**賓** 還 知道-**現**

好吃的地方還知道。（24a4）

19-35[A] si ere koforo[1] efen,
你 這 發暄的 點心
你將這蜂糕、（24a4）

19-36 hvya efen be inu majige angga isi,
海螺 點心 **賓** 也 略微 嘴巴 得享.**祈**
螺蛳餑餑也略嘗嘗。（24a5）

19-37[B] bi feshen efen je-ki se-mbi,
我 籠屜 點心 吃-**祈** 說.**助-現**
我要吃那撒糕[2]。（24b1）

19-38 lala biqi oromu gaju,
黃米飯 若有 奶皮子 拿來.**祈**
若有黃米飯拿奶皮子来，（24b1-2）

19-39 ayara be jou,
酸奶子 **賓** 不必.**祈**
酸奶子不用罷。（24b2）

19-40 xasigan sile be gemu gama,
羹 肉湯 **賓** 都 拿去.**祈**
粉湯空湯都端過去，（24b2-3）

19-41 ere moro buda be waqihiya-fi,
這 碗 飯 **賓** 完結-**順**
等把這碗飯吃完了，（24b3）

---

1 koforo：《滿漢合璧四十條》作"kofori"，是更常見的寫法。kofori efen即"蜂糕"，在發麵團中加糖製成的蒸糕。

2 撒糕：《滿漢合璧四十條》作"糕"。

19-42 hono ninggiya efen tahvra efen be udu fali amtala-ki se-mbi.
還 菱角 點心 蛤蜊 點心 **賓** 幾 個 品嘗-**祈** 説.**助-現**
還要嘗幾個餛飩扁食呢。（24b3-4）

第二十條（24b5）

20-1[A] age simbe soli-na-ha de
阿哥 你.**賓** 邀請-去-**完** **位**
阿哥請你去，（25a1）

20-2 ainu jide-ra-kv,
爲何 來-**未**-**否**
怎麽不来？（25a1）

20-3 mini ginggule-re gvnin hing akv ofi kai,
我.**屬** 尊敬-**未** 心思 誠懇貌 **否** 因爲 啊
是我的敬心不到了？（25a1-2）

20-4[B] gosi-me jiu se-re de,
憐愛-**并** 來.**祈** 説-**未** **位**
承愛呼喚，（25a2-3）

20-5 uthai ji-qi aqa-mbihe,
就 來-**條** 應該-**過**
就該来的。（25a3）

20-6 damu karu de karu[1] se-re balama,
但是 回報 **與** 回報 説.**助-未** 俗話
但是俗語説的："一来一往"，（25a3-4）

---

1 karu de karu：有來有往，投桃報李。

20-7 sini gosi-ha be ali-fi,

你.**屬** 憐愛-**完** **賓** 承受-**顺**

領了你的情，（25a4）

20-8 karula-ra unde de,

回報-**未** 尚未 **位**

未曾還席，（25a4-5）

20-9 geli ai hendu-me jobo-bu-re,

又 怎麽 説道-**并** 勞累-**使**-**未**

怎好又擾呢？（25a5）

20-10[A] si ai uttu seuleku,

你 怎麽 這樣 好計較的人

你怎麽這樣計較，（25a5-b1）

20-11 qananggi simbe gaji-fi guqu ara-me te-he-de,

前天 你.**賓** 引來-**顺** 朋友 做-**并** 坐-**完**-**位**

日前邀你来作陪，（25b1-2）

20-12 hono heulede-he ayou se-me

還 怠慢-**完** **虚** 助-**并**

還恐怕有慢了，（25b2）

20-13 gvni-hai bi,

心想-**持** **現**

心裹墊着哩。（25b2）

20-14 ere mara-me jide-ra-kv-ngge,

這 推辭-**并** 來-**未**-**否**-**名**

這辭着不来，（25b3）

20-15 qohome tulgiyen o-bu-fi gvni-mbi aise,

特意 外面 成爲-**使**-**順** 想-**現** 想必

豈不是存心外道嗎?（25b3-4）

20-16 enenggi ai jabxan bi-he enggele-nji-he,

今天 什麽 幸運 有-**完** 光臨-**來**-**完**

今日何幸得蒙下顧，（25b4）

20-17 buda je-fi gene,

飯 吃-**順** 去.**祈**

吃了飯去，（25b5）

20-18 geli kanagan ara-me antahara-ra o-qi ojo-ra-kv,

又 藉口 假裝-**并** 客氣-**未** 成爲-**條** 可以-**未**-**否**

又要推故裝假使不得呢。（25b5-26a1）

20-19[B] jing yadahvxa-ha-bi,

正好 饑餓-**完**-**現**

正餓了，（26a1）

20-20 hono hendu-re be baibu-ra-kv,

還 説道-**未** **賓** 需要-**未**-**否**

還等不得説，（26a1-2）

20-21 gaji-fi je-ki se-mbi,

拿來-**順** 吃-**祈** 説.**助**-**現**

要着吃哩。（26a2）

20-22 sini jete-re an -i buda uthai sain,

你.**屬** 吃-**未** 平常 **屬** 飯 就 好

你吃的家常飯就好，（26a2-3）

20-23 aika mimbe antaha o-bu-fi

倘若 我.**賓** 客人 成爲**-使-順**

若把我當客待，（26a3）

20-24 mamgiya-me o-ho-de,

浪費**-并** 成爲.**助-完-位**

過費起来，（26a4）

20-25 wesihun -i gisun be gelhun akv daha-ra-kv o-mbi,

尊貴 **屬** 話語 **賓** 怕 **否** 順從**-未-否** 成爲.**助-現**

就不敢從命了。（26a4-5）

20-26[A] erin -i buda,

時常 **屬** 飯

便飯，（26a5）

20-27 inu enqu haqin -i belhe-bu-me jabdu-ra-kv,

也 另外 種類 **工** 準備**-使-并** 來得及**-未-否**

也赶不及另外預備。（26a5-b1）

20-28 sini ji-he-ngge nashvla-bu-ha,

你.**屬** 來**-完-名** 恰逢**-使-完**

你来的凑巧，（26b1）

20-29 jakan emu niyarhvn jaka baha-bi,

剛纔 一 新鮮的 東西 獲得.**完-現**

適纔得了一樣新鮮東西，（26b1-2）

20-30 dagila-bu-fi angga isi-ki.

置辦**-使-順** 嘴巴 得享**-祈**

收拾了嘗嘗。（26b2）

第二十一條（26b3）

21-1[A] age simbe aqa-ha-kv-ngge goida-ha,

阿哥 你.**賓** 見面-**完**-**否**-**名** 長久-**完**

阿哥不會面久了，（26b4）

21-2 gvni-ha-dari qik_qik se-mbi,

想-**完**-每 想念不斷貌 **助**-**現**

想起来就動念。（26b4-5）

21-3[B] inu-ja,

是-啊

可不是呢，（26b5）

21-4 goida-fi aqa-ha-kv de,

長久-**順** 見面-**完**-**否** **位**

不會的久了，（26b5）

21-5 kidu-ha jong-ko dembei nonggi-bu-ha,

懷念-**完** 思念-**完** 着實 增添-**使**-**完**

添了許多懷想。（26b5-27a1）

21-6 te bi qohome sinde banigan bu-me ji-he,

現在 我 特意 你.**與** 謝儀 給-**并** 來-**完**

我今特特的給你道謝来了。（27a1-2）

21-7 sunjangga inenggi de lala juhe efen,

端午 日子 **位** 粘的 冰 點心

端午的日子送粽子，（27a2-3）

21-8 biyangga inenggi de biyangga efen,

滿月的 日子 **位** 月亮形的 點心

中秋送月餠，（27a3）

21-9 uyungge[1] inenggi de uyungge efen guri-bu-he-ngge[2],

重陽 日子 **位** 重陽 點心 移動-**使**-**完**-**名**

九月九又送花糕，（27a3-4）

21-10 mujakv gvnin faya-ha,

着實 心意 耗費-**完**

狠費心了。（27a4-5）

21-11[A] heni tani[3] jete-re jaka,

些許 圭 吃-**未** 東西

些須的吃食東西，（27a5）

21-12 ai dabu-fi gisure-re ba-bi,

什麽 算入-**順** 説話-**未** 處-有

何足當話説呢？（27a5-b1）

21-13 sini dabali wesi-ke be donji-fi,

你.**屬** 超越 升級-**完** **賓** 聽-**順**

聽見你越等升了，（27b1）

21-14 umesi urgunje-qibe,

很 喜悦-**讓**

雖然狠喜歡，（27b1-2）

21-15 damu sandalabu-ha-ngge

衹是 相隔-**完**-**名**

但只是相隔的，（27b2）

---

1 uyungge：源自基數詞uyun“九”。

2 guribuhengge：《滿漢合璧四十條》作“benebuhengge”，意思是使送了的。

3 heni tani：一星半點兒，少許。tani的意思是“圭”，古代容量單位，指六十四粒黍，此處表示很少。

21-16 ele goro o-ho-bi,

更加 遥遠 成爲-完-現

越發遠了。（27b2）

21-17 ere-qi julesi,

這-從 往前

自此以後，（27b3）

21-18 yaya ildun bi-qi,

凡是 順便 有-條

凡有順便，（27b3）

21-19 ton akv jasi,

數目 否 寄信.祈

時常的帶信来。（27b3）

21-20 kidu-me gvni-re de aqa-ha gese kek se-me tuwa-ki.

懷念-并 想念-未 位 見面-完 一樣 稱心貌 助-并 看-祈

思念的時節見信如同見面了。（27b4）

第二十二條（27b5）

22-1[A] age simbe haqihiya-me bibu-ra-kv,

阿哥 你.賓 勉强-并 留下-未-否

阿哥不强留你了，（28a1）

22-2 amasi gene-he manggi,

返回 去-完 之後

回去了，（28a1）

22-3 mini funde sakda-sa -i elhe be baisu,

我.屬 代替 老人-複 屬 平安 賓 請求.祈

代我請老家兒們的安。（28a2）

22-4 bou-i gubqi uheri saim-be[1] fonji,

家 全部 總共 好-賓 問.祈

闔家都替問好。（28a2-3）

22-5 atanggi isi-na-ha ba-be,

何時 到-去-完 處-賓

幾時到去，（28a3）

22-6 ildun de jasi,

順便 位 寄信.祈

便中寄信来。（28a4）

22-7[B] afabu-ha be eje-ki,

囑咐-完 賓 記住-祈

囑咐的話記下了。（28a4）

22-8 uba-de te-he-de mujakv jobo-bu-ha,

這裏-位 居住-完-位 着實 勞累-使-完

在這裏住着狠遭擾了，（28a4-5）

22-9 hukxe-re qi tulgiyen,

感激-未 從 以外

除感激之外，（28a5）

22-10 fuhali hendu-re gisun baha-ra-kv,

竟然 說道-未 話語 獲得-未-否

竟無可說的。（28a5-b1）

---

1 saimbe：此處sain的詞尾輔音n的讀音受be影響，連讀時變爲saimbe。

22-11[A] sini ji-he nashvn sain bi-qibe,
你.**屬** 來-**完** 時機 好 存在-**讓**
你来的機會固然好，（28b1-2）

22-12 minde o-qi asuru baha-fi gvnin akvmbu-ha-kv,
我.**位** 成爲-**條** 甚 得以-**順** 心意 盡心-**完**-**否**
在我却没有得十分盡心，（28b2）

22-13 soroqo-hoi bi,
羞愧-**持** **現**
尚在抱愧。（28b3）

22-14 ere umai fiyana-ra-ngge waka,
這 全然 粉飾-**未**-**名** 不是
這并不是粉飾，（28b3）

22-15 turgun be gilja.
緣故 **賓** 體諒.**祈**
量情罷。（28b3-4）

第二十三條（28b4）

23-1[A] age angga mimi-fi,
阿哥 嘴巴 閉嘴-**順**
阿哥你閉着口，（29a1）

23-2 umai jilgan tuqi-ra-kv-ngge,
全然 聲音 出-**未**-**否**-**名**
總不作聲兒，（29a1）

23-3 manggaxa-mbi dere,
爲難-**現** 吧

想是作難罷？（29a2）

23-4[B] bi se ajigen,
我 年歲 年輕
我的年紀輕，（29a2）

23-5 emu-de o-qi angga iqi gisure-me taqi-ha manggi,
一-**位** 成爲-**條** 嘴巴 順着 説話-**并** 習慣-**完** 之後
一来怕順着嘴説慣了，（29a2-3）

23-6 hala-ra de mangga ayou,
改變-**未** **位** 困難 **虚**
改着費事，（29a3-4）

23-7 jai de o-qi bithe-de,
第二 **位** 成爲-**條** 書-**位**
再者書上，（29a4）

23-8 urui gisun de olhoxo-ro ba-be targa-bu-ha-bi,
每每 話語 **位** 謹慎-**未** 處-**未** 警戒-**使**-**完**-**現**
每以慎言警戒人，（29a4-5）

23-9 ede manggaxa-ra-ngge yargiyan,
這.**位** 爲難-**未**-**名** 真的
這上頭作難是真的。（29a5）

23-10[A] sini ere gvnin tebu-he-ngge saixaquka,
你.**屬** 這 心思 存有-**完**-**名** 可嘉獎
你這存心可嘉。（29b1）

23-11 fuzi min zi kiyan be makta-ha ba-de,
孔夫子 閔 子 騫 **賓** 稱贊-**完** 處-**位**

夫子贊閔子騫有云：（29b1-2）

23-12 ere niyalma gisure-ra-kv,

這 人 説話-**未-否**

“夫人不言，（29b2）

23-13 gisure-qi urunakv aqana-mbi se-he-bi,

説話-**條** 必定 相符-**現** 説.**助-完-現**

言必有中。”[1]（29b3）

23-14 uttu o-me mute-qi hendu-re-u[2].

這様 成爲-**并** 能够-**條** 説道-**未-疑**

能彀這様敢情[3]好哩。（29b3-4）

第二十四條（29a5）

24-1[A] age simbe tuwa-qi,

阿哥 你.**賓** 看-**條**

阿哥看你，（30a1）

24-2 baita de jaqi kimqikv,

事情 **與** 太 精明

事情上忒精明，（30a1）

24-3 gvnin jaqi narhvn,

心思 太 細緻

心太細緻了。（30a1-2）

---

1 語出《論語・先進》。

2 hendureu：《滿漢合璧四十條》作“ai hendure”，意思是説什麽。

3 敢情：《滿漢合璧四十條》作“敢自”。

24-4[B] sini ere ai gisun,

你.屬 這 什麼 話語

你這是甚麼話呢?（30a2）

24-5 bithe de hendu-he-ngge,

書 位 說道-完-名

書上說的：（30a2-3）

24-6 mergen niyalma gvnin narhvn,

智慧 人 心思 細

"智者心必細，（30a3）

24-7 narhvn akv o-qi,

細 否 成爲-條

心不細，（30a3-4）

24-8 mergen akv se-he-bi,

智慧 否 說.助-完-現

無智也。"（30a4）

24-9 bi emu muwa modo niyalma

我 一 粗 遲鈍 人

我是個粗魯人，（30a4）

24-10 hono narhvn taqi-me mute-ra-kv jalin,

還 細緻 學習-并 能够-未-否 爲了

因爲不能學細緻，（30a5）

24-11 giru-re ba-de,

羞愧-未 處-位

還在這裏抱愧呢，（30a5）

24-12 heulede-me taqi-ha ohode,

怠惰-**并** 習慣-**完** 倘若

闌散[1]慣了,(30a5-b1)

24-13 tuwa-ra ba akv o-mbi kai,

看-**未** 處 **否** 成爲.**助**-**現** 啊

越發不堪了。(30b1)

24-14[A] sini ere gisun uru,

你.**屬** 這 話語 正確

你這話説的是,(30b2)

24-15 damu kimqikv niyalma,

但是 精明 人

但是精明人,(30b2)

24-16 keike de gele-mbi,

刻薄 **與** 害怕-**現**

怕刻薄,(30b2-3)

24-17 keikede-ra-kv oqi,

刻薄-**未**-**否** 若是

若不刻薄,(30b3)

24-18 teni narhvn be gisure-qi o-mbi.

纔 細緻 **賓** 説話-**條** 可以-**現**

纔講得細緻哩。(30b3-4)

---

1 闌散:消沉,衰減。

第二十五條（30b5）

25-1[A] age si yala baita de mute-re niyalma,
阿哥 你 果然 事情 **位** 能够-**未** 人
阿哥你纔是個能辦事的人，（31a1）

25-2 tuwa-qi ai haqin -i hahi_qahi baita,
看-**條** 什麽 種類 **屬** 緊急貌 事情
看着不拘什麽緊急事，（31a1-2）

25-3 sinde teisulebu-me o-ho-de,
你.**與** 相遇-**并** 成爲.**助**-**完**-**位**
到你的跟前，（31a2-3）

25-4 ler se-me elhe nuhan -i gama-me,
沉穩貌 **助**-**并** 安穩 從容 **工** 處置-**并**
不慌不忙安安頓頓的料理，（31a3）

25-5 heni farfabu-re muru akv,
一點 迷亂-**未** 模樣 **否**
一點不露昏亂的形景，（31a3-4）

25-6 aimaka baita akv adali oso nakv,
好像是 事情 **否** 一樣 成爲.**祈** 之後
倒像無事的一樣，（31a4-5）

25-7 giyan fiyan -i iqihiya-me jabdu-mbi,
事理 樣子 **工** 辦理-**并** 妥當-**現**
却有條有理的辦過去了，（31a5）

25-8 adarame o-ho-de[1] uttu o-me mute-re be,

怎樣 成爲-**完**-**位** 這樣 成爲-**并** 能够-**未** **賓**

是怎樣的就能彀如此?（31a5-b1）

25-9 taqibu-re be bai-mbi,

教導-**未** **賓** 請求-**現**

討教。（31b1）

25-10[B] ai geli,

什麽 又

那裏,（31b2）

25-11 bi umai bithe-de xuwe hafu ambula taqi-ha niyalma waka,

我 全然 書-**位** 徹底 暢通 很多 學習-**完** 人 不是

我并非是博學宏儒,（31b2-3）

25-12 ineku enduringge saisa -i gisun be eje-me gai-fi,

本來 聖賢 賢人 **屬** 話語 **賓** 記住-**并** 取得-**順**

不過是記幾句聖賢的話,（31b3-4）

25-13 taqi-me baita iqihiya-mbi,

學習-**并** 事情 辦理-**現**

學着辦事,（31b4）

25-14 te bi-qi ju fuzi -i hendu-he ba-de,

現在 存在-**條** 朱 夫子 **屬** 説道-**完** 處-**位**

即如朱夫子有云:（31b4-5）

25-15 muke tokto-qi,

水 穩定-**條**

1 adarame ohode：怎樣做……。又如adarame ohode ombi，意思是怎樣做纔行。

"水惟定，（31b5）

25-16 jaka be bulekuxe-qi o-mbi,

東西 賓 照鏡子-條 可以-現

能照物；（31b5-32a1）

25-17 mujilen tokto-qi,

心思 穩定-條

心惟定，（32a1）

25-18 giyan be genggiyele-me mute-mbi se-re,

事理 賓 照明-并 能够-現 說.助-未

能照理。"（32a1-2）

25-19 geli abka-i fejergi baita be iqihiya-ra de,

又 天-屬 下面 事情 賓 處理-未 位

又云："處天下事，（32a2-3）

25-20 elehun sulfa se-re juwe hergen de bakta-ka-bi se-he-bi,

泰然 安逸 說-未 二 字 位 包含-完-現 說.助-完-現

只消得'安詳'二字。"（32a3-4）

25-21 ere jergi leulen be,

這 一類 議論 賓

這些議論，（32a4）

25-22 tunggen de nike-bu-me eje-fi,

心胸 位 緊貼-使-并 記住-順

刻記在胸中，（32a4-5）

25-23 hing se-me alhvda-me yabu-hai,

誠懇貌 助-并 效法-并 實行-持

勉力效法着行去，（32a5）

25-24 ini qisui sa-ra ulhiqun nonggi-bu-ha manggi,

他.**屬** 隨意 知道-**未** 知識 增添-**使**-**完** 之後

自然而然的知識就添了，（32a5-b1）

25-25 baita de teisulebu-qi,

事情 **與** 相遇-**條**

遇着事情，（32b1-2）

25-26 gvnin baha-ra-kv jalin jobo-ro aibi,

想法 獲得-**未**-**否** 爲了 憂愁-**未** 怎能

還愁不得主意嗎？（32b2）

25-27 gvnin baha-qi tetendere,

想法 獲得.**完**-**條** 既然

既得了主意，（32b3）

25-28 farfabu-re haqin komso dere.

迷亂-**未** 事件 少 吧

昏亂的事就少了。（32b3）

第二十六條（32b4）

26-1[A] age bi simbe tuwa-qi,

阿哥 我 你.**賓** 看-**條**

阿哥我看你，（32b5）

26-2 emu yebken xungkeri niyalma,

一 俊秀 文雅 人

是個英俊雅人，（32b5）

26-3 asuru endebu-re qala-bu-re haqin akv,

甚 過失-**未** 弄錯-**使**-**未** 事件 **否**

總没有什麽過失錯處。（33a1）

26-4B si gosi-me o-fi,
你 憐愛-并 成爲-順
承你的愛，（33a1-2）

26-5 dababu-me makta-mbi dere,
言過其實-并 誇獎-現 罷了
過獎罷了。（33a2）

26-6 enduringge saisa hono endebuku be akv o-bu-me mute-ra-kv ba-de,
聖人 賢人 還 過錯 賓 否 成爲-使-并 能够-未-否 處-位
聖賢還不能無過，（33a2-3）

26-7 an -i jergi niyalma be ai hendu-re,
平常 屬 一類 人 賓 什麽 説道-未
何況是平常的人呢。（33a3-4）

26-8 zi hiya -i hendu-he ba-de,
子 夏 屬 説道-完 處-位
子夏有云：（33a4-5）

26-9 buya niyalma endebuku be urunakv miyami-mbi se-re,
狹小 人 過失 賓 必定 修飾-現 説.助-未
"小人之過也必文。"[1]（33a5-b1）

26-10 minde ainqi endebuku be dasi-re dalda-ra ba bi-fi,
我.位 想是 過失 賓 遮蓋-未 隱瞞-未 處 有-順
想是我有遮飾過的地方，（33b1-2）

1 語出《論語·子張》。

26-11 si mimbe buya niyalma o-bu-fi tuwa-ha aise,

你 我.**賓** 狹小 人 成爲-**使-順** 看-**完** 想必

你把我當作小人看了罷?（33b2-3）

26-12 fuzi hendu-me,

孔夫子 説道-**并**

子曰：（33b3）

26-13 endebu-he be hala-ra-kv o-qi,

出錯-**完** **賓** 更改-**未-否** 成爲-**條**

“過而不改，（33b3）

26-14 tere be endebuku se-mbi,

那 **賓** 過失 稱爲-**現**

是謂過矣。”[1]（33b4）

26-15 geli endebu-he be hala-ra de ume sengguwende-re se-he-bi,

又 出錯-**完** **賓** 更改-**未** **與** 不要 畏懼-**未** 説.**助-完-現**

又曰：“過，則勿憚改。”[2]（33b4）

26-16 bi zi lu -i endebuku be donji-fi urgunje-re mergen akv dere,

我 子路 **屬** 過失 **賓** 聽-**順** 喜悦-**未** 智慧 **否** 吧

我雖無子路聞過則喜的賢能，（33b5-34a1）

26-17 kemuni kuxule-re iqakvxa-ra arbun qira akv be dahame,

還是 厭惡-**未** 不舒服-**未** 容貌 臉色 **否** **賓** 既然

也還没有露出惡疏不舒服的臉嘴来，（34a2-3）

26-18 kvwalar se-me gisure-me,

直爽貌 **助-并** 説話-**并**

---

1 語出《論語・衛靈公》。

2 語出《論語・學而》。

果肯開心見腸，（34a3）

26-19 unenggile-me tuwanqihiya-ra o-qi,

竭誠-并 撥正-未 成爲-條

認真的匡正，（34a3-4）

26-20 ere mimbe gosi-re-ngge,

這 我.賓 憐愛-未-名

這倒是疼愛我了。（34a4）

26-21 aika untuhun doro be wesihule-me,

若是 空虛 道理 賓 尊重-并

若在虛文上用工夫，（34a4-5）

26-22 damu sain gisun -i ulebu-qi,

衹是 好 話 工 給吃-條

只將好話兒對那，（34a5）

26-23 iletu mimbe guqu -i feniyen de o-bu-ha-kv kai,

顯然 我.賓 朋友 屬 群 與 成爲-使-完-否 啊

明是把我不算在朋友之列了。（34a5-b1）

26-24 bi hukxe-ra-kv se-re anggala,

我 感激-未-否 說-未 不但

我不但不感激，（34b1-2）

26-25 elemangga korso-me gvni-mbi.

反倒 愧恨-并 思慮-現

且還虧心哩。（34b2）

第二十七條（34b3）

27-1[A] age simbe leule-re-ngge bi,

阿哥 你.賓 議論-未-名 有

阿哥有議論你的。（34b4）

27-2[B] adarame leule-mbi,

怎麼 議論-現

怎樣議論？（34b4）

27-3[A] simbe ememu fonde goqishvn,

你.賓 某些 時節 謙遜

説你有時謙遜，（34b5）

27-4 ememu fonde ambaki se-mbi,

某些 時節 裝大模大樣 説-現

有時大樣。（34b5-35a1）

27-5[B] bi ai gelhun akv ambakila-mbi,

我 怎麼 怕 否 裝大模大樣-現

我如何敢大樣呢？（35a1）

27-6 bithe-de hendu-he-ngge,

書-位 説道-完-名

書上説的：（35a1-2）

27-7 goqishvn de tusa baha-mbi,

謙遜 位 利益 獲得-現

"謙受益，（35a2）

27-8 jalu de koro baha-mbi se-re,

滿溢 位 處罰 獲得-現 説.助-未

滿招損。"（35a2-3）

27-9 goqishvn -i sain ba labdu,

謙遜 屬 好 處 多

謙遜的好處多，（35a3）

27-10 waqihiya-me gisure-re de mangga,

完結-并 說話-未 位 困難

是說不盡的。（35a4）

27-11 damu iuzi -i hendu-he ba-de,

但是 有子 屬 說道-完 處-位

但是有子有云：（35a4）

27-12 gungnequke dorolon de hanqi o-qi,

恭 禮 與 近 成爲-條

"恭近於禮，（35a5）

27-13 yertequn giruqun aldangga o-mbi se-he-bi,

耻辱 羞耻 疏遠 可以-現 說.助-完-現

遠耻辱也。（35a5-b1）"[1]

27-14 aika ujen fisin akv,

若是 莊重 厚重 否

若是不莊重，（35b1）

27-15 unenggi be tuwa-bu-ra-kv,

真誠 賓 看-使-未-否

不以誠待之，（35b2）

27-16 dorolon -i kemne-ra-kv,

禮 工 度量-未-否

---

1 語出《論語・學而》。

不以禮節之，（35b2）

27-17 tete_tata oilohodo-me arbuxa-qi,

跳跳踏踏貌 舉止輕浮-**并** 動作-**條**

舉止輕佻妄動，（35b2-3）

27-18 elemangga niyalma de weihukele-bu-mbi kai,

反倒 人 **與** 輕慢-**被**-**現** 啊

反被人看輕了。（35b3-4）

27-19 leule-he niyalma be yebele-ra-kv-ngge waka,

議論-**完** 人 **賓** 待見-**未**-**否**-**名** 不是

不是怪那議論的人，（35b4-5）

27-20 tere aika ujen fisin be ambaki de o-bu-me,

他 若是 莊重 厚重 **賓** 裝大模大樣 **與** 成爲-**使**-**并**

他若把莊重當作大樣，（35b5-36a1）

27-21 tete_tata be goqishvn de o-bu-me tuwa-qi,

跳跳踏踏 **賓** 謙遜 **與** 成爲-**使**-**并** 看-**條**

把輕佻算作謙遜的看，（36a1-2）

27-22 kani[1] akv,

一致 **否**

就大差了。（36a2）

27-23 bi umai beye-be ujen fisin se-me gisure-re-ngge waka,

我 全然 自己-**賓** 莊重 厚重 説.**助**-**并** 説話-**未**-**名** 不是

我并非是説自己能彀莊重。（36a2-3）

1 kani：《清話問答四十條》《滿漢合璧四十條》均誤作“kanin”，意思是海帶菜。kani akv的意思是不隨和、不一致。

27-24 ineku goqishvn -i doro be leule-re-ngge,
本來 謙遜 **屬** 道理 **賓** 議論-**未**-**名**
不過是講論這謙遜的道理。（36a3-4）

27-25 ede geli mimbe beye-be makta-ha se-me,
因此 又 我.**賓** 自己-**賓** 誇獎-**完** 説-**并**
若因此又作爲我自誇自己，（36a4-5）

27-26 uju-i beliyen de o-bu-re ohode,
第一-**屬** 呆子 **與** 成爲-**使**-**未** 倘若
是頭等的呆子，（36a5）

27-27 aina-qi ojo-ro.
怎麽辦-**條** 可以-**未**
怎麽處呢？（36b1）

第二十八條（36b2）

28-1[A] age si ai uttu dalhi,
阿哥 你 怎麽 這樣 嘮叨
阿哥你怎麽這樣嘮叨？（36b3）

28-2 gisun fulu de endebu-mbi se-re,
話 多 **位** 失誤-**現** 説-**未**
言多語失的話，（36b3-4）

28-3 donji-ha-kv-n,
聽到-**完**-**否**-**疑**
没有聽見嗎？（36b4）

28-4 tere anggala manjura-ra de,
那 不但 説滿語-**未** **位**

况且説滿洲話，（36b4）

28-5 tang se-me tomorhon be wesihule-he-bi,

熟練貌 **助-并** 清楚 **賓** 貴之-**完-現**

以熟練簡明爲貴，（36b5）

28-6 gisun yeye dalhvn ohode,

話 啰嗦 瑣碎 倘若

話若鎖碎絮叨了，（36b5-37a1）

28-7 niyalma de eime-bu-mbi,

人 **與** 厭煩-**被-現**

惹人厭煩。（37a1）

28-8 aika taruda-me biyadar se-me labsi-re o-qi,

若是 説話頂撞-**并** 信口亂説貌 **助-并** 亂説-**未** 成爲-**條**

倘然放蕩慣了信嘴亂説亂道，（37a1-2）

28-9 tabsita-me taqi-hai,

强詞奪理-**并** 學習-**持**

學成個利口，（37a2）

28-10 bargiyata-ra de ele mangga o-mbi,

收斂-**未** **與** 更加 困難 成爲-**現**

更難收斂了。（37a3）

28-11 leulen gisuren bithe-de hendu-he-ngge,

議論 言論 書-**位** 説道-**完-名**

《論語》書上説的：（37a3-4）

28-12 ambasa saisa[1] emu gisun de mergen o-bu-mbi,

大臣.**複** 賢者 一 言語 **位** 智慧 成爲**-使-現**

“君子一言以爲智，（37a4-5）

28-13 emu gisun de mergen akv o-bu-mbi,

一 言語 **位** 智慧 **否** 成爲**-使-現**

一言以爲不智，（37a5）

28-14 gisun be olhoxo-ra-kv o-qi ojo-ra-kv se-he-bi,

言語 **賓** 謹慎**-未-否** 成爲**-條** 可以**-未-否** 説.**助-完-現**

言不可不慎也。”[2]（37b1）

28-15 si beye-be haira-me gvni-qi,

你 自己**-賓** 愛惜**-并** 想**-條**

你若愛惜自己，（37b1-2）

28-16 ete-me hala-ra-ngge inu,

儘量**-并** 更改**-未-名** 是

發狠的改纔是，（37b2）

28-17 ume sinde kangsiri fori-bu-ha se-me ehe gvni-re.

不要 你.**與** 鼻梁 捶打**-被-完** 説.**助-并** 壞 想**-未**

别説是給你釘子碰了見怪。（37b2-3）

第二十九條（37b4）

29-1[A] age damu bi sinde ja o-fi,

阿哥 衹是 我 你.**與** 容易 成爲**-順**

阿哥只是我好説話兒，（37b5）

---

1 ambasa saisa：君子。

2 語出《論語·子張》，“智”原作“知”。

29-2 ainame uttu dabala,

苟且 這樣 罷了

將就罷了。（37b5）

29-3 gvwa bi-he bi-qi[1],

别人 存在-**完** 存在-**條**

若是别人，（38a1）

29-4 sini ere isihida-ra de

你.**屬** 這 不給好臉-**未** **與**

你這個噘摔，（38a1）

29-5 anabu-re mujangga-u,

忍讓-**未** 果真-**疑**

肯容讓嗎？（38a2）

29-6[B] tere emu gisun de,

那 一 話語 **位**

那一句話上，（38a2）

29-7 dule sinde[2] waka sabu-bu-ha be,

不料 你.**與** 不是 看到-**被**-**完** **賓**

竟得罪了你，（38a2-3）

29-8 hono gvnina-ha-kv,

尚且 想到-**完**-**否**

倒不曾想到。（38a3）

29-9 okjosla-ha-ngge mini waka,

冒犯-**完**-**名** 我.**屬** 不是

---

1 bihe biqi：對之前的事物、事件所做的假設。

2 sinde：《滿漢合璧四十條》作“weile”，意思是罪過。

冒撞了是我的不是，（38a3-4）

29-10 ume mini baru gese sasa[1] ojo-ro,

不要 我.屬 和 相同 一起 可以-未

休和我一般見識。（38a4）

29-11 gosi-hai ji-he be dahame,

憐愛-持 來-完 賓 既然

素蒙疼愛，（38a5）

29-12 gilja-qi ojo-rou,

體諒-條 可以-未.疑.祈

可以寬恕嗎？（38a5）

29-13[A] akv,

否

不然。（38a5）

29-14 guqu gargan[2] sain be haqihiya-ra doro bi,

朋友 同伴 好 賓 勸勉-未 道理 有

朋友有責善之道。（38b1）

29-15 minde endebu-he ba biqi,

我.位 出錯-完 處 若有

我有過失，（38b1-2）

29-16 dere toko-me dangsi-qi o-mbi,

臉面 刺扎-并 數落-條 可以-現

當面數落使得。（38b2）

1 gese sasa：一般見識。

2 gargan：樹枝。此處用於類比朋友之間的關係。guqu gargan指朋友。

29-17 iju-me dari-me gisure-qi,

抹黑-**并** 諷刺-**并** 説話-**條**

若是指東説西的譏誚，（38b3）

29-18 minde o-qi gvninja-ra ba akv,

我.**位** 成爲-**條** 思量-**未** 處 **否**

在我是不思量的，（38b3-4）

29-19 gvwa niyalma ohode seye-ra-kv ne.

别的 人 倘若 懷恨-**未**-**否** 嗎

在别人豈不懷恨嗎？（38b4）

第三十條（38b5）

30-1[A] age simbe lalanji boljo-ho bi-me,

阿哥 你.**賓** 屢屢 約定-**完** 存在.**助**-**并**

阿哥再三的約下你，（39a1）

30-2 ainu akdun be yongkiya-me tuba-de gene-he-kv,

爲何 信用 **賓** 成全-**并** 那裏-**與** 去-**完**-**否**

爲何不全信到那裏走一走呢？（39a1-2）

30-3 guqu de ainaha se-me[1] holo nambu-qi ojo-ra-kv,

朋友 **與** 怎樣 説-**并** 虚僞 被逮住-**條** 可以-**未**-**否**

朋友們跟前再也是撒不得謊的。（39a2-3）

30-4 emgeri be tanggv mudan o-bu-me,

一次 **賓** 百次 數 成爲-**使**-**并**

一遭兒當百遭兒，（39a3-4）

---

1 ainaha seme：斷然、必定的語氣。

30-5 niyalma de akda-bu-ra-kv o-mbi kai,

人 **與** 信任-**被**-**未**-**否** 成爲-**現** 啊

就令人不信了。（39a4）

30-6[B] eqi,

正是

是呢（39a4），

30-7 qananggi emu haqin inenggi o-fi,

前天 一 節日 日子 成爲-**順**

前日是個節下，（39a5）

30-8 fusu_fasa baita de burgi-xa-hai,

忙忙亂亂貌 事情 **與** 打擾-頻頻-**持**

匆匆忙忙的被事情纏繞住，（39a5-b1）

30-9 fita onggo-ho,

竟然 忘記-**完**

竟忘懷了。（39b1）

30-10 absi yokto akv,

何其 意思 **否**

好没趣，（39b1）

30-11 enqu inenggi lo_la uqara-bu-fi,

另外 日子 恰遇見貌 相遇-**被**-**順**

另日不仿備[1]遇着的時節，（39b1-2）

30-12 tere aikabade mimbe qanggi gidaxa-me,

他 設若 我.**賓** 純是 欺負-**并**

---

1 仿備：即“防備”。

他若是欺負我，（39b2-3）

30-13 dere yasa waliyata-ra o-ho-de,

臉面 眼睛 亂丟-**未** 成爲.**助-完-位**

混丟臉兒，（39b3）

30-14 bi ainaha se-me kiri-me mute-ra-kv,

我 怎麽 説-**并** 忍耐-**并** 能-**未-否**

我是吃不下去的，（39b3-4）

30-15 ishunde je_ja se-me temxe-re de isina-qi,

互相 嚷鬧貌 **助-并** 争-**未** **與** 致於-**條**

彼此嚷鬧分争起来，（39b4-5）

30-16 ai tuwa-ra ba-bi,

什麽 看-**未** 處-有

有什麽好看呢？（39b5）

30-17[A] sini ere gisun waka o-ho-bi,

你.**屬** 這 話 不是 成爲-**完-現**

你這話就不是了，（39b5-40a1）

30-18 julge-i hendu-he be donji-ha-kv-n,

古代-**屬** 説道-**完** **賓** 聽到-**完-否-疑**

古語不曾聽見嗎？（40a1）

30-19 jalan -i uju jergi sure sektu,

世界 **屬** 第一 等級 聰明 伶俐

世間頭等的聰明伶俐，（40a2）

30-20 kiri-re anabu-re be wesihun o-bu-re de isi-re-ngge akv se-he-bi,

忍耐-**未** 謙讓-**未** **賓** 高貴 成爲-**使-未** **與** 到達-**未-名** **否** 説.**助-完-現**

不及那忍耐儘讓的爲高，（40a2-3）

30-21 tere ai haqin -i hailan gai-kini[1],
他 什麽 種類 屬 榆樹 要-祈
憑他怎樣搶白，（40a3-4）

30-22 damu mingganggeri kiri tumenggeri kiri,
衹是 千次 忍耐.祈 萬次 忍耐.祈
只是千忍萬忍。（40a4-5）

30-23 hendu-re balama,
説道-未 俗語
嘗言説的：（40a5）

30-24 niyalma-i kiri-me mute-ra-kv-ngge be kiri-me mute-qi,
人-屬 忍耐-并 能-未-否-名 賓 忍耐-并 能够-條
"能忍人之不能忍，（40a5-b1）

30-25 teni kiri-mbi se-qi o-mbi se-he-ngge,
纔 忍耐-現 稱爲-條 可以-現 説.助-完-名
纔算得忍。"（40b1）

30-26 ten -i leulen,
極致 屬 議論
乃是至論。（40b2）

30-27 mute-re niyalma be,
能够-未 人 賓
能彀的人，（40b2）

30-28 julge-qi ebsi qaksi-me makta-ra be dahame,
古代-從 以來 嘖嘖稱贊-并 贊賞-未 賓 既然
自古来是稱贊的。（40b2-3）

---

1 hailan gaikini：爲難。

30-29 muse ainu mute-bu-re be kiqe-ra-kv,

咱們 爲何 能够-**使**-**未** **賓** 用功-**未**-**否**

咱們爲什麽不往能彀裏扒結，（40b3-4）

30-30 weri arbuxa-ra be

他人 舉動-**未** **賓**

人家的動作，（40b4）

30-31 aiseme bodo-mbi,

何必 考慮-**現**

管他作什麽，（40b4）

30-32 damu beye-de forgoxo-me bai-me yabu,

衹是 自己-**與** 回轉-**并** 尋求-**并** 踐行.**祈**

只是個反求諸己行去，（40b4-5）

30-33 fiktu bai-re haqin akv de,

嫌隙 尋找-**未** 事件 **否** **位**

没有尋趁的分兒，（40b5）

30-34 ainame mute-re.

怎麽樣 能够-**未**

能彀怎麽樣呢[1]？（41a1）

第三十一條（41a2）

31-1[A] age bi simbe tafula-ha turgun-de,

阿哥 我 你.**賓** 勸告-**完** 緣故-**位**

阿哥我勸你的上頭，（41a3）

---

1 能彀怎麽樣呢：《滿漢合璧四十條》無“呢”字。

31-2 ume usha-me gvni-re,
不要 嗔怪-并 想-未
不要見怪。（41a3-4）

31-3B ai geli,
什麽 又
豈有此理，（41a4）

31-4 gosi-me taqibu-ha be,
憐愛-并 教導-完 賓
承愛教導，（41a4）

31-5 hono hukxe-me waji-ra-kv ba-de,
還 感激-并 完盡-未-否 處-位
還感激不盡呢，（41a4-5）

31-6 usha-ra doro bi-u,
嗔怪-未 道理 有-疑
怪的理也有嗎?（41a5）

31-7 tere anggala hendu-re balama,
那 况且 説道-未 俗語
况且俗語説的：（41a5-b1）

31-8 ali-ha niyalma farfabu-mbi,
承當-完 人 迷亂-現
“當局者迷，（41b1）

31-9 hetu niyalma[1] tuwa-ra de getuken se-he-bi,
一旁的 人 看-未 位 清楚 説.助-完-現
傍觀者清。”（41b1-2）

1 hetu niyalma：旁人，不相干的人。

31-10 bi ulhiqun akv bi-qibe,

我 知識 **否** 存在-**讓**

我雖然無知識，（41b2-3）

31-11 duin bithe de,

四 書 **位**

“四書”上，（41b3）

31-12 nonggi-bu-re-ngge ilan guqu,

增添-**使**-**未**-**名** 三 朋友

“益者三友，（41b3-4）

31-13 ekiyende-re-ngge ilan guqu se-he leulen be

損害-**未**-**名** 三 朋友 説.**助**-**完** 言論 **賓**

損者三友”的話，[1]（41b4）

31-14 kemuni donji-ha ba-bi,

仍 聽到-**完** 處-有

還聽見来。（41b5）

31-15 simbe sijirhvn guqu se-me kundule-re ba-de,

你.**賓** 正直 朋友 説.**助**-**并** 恭敬-**未** 處-**位**

以爲[2]你是個直朋友滿心裏敬服，（41b5-42a1）

31-16 elemangga kenehunje-re-ngge,

反倒 疑惑-**未**-**名**

倒疑惑起来了，（42a1）

31-17 ai gana-ha.

怎麼 去取-**完**

1 語出《論語·季氏》。

2 以爲：《滿漢合璧四十條》作“因爲”。

是怎麽説呢?（42a1）

第三十二條（42a2）

32-1[A] age bi qananggi sinde donji-bu-ha gisun,

阿哥 我 前天 你.**與** 聽-**被.使-完** 話

阿哥我前日説給你聽的話,（42a3）

32-2 umai simbe niyalma-i manggi ehere-kini se-me xusihiye-re-ngge waka,

全然 你.**賓** 人-**屬** 和 翻臉-**祈** 説.**助-并** 挑撥-**未-名** 不是

并非挑唆你與人打鬥。（42a3-4）

32-3 fuzi -i hendu-he,

孔夫子 **屬** 説道-**完**

子曰:（42a4）

32-4 xangga-ha baita be gisure-ra-kv,

成全-**完** 事情 **賓** 説話-**未-否**

“成事不説,（42a5）

32-5 nukqi-ke[1] baita be tafula-ra-kv,

成全-**完** 事情 **賓** 勸諫-**未-否**

遂事不諫,（42a5-b1）

32-6 dule-ke-ngge be jabqa-ra-kv se-he-be,

過去-**完-名** **賓** 追究-**未-否** 説.**助-完-賓**

既往不咎。”[2]這話（42b1）

32-7 sa-r-kv se-re ba akv,

知道-**未-否** 説-**未** 處 否

---

1 nukqike:《滿漢合璧四十條》作“toktoho”，意思是確定了。

2 語出《論語·八佾》。

不是不知道的，（42b2）

32-8 damu bi sinde o-qi,

但是 我 你.**與** 成爲-**條**

但是我在你的分兒上，（42b2）

32-9 esi se-qi ojo-ra-kv,

自然 説-**條** 可以-**未**-**否**

不得不然，（42b3）

32-10 jombu-ra-kv o-qi,

提醒-**未**-**否** 成爲-**條**

覺着不提白提白，（42b3）

32-11 doso-mbu-me mute-ra-kv,

忍耐-**使**-**并** 能够-**未**-**否**

耐不住。（42b3-4）

32-12[B] eitereqibe,

總之

總而言之，（42b4）

32-13 si mimbe gosi-re gvnin ete-re jakade

你 我.**賓** 憐愛-**未** 心意 勝-**未** 之故

你疼我的心切，（42b4-5）

32-14 teni buhiyequn qi jaila-ra-kv

纔 嫌疑 **從** 躲避-**未**-**否**

纔肯不避嫌疑，（42b5）

32-15 taqibu-ha dere,

教導-**完** 罷了

教導罷了，（42b5-43a1）

32-16 gvwa o-qi ai hala[1] isi-ka-bi,
别人 成爲-**條** 什麼 姓 到達-**完-現**
若是别人肯嗎?（43a1）

32-17 i hono dalbaki-qi injekuxe-me tuwa-ki se-re ba-de,
他 還 旁邊-**從** 耻笑-**并** 看-**祈** 説.**助-未** 處-**位**
他還要從傍看笑聲兒呢，（43a1-2）

32-18 jombu-re ai-bi.
提醒-**未** 什麼-有
提白甚嗎?（43a2）

第三十三條（43a3）

33-1[A] age si enggiqi aiseme niyalma be leule-mbi,
阿哥 你 背地裏 何必 人 **賓** 議論-**現**
阿哥你背地裏何必議論人。（43a4）

33-2 hendu-re balama,
説道-**未** 俗語
俗語説的：（43a4-5）

33-3 gisun labdu-ngge gisun komso de isi-ra-kv,
話 多-**名** 話 少 **與** 達到-**未-否**
“話多不如話少，（43a5）

33-4 gisun komso-ngge gisun sain de isi-ra-kv se-he-be,
話 少-**名** 話 好 **與** 達到-**未-否** 説.**助-完-賓**
話少不如話好”，（43b1）

---

1 ai hala：有什麼要緊。

33-5 donji-ha-kv-n,

聽-**完**-**否**-**疑**

不曾聽見嗎?（43b2）

33-6[B] bi niyalma be taka-ra muten akv turgun-de,

我 人 **賓** 認識-**未** 能力 **否** 緣故-**位**

我因爲没有認人的本領,（43b2-3）

33-7 jondo-fi gisure-me qohome tuwanqihiya-ra be bai-re-ngge,

常提起-**順** 説話-**并** 特意 撥正-**未** **賓** 請求-**未**-**名**

提起来説説特求教正,（43b3-4）

33-8 weri foholon be fete-re-ngge waka,

他人 短 **賓** 揭短-**未**-**名** 不是

不是詰他人的短。（43b4）

33-9[A] suweni juwe nofi aquhvn akv be,

你們.**屬** 二 個 和睦 **否** **賓**

你兩個不睦,（43b5）

33-10 bi sa-mbi,

我 知道-**現**

我知道,（43b5）

33-11 tuttu seme,

那樣 雖然

固然是這樣,（44a1）

33-12 emgeri temxe-qi juwe de boqihe,

一次 争奪-**條** 二 **位** 醜

一争兩醜,（44a1）

33-13 emgeri anabu-qi juwe de jabxan,
一次 謙讓-條 二 位 有幸
一讓兩有。（44a2）

33-14 kemuni hendu-he-ngge,
常常 說道-完-名
嘗言說的：（44a2）

33-15 yabun hvwaliya-qi fe sain be gisure-qi ojo-ra-kv,
品行 和好-條 舊 好 賓 說話-條 可以-未-否
"改常不言舊好，（44a3）

33-16 beye-be iqemle-qi seibeni ehe be ume fonji-re se-he-bi,
自己-賓 更新-條 昔日 壞 賓 不要 問-未 說.助-完-現
自新莫問前非。"（44a4-5）

33-17 si emu serequngge niyalma,
你 一 有眼色 人
你是個有眼色的人，（44a5）

33-18 mini gisun be seule kiri-me doso-bu.
我.屬 話 賓 思慮.祈 忍耐-并 容忍-使.祈
把我的話思索着只是忍耐[1]。（44a5-b1）

第三十四條（44b2）

34-1[A] age sini ere helmen be jafa-ra edun be sefere-re gisun be,
阿哥 你.屬 這 影子 賓 抓拿-未 風 賓 捉捕-未 話 賓
阿哥你這個捕風捉影的話，（44b3-4）

1 只是忍耐：《滿漢合璧四十條》作"只是忍"。

34-2 bi donji-re qihakv,

我 聽-**未** 不願意

我不願意聽。（44b4）

34-3[B] si yala elben fe-mbi[1],

你 果然 茅草 割草-**現**

你這纔是胡說呢！（44b4-5）

34-4 niyalma -i gisun,

人 **屬** 話

人家的話，（44b5）

34-5 uru waka be umai bodo-ra-kv,

是 非 **賓** 全然 思考-**未-否**

總不論個是非，（44b5）

34-6 ergele-tei holo taxan de o-bu-qi o-mbi-u,

强迫-**極** 虛僞 虛假 **與** 成爲-**使-條** 可以-**現-疑**

强派着算作謊謬使得麽？（45a1）

34-7 niyalma de unenggi turgun bisi-re ohode,

人 **位** 果然 緣故 有-**未** 倘若

若人家果有情節，（45a1-2）

34-8 buksuri gama-qi,

含糊 處置-**條**

含糊過去，（45a2）

34-9 baita-i fere da be

事情-**屬** 底子 根本 **賓**

1 elben fembi：信口胡說。

事情的底裏（45a3）

34-10 ainam-baha-fi getekele-mbi-ni,
怎麼-得到-順 明白-現-呢
怎得明白呢?（45a3）

34-11 tuwa-qi si urui niyalma be yohindarakv,
看-條 你 總是 人 賓 藐視
看起来你總是藐視人,（45a3-4）

34-12 takda-me deribu-he,
得意傲慢-并 起始-完
有些驕縱的光景。（45a4）

34-13 fuzi -i hendu-he be donji-ha-kv-n,
孔夫子 屬 說道-完 賓 聽-完-否-疑
孔夫子有云不曾聽見嗎?（45a5）

34-14 jeu gung ni gese muten saikan bi-he seme,
周 公 屬 一樣 才能 美 有-完 雖說
“如有周公之才之美,（45a5-b1）

34-15 qokto bime jibge ojo-ro ohode,
驕傲 并且 吝嗇 成爲-未 倘若
使驕且吝,（45b1-2）

34-16 tere-i gvwa be inu ai tuwa-ra ba-bi se-he-bi,
其-屬 别的 賓 也 什麼 看-未 處-有 說.助-完-現
其餘不足觀也已。”[1]（45b2-3）

---

1 語出《論語·泰伯》。

34-17 mini gisun donji-re de iqakv[1] bi-qibe,
我.**屬** 話 聽-**未** **位** 不中意 存在-**讓**
我的話雖不中聽，（45b3）

34-18 tusa ara-ra ba-bi,
利益 做-**未** 處-有
却有益處，（45b4）

34-19 an -i uquri sain de ertu-fi
平常 **屬** 一向 好 **位** 倚仗-**順**
仗着素日交好，（45b4-5）

34-20 mentuhun -i sa-ha teile
愚蠢 **屬** 知道-**完** 僅僅
就愚見所及，（45b5）

34-21 jompi gisure-he,
提醒 説話-**完**
提白着説了，（45b5）

34-22 ume gvninja-ra.
不要 思慮-**未**
莫要思量。（46a1）

第三十五條（46a2）

35-1[A] age sini banin daqi nesuken bi-he,
阿哥 你.**屬** 性情 向來 温良 存在.**助**-**完**
阿哥你的情性向日是和平的，（46a3）

1 iqakv：《滿漢合璧四十條》誤作“aqakv”。

35-2 tere emu gisun de,
那 一 話 **與**
那一句話上，（46a3-4）

35-3 uthai jilida-ra-ngge adarame,
就 動怒-**未**-**名** 怎麽能
就動起氣来怎麽説呢？（46a4）

35-4 julge-i niyalma-i hendu-he-ngge,
古代-**屬** 人-**屬** 説道-**完**-**名**
古人説的：（46a4-5）

35-5 jili banji-ha de dorakv gisun ambula,
怒 生成-**完** **位** 没 道理 話多
“怒来多無理之語，（46a5）

35-6 urgunje-he de bardanggi gisun labdu se-he-bi,
喜悦-**完** **位** 驕矜 話 多 説.**助**-**完**-**現**
喜後多矜誇之言。”（46b1）

35-7 nergin de xofoyon dabduri o-qi,
當時 **位** 心胸狹窄 急躁 成爲-**條**
當下心窄急躁，（46b1-2）

35-8 dule-ke manggi yoktakv o-mbi kai,
過去-**完** 之後 没趣 成爲-**現** 啊
過後討個没趣。（46b2-3）

35-9 si bithe hvla-ha niyalma,
你 書 讀-**完** 人
你是讀書的人，（46b3）

35-10 mini ere loksi-me gisure-re be,

我.屬 這 説傻話-**并** 説話-**未** **賓**

把我這呆話，（46b3-4）

35-11 ek se-me gvni-ra-kv o-qi

厭憎貌 **助-并** 心想-**未-否** 成爲-**條**

不厭煩，（46b4）

35-12 jabxan kai,

有幸 啊

就僥幸了。（46b5）

35-13[B] neile-me taqibu-ha-ngge,

開示-**并** 教導-**完-名**

開示教導，（46b5）

35-14 umesi baniha,

很 謝謝了

狠多謝了。（46b5）

35-15 emu erin de kiri-me mute-ra-kv-ngge,

一 時候 **位** 忍耐-**并** 能够-**未-否-名**

一時不能忍耐，（47a1）

35-16 gemu hahi mokto,

都 緊急 倔强

皆由性急㦢糨，（47a1-2）

35-17 funiyagan isheliyen qi banjina-ha-ngge,

度量 狹窄 **從** 産生-**完-名**

量窄上纔是這樣，（47a2）

35-18 te alimbaharakv aliya-me gvni-mbi,
現在 不勝 後悔-并 想-現
如今後悔不盡。（47a2-3）

35-19[A] aliya-ra be sa-qi tetendere,
後悔-未 賓 知道-條 既然
既是知道後悔，（47a3-4）

35-20 hala-ra de mangga akv,
更改-未 位 困難 否
改就不難了。（47a4）

35-21 ju fuzi -i hendu-he-ngge,
朱 夫子 屬 説道-完-名
朱夫子有云：（47a4-5）

35-22 hahi_qahi burgin_bargin de,
緊急貌 紛紛亂亂貌 位
“當急遽冗雜時，（47a5）

35-23 ume hvr se-me ojo-ro,
不要 火焰忽起貌 助-并 成爲-未
只不動火。（47a5-b1）

35-24 hvr se-me ohode,
火焰忽起貌 助-并 倘若
一動火，（47b1）

35-25 eiten de tusa akv se-he-bi,
一切 位 利益 否 説.助-完-現
種種都不濟。”（47b1-2）

35-26 ere gisun be uruxe-qi,

這 話 賓 認可-條

此話若聽得進去，（47b2）

35-27 niyeqequn ambula kai.

裨益 很多 啊

受益就多了。（47b2-3）

第三十六條（47b4）

36-1[A] age si minde aisila-mbi se-me angga alja-ha ba-bi,

阿哥 你 我.位 幫助-現 説-并 嘴巴 應允-完 處-有

阿哥你許下説是幫我，（47b5）

36-2 haira-me bu-ra-kv-ngge,

憐惜-并 給-未-否-名

吝惜不給，（48a1）

36-3 holto-ho aise,

哄騙-完 想是

想是撒了謊了。（48a1）

36-4[B] bi buxuhvn niyalma waka,

我 吝嗇 人 不是

我不是嗇吝人，（48a1-2）

36-5 akdun ufara-bu-re doro bi-u,

信用 錯失-使-未 道理 有-疑

豈有失信的理。（48a2）

36-6 benji-me sita-bu-ha-ngge

送來-并 遲到-使-完-名

送来的遲了，（48a2-3）

36-7 mini waka,

我.**屬** 不是

是我的不是，（48a3）

36-8 ai jabu-re ba-bi,

什麼 回答-**未** 處-有

有何對答處呢？（48a3）

36-9[A] si mimbe yasa niuwanggiyan,

你 我.**賓** 眼睛 緑

你打量我眼皮兒薄，（48a3-4）

36-10 niyalma -i jaka be baha-ra de dosi se-me demniyeqe-mbi-u,

人 **屬** 東西 **賓** 獲得-**未** **位** 進來.**祈** 説.**助-并** 以爲-**現-疑**

愛人家的東西嗎？（48a4-5）

36-11 fuzi -i hendu-he,

孔夫子 **屬** 説道-**完**

孔夫子説的，（48a5）

36-12 yadahvn bime sebjengge se-re gisun de

貧窮 而 快樂 説.**助-未** 話 **位**

“貧而樂”[1]的話，（48a5-b1）

36-13 mute-ra-kv dere,

能够-**未-否** 吧

固是不能。（48b1）

36-14 zi gung ni hendu-he,

子 貢 **屬** 説道-**完**

---

1 語出《論語·學而》。

子貢說的，（48b1-2）

36-15 yadahvn bime haldaba akv se-re gisun de,

貧窮 而 諂媚 **否** 說.助-**未** 話 **位**

“貧而無諂”[1]的話，（48b2-3）

36-16 embiqi hamina-me mute-re gese,

或者 將近-**并** 能够-**未** 好像

或者還能扒結的上。（48b3）

36-17 tere anggala bi umai funiyangga ilina-ra be bodo-ra-kv,

那 與其 我 全然 有度量 立定-**未** **賓** 估量-**未**-**否**

況且我并不是不量身分兒，（48b3-4）

36-18 dere fele-me sini baru anggala-ha ba akv,

臉面 捨去-**并** 你.**屬** 向 開口求告-**完** **處** **否**

捨了臉向你開口。（48b4-5）

36-19 aika fuhali akdun be gvni-ra-kv,

若是 全然 信用 **賓** 考慮-**未**-**否**

若全不顧信行，（48b5-49a1）

36-20 guqu qiktan be fisa amala makta nakv,

朋友 倫理 **賓** 脊背 後方 拋.**祈** 之後

把朋友的倫理掠在脊背後頭，（49a1-2）

36-21 damu jayan -i hvsun de hoxxo-ro o-qi,

衹是 牙關 **屬** 力氣 **位** 哄誘-**未** 成爲-**條**

一味仗着牙關裏的勁兒哄慫，（49a2-3）

---

1 語出《論語·學而》。諂：原作“謟”，據《滿漢合璧四十條》改。

36-22 qohome niyalma be fusihvxa-ra-ngge ayou,

特意 人 賓 輕視-未-名 虛

豈不是專故的小看人嗎？（49a3）

36-23 si hono emu ulhingge iqingga niyalma,

你 還 一 明白人 在行 人

你還是個懂脉兒在行的人，（49a3-4）

36-24 ere durun -i ohode,

這 樣子 屬 倘若

若是這樣起来，（49a4-5）

36-25 yoktakv tuwa-ha se.

没趣 看-完 說.祈

就討没趣了。（49a5）

第三十七條（49b1）

37-1[A] age bi sinde bene-bu-he ser se-re jaka,

阿哥 我 你.與 送-使-完 細微貌 助-未 東西

阿哥我給你送的些微東西，（49b2）

37-2 taka heturi baitala-kini se-re jalin,

暫且 次要小事 使用-祈 說.助-未 爲了

不過暫爲零碎使用，（49b2-3）

37-3 umai simbe sabugan akv de o-bu-ha ba akv,

全然 你.賓 見識 否 與 成爲-使-完 處 否

并非把你當作没見時面的相待，（49b3-4）

37-4 ainu mara-me ali-me gai-ha-kv,

爲何 推辭-并 承受-并 要-完-否

爲何駁回不受？（49b4-5）

37-5 hata-me gvni-mbi aise,

嫌弃-**并** 想-**現** 想是

莫非是弃嫌嗎？（49b5）

37-6[B] eje-he-ngge zi lu ini gvnin[1] be gisure-he ba-de,

記住-**完-名** 子 路 他.**屬** 想法 **賓** 説話-**完** 處-**位**

記得子路言志：（49b5-50a1）

37-7 sejen morin

車 馬

“願車馬，（50a1）

37-8 weihuken furdehe etuku be,

輕 皮毛 衣 **賓**

衣輕裘，（50a1-2）

37-9 guqu gargan -i emgi uhele-fi,

朋友 同伴 **屬** 和 共同-**順**

與朋友共，（50a2）

37-10 manaha se-me korso-ra-kv be buye-re se-me hendu-he be,

殘破貌 **助-并** 愧恨-**未-否** **賓** 喜歡-**未** 説.**助-并** 説道-**完** **賓**

敝之而無憾。”[2]（50a2-3）

37-11 zi lu be jurgan de baturu se-me qeng fuzi saixa-me gisure-he-bi,

子 路 **賓** 義 **與** 勇敢 説.**助-并** 程 夫子 誇獎-**并** 説話-**完-現**

程夫子以此贊子路“勇於義者”。（50a3-4）

---

1 gvnin：《滿漢合璧四十條》作“mujin”，意思是志向。

2 語出《論語·公冶長》。

37-12 bi sini yabun be tuwa-qi,

我 你.屬 行爲 賓 看-條

我看你的行爲，（50a5）

37-13 julge-i niyalma qi eberi akv,

古代-屬 人 從 不及 否

不亞於古人。（50a5-b1）

37-14 te bi-qi sini ulin be weihukele-re jurgan be ujele-re maktaqun,

現在 存在.助-條 你.屬 財 賓 輕慢-未 義 賓 重視-未 贊譽

即如你的疏財仗義的名譽，（50b1-2）

37-15 algi-fi goida-ha,

宣揚-順 久-完

傳揚久了，（50b2）

37-16 yaya we saixa-me gisure-ra-kv-ngge akv,

任何 何人 誇獎-并 説話-未-否-名 否

那個不稱贊呢？（50b2-3）

37-17 umai mimbe tuwa-ra-ngge sain de

全然 我.賓 看待-未-名 好 與

并非是因待我好，（50b3-4）

37-18 sihexe-re-ngge waka,

逢迎-未-名 不是

就奉承你，（50b4）

37-19 damu minde turgun akv,

但是 我.位 緣故 否

但是我無故，（50b4-5）

37-20 jilerxe-me sini gosi-re be ali-qi,

恬不知耻-并 你.屬 憐愛-未 賓 承受-條

忝着臉領你的情，（50b5）

37-21 baibi yertexe-mbi,

平白的 羞愧-現

頗覺有愧。（50b5-51a1）

37-22 ali-me gai-ha[1] adali ferguwequke gvnin be dolori hukxe-qi

承受-并 要-完 一樣 出奇的 心意 賓 内心 感激-條

權當接受的一樣心感盛情，（51a1-2）

37-23 antaka,

怎麽樣

何如呢？（51a2）

37-24[A] si absi ardashvn[2],

你 何其 嬌嫩

你怎麽這樣嫩？（51a2）

37-25 guqu de ulin jalgiyanja-ra doro bi,

朋友 位 錢財 通融-未 道理 有

朋友有通財之誼，（51a2-3）

37-26 ere majige de memere-qi

這 略微 與 拘泥-條

這些須的上頭拘泥起来，（51a3）

---

1 gaiha：《滿漢合璧四十條》誤作“gaime”。

2 ardashvn：原作“artashvn”。《滿漢合璧四十條》作“nemeri”，意思是軟嫩。

37-27 elemangga gosi-re gvnin waka,

反倒 憐愛-**未** 心意 不是

反不是見愛的意思了，（51a4）

37-28 ali-me gaisu.

接受-**并** 要.**祈**

收下罷[1]。（51a4）

第三十八條（51a5）

38-1[A] age simbe morin singsile-re mangga seme,

阿哥 你.**賓** 馬 識別-**未** 擅長 因爲

阿哥因爲你狠認得馬，（51b1）

38-2 emu ujin dahan bene-bu-he bihe,

一 家生駒子 馬駒子 送-**使-完** 過

送了一匹家生駒子去，（51b1-2）

38-3 adarame minde baili jafa-mbi[2],

怎麽 我.**與** 恩情 拿-**現**

怎生謝我？（51b2）

38-4[B] yalake,

就是

可不是呢，（51b3）

38-5 bi hono banigan bu-re unde,

我 還 謝儀 給-**未** 尚未

我還不曾道生受呢。（51b3）

1 收下罷：《滿漢合璧四十條》無“罷”。

2 baili jafambi：報恩。

38-6 absi sain morin,
何其 好 馬
好個馬，（51b3-4）

38-7 jorda-ra-ngge neqin,
快步走-**未-名** 平穩
快走的穩，（51b4）

38-8 feksi-re-ngge turgen,
跑-**未-名** 跑得快
跑的溜，（51b4）

38-9 xodo-ro,
快步顛走-**未**
大 顛，（51b4）

38-10 katara-ra,
顛着走-**未**
軟 顛，（51b5）

38-11 okson,
踏步
踏騍步，（51b5）

38-12 saiburu,
小步走
亂踹步，（51b5）

38-13 gemu sain,
都 好
都好。（51b5）

38-14 ere dade akdun,

這 原本 結實

又兼[1]着結實、（51b5）

38-15 niyanqangga,

有耐力

皮辣、（52a1）

38-16 hebengge[2],

馬隨手

隨手、（52a1）

38-17 nomhon,

馴良

老實。（52a1）

38-18 fuhali urhv-re,

全然 馬受驚-未

那眼岔、（52a1）

38-19 hoilaqa-ra,

左右回頭-未

躲閃、（52a1）

38-20 bulduri-re,

馬失前蹄-未

打前失、（52a2）

38-21 afata-ra haqin akv,

磕絆-未 事件 否

---

1 兼：《滿漢合璧四十條》作“搭”。

2 hebengge：馬聽話，順從，跟着轡繩走。

打奔兒的事是没有的，（52a2）

38-22 tuttu bime juhe de xoforo sain[1],

那樣 而且 冰 位 把滑 好

且還把滑，（52a2）

38-23 boqo geli minde aqa-mbi,

顔色 又 我.與 相合-現

毛片又對我的槽道。（52a3）

38-24 umesi baniha,

很 謝了

多謝了，（52a3）

38-25 karula-ra be kiqe-ki,

回報-未 賓 努力-祈

容當圖報[2]。（52a4）

38-26[A] si absi gvnin fulu,

你 何其 心思 過多

你好多心，（52a4-5）

38-27 tere bai emu alaxan morin,

那 不過 一 駑馬 馬

那不過是匹駑馬，（52a5）

38-28 makta-ha-ngge dabana-ha,

誇奬-完-名 過度-完

誇的太過了[3]，（52a5-b1）

---

1 xoforo sain：馬把得住地面不滑倒。

2 容當圖報：《滿漢合璧四十條》作“容日圖報”。

3 誇的太過了：《滿漢合璧四十條》作“過於誇奬了”。

38-29 si mini efi-re gisun be,
你 我.屬 玩耍-未 話 賓
你把我的玩話,（52b1）

38-30 yargiyan o-bu-fi baniha bu-re-ngge,
真 成爲-使-順 謝 給-未-名
竟認起真来道謝,（52b1-2）

38-31 simbe kerule-qi aqa-mbi.
你.賓 罰-條 應該-現
該罰你纔是。（52b2）

第三十九條（52b3）

39-1[A] age sini bou-de indahvn[1] be uji-re-ngge,
阿哥 你.屬 家-位 狗 賓 養-未-名
阿哥你家裹養着狗,（52b4）

39-2 ainqi kemuni abala-mbi dere,
想是 常常 圍獵-現 吧
想必常打圍罷?（52b4-5）

39-3[B] niyalma be guile-re de mangga,
人 賓 召集-未 位 困難
會人費事,（52b5-53a1）

39-4 ja de baha-fi abala-ra-kv,
容易 位 得以-順 圍獵-未-否
容易不得打圍,（53a1）

1 indahvn：原作“yendahvn”。“yendahvn”和“indahvn”的讀音基本一致，但“indahvn”是正確的拼寫法。下同。

39-5 xolo baha-qi sahada-ra mudan bi,

空閑 獲得-**條** 打小圍-**未** 次數 有

得工夫打小圍的遭數還有。（53a1-2）

39-6[A] itulhen sain ningge bi-u,

兔鶻 好 **名** 有-**疑**

有好兔鶻嗎?（53a2）

39-7[B] itulhen darambu-re de mangga,

兔鶻 訓練-**未** **位** 困難

兔鶻難滚練，（53a3）

39-8 efi-he-kv,

玩要-**完**-**否**

不曾玩，（53a3）

39-9 giyahvn baksi kemuni bi,

鷹 行家 還 有

鷹把什倒有，（53a3-4）

39-10 damu ere siden-de jafata baha-kv,

但是 這 期間-**位** 小黄鷹 得到.**完**-**否**

但目下没有得秋黄，（53a4）

39-11 hukxen[1] be gemu niyalma de bu-he,

籠鷹 **賓** 都 人 **與** 給-**完**

籠鷹都送了人了。（53a5）

39-12 indahvn o-qi,

狗 成爲-**條**

現在的狗，（53a5）

1 hukxen：常年飼養在家的鷹。

39-13 ne bisi-re emu nuhere taiha,

現在 有-**未** 一 狗崽子 長毛細狗

有一個過了一年的長毛細狗，（53b1）

39-14 wada-ra mangga,

嗅-**未** 擅長

會聞香，（53b1）

39-15 geli emu beserei niyahan,

還 一 雜種狗 狗崽

還有一個二姓子[1]狗崽子，（53b1-2）

39-16 feksi-re-ngge hvdun,

跑-**未-名** 快

跑的快，（53b2）

39-17 niyahaxa-ra-ngge sain,

放犬捉撲-**未-名** 好

捉的好，（53b2-3）

39-18 jakan oihori hvsun baibu-fi,

最近 着實 力氣 用-**順**

新近又着實費了力，（53b3）

39-19 juwe oros indahvn baha,

二 俄羅斯 狗 得到.**完**

得了兩個俄儸思狗，（53b3-4）

39-20 banin saikan,

長相 美

生得俊，（53b4）

---

1 二姓子：即“二性子”。

39-21 arbuxa-ra-ngge buyequke,

動作-未-名 可愛

動作愛人，（53b4）

39-22 eniyehen ningge suqile-he-bi,

母的 名 牲畜懷胎-完-現

母[1]的懷着崽子呢，（53b5）

39-23 deberen baha manggi,

崽子 得到.完 之後

等下了崽子，（53b5）

39-24 si sonjo-me gama,

你 挑選-并 拿去.祈

你挑着拿去。（53b5-54a1）

39-25 donji-ha ba-de,

聽-完 處-位

聽見說，（54a1）

39-26 sini bou-de kabari indahvn labdu,

你.屬 家-位 哈巴狗 狗 多

你家裏哈叭狗多。（54a1-2）

39-27 haira-ra-kv oqi,

愛惜-未-否 若是

若捨得，（54a2）

39-28 emu juru bu-qi ojo-ro-u,

一 雙 給-條 可以-未-疑

給一對使得嗎？（54a2-3）

1 母：原作"毋"，據《滿漢合璧四十條》改。

39-29[A] mini tuba-de hono yolo indahvn bi,

我.屬 那裏-位 還 藏狗 狗 有

我那裏還有藏狗，（54a3）

39-30 suwaliya-me benji-bu-ki.

連同-并 送來-使-祈

一併送来。（54a4）

第四十條（54a5）

40-1[A] age bi an -i uquri sini yabun be qinqila-ha teile akv,

阿哥 我 平常 屬 一向 你.屬 品行 賓 詳查-完 僅僅 否

阿哥我平素不但把你的行止看透了，（54b1-2）

40-2 sini mujilen tebu-he ba-be,

你.屬 心思 存心-完 處-賓

把你居心的地方，（54b2）

40-3 inu mujakv gvnin werixe-fi kimqi-ha,

也 着實 心意 訪問-順 詳察-完

也着實留心推求過，（54b2-3）

40-4 yala beye-be dasa-ra doro de hvsun baitala-ha,

果真 身體-賓 改正-未 道理 與 力氣 使用-完

修身的道理實在用了工夫了。（54b3-4）

40-5 te bi-qi efi-re haqin be jafa-fi gisure-ki,

現在 存在.助-條 玩耍-未 事件 賓 拿-順 説話-祈

譬如只就這玩的事上説罷，（54b4-5）

40-6 yaya sarin yengsi isa-ra ba-de,

任何 宴席 宴席 聚集-未 處-位

凡有筵席宴會的地方，（54b5-55a1）

40-7 kemuni simbe teisulebu-mbi,

常常 你.**賓** 相遇-**現**

時常遇着你，（55a1）

40-8 uqun de oqibe,

曲子 **位** 或者

就是曲兒也罷，（55a1）

40-9 juqun de oqibe,

戲 **位** 或者

就是戲也罷，（55a2）

40-10 si amtangga-i wenjehun ara-mbime,

你 趣味-**工** 熱鬧 做-并且

你有心有腸的湊熱鬧兒（55a2），

40-11 hono yobo gisun makta-me,

還 玩笑 話 抛-**并**

還丟個趣話兒，（55a3）

40-12 heni memere-ra-kv,

一點 拘泥-**未-否**

一點也不拘執，（55a3）

40-13 aimaka umesi amuran,

好像是 很 愛好

倒像是狠好。（55a3-4）

40-14 dosi-ka gese,

進入-**完** 一樣

進去了的樣子，（55a4）

40-15 dule-ke manggi,

過去-**完** 之後

及之過後，（55a4）

40-16 dule gvnin de heni akv,

不料 心意 **位** 一點 **否**

纔是全不在意，（55a4-5）

40-17 fuhali donji-ha-kv sabu-ha-kv gese,

全然 聽-**完**-**否** 看見-**完**-**否** 一樣

竟像不曾聽見不曾看見的一樣，（55a5-b1）

40-18 aide uttu teng se-me gvnin jafa-me mute-he be daqila-ki,

怎麽 這樣 堅定貌 **助**-**并** 心意 拿-**并** 能够-**完** **賓** 詢問-**祈**

是怎麽能彀把心拿的這樣定倒要問問。（55b1-2）

40-19[B] si ai baita dule-mbu-he-kv,

你 什麽 事情 過去-**使**-**完**-**否**

你何等事没有經過，（55b2）

40-20 qohome fonji-re-ngge,

特意 問-**未**-**名**

這個問法（55b2）

40-21 mini ere jugvn de donji-fi giyai de gisure-re be donji-ki se-mbi-u,

我.**屬** 道 路 **位** 聽-**順** 街 **位** 説話-**未** **賓** 聽-**祈** 説.**助**-**現**-**疑**

是要聽我的道聽途説嗎？（55b3-4）

40-22 duin bithe-de,

四 書-**位**

“四書”上説的：（55b4）

40-23 amba-sa saisa hvwaliyasun bime eye-ra-kv se-re,
大臣-複 賢者 和善 而 水流-未-否 說.助-未
"君子和而不流。"[1]（55b4-5）

40-24 geli niyalma-i ubiya-ra-ngge be saixa-ra,
又 人-屬 厭惡-未-名 賓 嘉獎-未
又說："好人之所惡，（55b5）

40-25 niyalma-i saixa-ra-ngge be ubiya-ra o-qi,
人-屬 嘉獎-未-名 賓 厭惡-未 成爲-條
惡人之所好，（56a1）

40-26 tere be niyalma-i banin be[2] fudara-ka se-mbi,
那 賓 人-屬 生性 賓 嘔逆-完 叫做-現
是謂拂人之性，（56a1-2）

40-27 gashan urunakv tere-i beye-de isi-nji-mbi se-he-bi,
灾禍 必定 他-屬 身體-與 到-來-現 說.助-完-現
灾必逮夫身。"[3]（56a2-3）

40-28 ere jergi gisun be badarambu-me gama-fi,
這 等 話 賓 推廣-并 拿去-順
把這些話推廣起来，（56a3-4）

40-29 dursule-me yabu-qi,
效法-并 踐行-條
身體力行，（56a4）

1 語出《中庸》。
2 be：《滿漢合璧四十條》無"be"。
3 語出《大学》。

40-30 tusa ba labdu,

利益 處 多

益處多着哩，（56a4）

40-31 hono efi-re haqin teile akv,

還 玩耍-**未** 事件 僅僅 **否**

還不單在這玩的上頭。（56a5）

40-32 gvnin de tebu-ra-kv-ngge

心 **位** 放入-**未-否-名**

至於不放在心裏，（56a5）

40-33 umai beye-be bithe-i saisa ara-me usuqile-re-ngge waka,

全然 自己-**賓** 書-**屬** 賢者 扮作-**并** 煩惡-**未-名** 不是

并非是充道學先生做出惹厭的款来。（56b1）

40-34 damu uqun be uqule-re o-bu-me,

祇是 曲子 **賓** 唱曲-**未** 成爲-**使-并**

但只是肯把曲兒當作是曲兒，（56b2）

40-35 juqun be juqule-re o-bu-me,

戲 **賓** 演戲-**未** 成爲-**使-并**

把戲當作是戲，（56b2-3）

40-36 efi-re haqin be sa-fi,

玩耍-**未** 事件 **賓** 知道-**順**

曉得是玩意兒，（56b3）

40-37 emu erin -i simen ara-me sebjele-re be

一 時候 **屬** 趣味 做-**并** 取樂-**未** **賓**

不過凑一時的趣兒取樂。（56b3-4）

40-38 gai-re-ngge se-me gvni-qi,

接受-**未**-**名** 說.**助**-**并** 想-**條**

這樣想着，（56b4）

40-39 ini qisui nitara-pi xumqi dosi-ra-kv o-mbi,

他.**屬** 私自 平淡-**延** 陷落 進入-**未**-**否** 成爲.**助**-**現**

自然看的淡不認真了。（56b4-5）

40-40 aika hon memere-me o-ho-de,

若是 甚爲 拘泥-**并** 成爲.**助**-**完**-**位**

若是過於拘執，（56b5-57a1）

40-41 elemangga niyalma de ubiya-bu-mbi kai,[1]

反倒 人 **與** 厭惡-**被**-**現** 啊

反到惹人厭惡[2]，（57a1-2）

40-42 tousela-me gama-ra-kv o-qi,

權變-**并** 拿去-**未**-**否** 成爲-**條**

不從權，（57a2）

40-43 inu hvwaliya-mbu-re doro waka.

也 和睦-**使**-**未** 道理 不是

也不是取和的道理。（57a2-3）

---

1 elemangga niyalma de ubiyabumbi kai：《滿漢合璧四十條》此句作“niyalma uthai sinde sesheri gebu nikebumbi kai”。

2 反到惹人厭惡：《滿漢合璧四十條》此句作“人就加上你個俗的名兒了”。

漢文詞彙索引

A

阿哥 1-1, 2-1, 3-1, 4-1, 5-1, 6-1, 7-1, 8-1, 9-1, 10-1, 11-1, 12-1, 13-1, 14-1, 15-1, 16-1, 17-1, 18-1, 19-1, 20-1, 21-1, 22-1, 23-1, 24-1, 25-1, 26-1, 27-1, 28-1, 29-1, 30-1, 31-1, 32-1, 33-1, 34-1, 35-1, 36-1, 37-1, 38-1, 39-1, 40-1

啊 19-12

愛 15-9, 19-5, 19-21, 36-10, 39-21

愛惜 28-15

安安頓頓 25-4

安逸 6-11

按着 1-10

B

八分書 8-8

扒結 12-12, 30-29, 36-16

把（介） 1-26, 9-10, 16-20, 16-28, 19-41, 20-23, 26-11, 26-23, 27-20, 27-21, 33-18, 35-10, 36-20, 37-3, 38-29, 40-1, 40-2, 40-18, 40-28, 40-34, 40-35

把滑 38-22

罷 14-15, 17-7, 18-21, 19-11, 19-12, 19-22, 19-39, 22-15, 23-3, 26-11, 37-28, 39-2, 40-5

罷了 26-5, 29-2, 32-15

辦 25-7

辦事 25-1, 25-13

幫 36-1

薄 36-9

飽 17-11

飽食暖衣 3-8

飽食終日 1-23

抱愧 22-13, 24-11

報效 10-20

髄頭 7-14

背地裏 33-1

被 27-18, 30-8

本 9-8, 9-11
本領 6-14, 33-6
本末 9-5
本事 1-5, 1-7, 9-2, 9-9, 9-12, 9-14
比 13-2, 13-9
彼此 16-24, 30-15
必該 2-6
必是 10-20
畢竟 1-9
閉口 23-1
避 32-14
扁食 19-42
便飯 17-3, 20-26
別 16-14, 28-17
別人 29-3, 29-19, 32-16
并 22-14, 36-17
并非 25-11, 27-23, 32-2, 37-3, 37-17, 40-33
餑餑 18-18
脖子 16-26
博學 25-11
駁回 37-4
捕風捉影 34-1
不必 19-13
不曾 1-5, 13-4, 17-4, 29-8, 30-18, 33-5, 34-13, 38-5, 39-8, 40-17
不錯 15-5
不單 7-22, 40-31
不但 5-7, 16-10, 26-24, 40-1
不得 1-16, 16-18, 20-20, 30-3, 39-4
不得不然 32-9
不顧 36-19
不過 25-12, 27-24, 37-2, 38-27, 40-37
不慌不忙 25-4
不濟 35-25
不拘 25-2
不覺 15-7
不堪 24-13
不可 6-5, 28-14
不睦 33-9
不然（連）
8-14
不然（形）
29-13
不如 33-3, 33-4
不甚 2-4
不是 29-9, 30-17, 36-7

不消 6-3
不亞於 37-13
~不盡 11-21, 27-10, 31-5, 35-18
~不下去 30-14
~不住 7-4, 32-11
步 19-4

C

才幹 9-2, 9-14
纔 6-7, 14-12, 15-9, 16-21, 17-14, 19-9, 24-18, 25-1, 28-16, 30-25, 32-14, 34-3, 35-17, 38-31, 40-16
菜蔬 18-7
槽道 38-23
草舍 14-7
草字 8-7
曾 18-6
曾經 4-2
層次 1-10
纏繞 30-8
饞人 18-2
長輩 4-10
長毛細狗 39-13
長遠 16-25
常 33-15, 39-2
嘗 6-10, 19-36, 19-42, 20-30
嘗言 6-8, 30-23, 33-14
稱 14-5
稱贊 15-5, 30-28, 37-16
成 1-6, 28-9, 32-4
承愛 20-4, 26-4, 31-4
誠然 10-21
吃 6-9, 17-4, 18-5, 18-28, 19-11, 19-18, 19-21, 19-24, 19-25, 19-26, 19-28, 19-29, 19-30, 19-31, 19-37, 19-41, 20-21, 30-14
吃飯 19-41, 20-17, 20-22
吃食 21-11
遲 19-1, 19-4, 36-6
遲急 7-15
充 40-33
愁 25-26
瞅睬 17-16
醜 33-12
出 11-12
出力 12-10
出去 18-12
~出来 11-3, 18-18, 18-29, 26-17,

	40-33
~出去	7-14
初次	15-6
除	22-9
處	25-19, 27-27
傳揚	37-15
辭	20-14
此	35-26, 37-11
匆匆忙忙	30-8
聰明	30-19
從傍	32-17
從命	20-25
從權	40-42
從容	7-21
凑	11-10, 40-37
凑巧	20-28
凑熱鬧兒	40-10
粗	4-9, 16-26
粗魯人	24-9
存	10-11
存心	10-4, 20-15, 23-10
錯處	26-3

D

達子	17-12
打奔兒	38-21
打彈弓	8-15
打鬥	32-2
打發	17-14, 19-9
打個底兒	18-19
打量	36-9
打前失	38-20
打圍	39-2, 39-4, 39-5
打袖子	7-11
大	1-12, 1-16
大差	27-22
大驤	38-9
大器	10-21,
大小	1-16
大樣	15-13, 27-4, 27-5, 27-20
呆話	35-10
呆子	27-26
代	22-3
待	20-23, 27-15, 37-17
怠慢	11-8
帶累	16-9
帶信	21-19
耽擱	2-12
耽誤	6-7
但	1-5, 10-4, 13-7, 21-15, 39-10,

　　40-34
但是　1-8, 14-14, 18-29, 20-6, 24-15, 27-11, 32-8, 37-19
淡　40-39
彈琴　8-12
當　20-23, 21-12, 30-4, 35-22
當面　29-16
當下　35-7
當作　26-11, 27-20, 37-3, 40-34, 40-35
刀子　19-27
倒　7-9, 25-6, 29-8, 31-16, 39-9, 40-13, 40-18
倒是　26-20
到　1-4, 8-17, 12-3, 13-13, 14-7, 17-8, 20-3, 25-3, 30-2
到不去　10-10
到底　7-7
到去　22-5
道　9-4, 29-14
道生受　38-5
道理　1-8, 1-13, 10-2, 11-1, 11-2, 11-11, 12-5, 16-19, 27-24, 40-4, 40-43
道聽途説 40-21
道謝　21-6, 38-30
道學　40-33
得（助）
　　6-15, 7-14, 13-9, 24-18, 35-26, 39-20
得（助動）
　　1-21, 14-6, 14-12, 18-5, 20-16, 22-12, 34-10
得（動）1-19, 4-3, 4-13, 6-13, 7-4, 7-15, 12-9, 20-29, 25-26, 25-27, 39-5, 39-10, 39-19
得罪　29-7
的　1-5, 1-8, 1-13, 1-14, 1-15, 1-17, 1-19, 1-29, 1-30, 1-31, 2-6, 3-7, 3-8, 3-9, 4-5, 4-6, 4-8, 4-11, 4-12, 5-1, 5-4, 6-2, 6-3, 6-9, 6-10, 6-13, 6-14, 6-15, 7-8, 7-11, 7-15, 7-19, 7-20, 7-22, 8-1, 8-7, 8-17, 8-18, 9-2, 9-20, 10-2, 10-4, 10-5, 10-7, 10-9, 10-13, 10-14, 10-20, 11-1, 11-2, 11-5, 11-9, 11-11, 11-20, 11-24, 11-25, 12-5, 13-1, 13-5, 13-11, 13-15, 14-13, 15-1,

15-10, 16-10, 16-11, 16-18, 16-19, 16-20, 16-22, 16-27, 16-28, 17-6, 17-14, 17-15, 17-16, 18-1, 18-3, 18-4, 18-7, 18-10, 18-14, 18-26, 19-5, 19-8, 19-11, 19-15, 19-17, 19-29, 19-30, 19-31, 19-34, 20-3, 20-5, 20-6, 20-7, 20-22, 21-7, 21-20, 22-3, 22-7, 22-10, 22-11, 23-4, 23-9, 24-5, 25-1, 25-3, 25-5, 25-6, 25-8, 25-12, 25-28, 26-4, 26-7, 26-10, 26-16, 26-17, 27-1, 27-6, 27-9, 27-10, 27-19, 27-21, 27-24, 27-26, 28-2, 28-11, 29-9, 29-18, 30-3, 30-11, 30-14, 30-19, 30-20, 30-23, 30-27, 30-28, 30-30, 30-33, 31-1, 31-6, 31-7, 31-13, 32-1, 32-7, 32-8, 33-2, 33-6, 33-8, 33-14, 33-17, 33-18, 34-1, 34-4, 34-9, 34-12, 34-17, 35-1, 35-4, 35-9, 36-5, 36-7, 36-10, 36-11, 36-12, 36-14, 36-15, 36-20, 36-21, 36-23, 37-1, 37-3, 37-12, 37-14, 37-20, 37-22, 37-26, 37-27, 38-21, 38-23, 38-29, 39-5, 39-12, 39-13, 39-22, 40-1, 40-2, 40-4, 40-5, 40-6, 40-14, 40-17, 40-21, 40-22, 40-31, 40-33, 40-37, 40-43

的（得） 1-3, 1-12, 5-4, 5-5, 5-7, 6-16, 7-3, 7-5, 7-6, 7-8, 8-8, 9-16, 11-23, 12-3, 13-7, 14-1, 14-10, 15-5, 16-23, 19-1, 20-28, 21-4, 21-15, 24-14, 32-13, 36-6, 36-16, 38-7, 38-8, 38-28, 39-16, 39-17, 40-18, 40-39

的（地） 2-10, 11-5, 13-10, 17-10, 17-11, 18-13, 18-21, 21-6, 21-11, 21-19, 25-4, 25-7, 25-24, 26-19, 28-16, 29-17, 30-1, 30-8, 36-22, 40-10

等 6-6, 19-41, 20-20, 39-23

底裏 34-9

地步 1-4

地方 3-9, 18-3, 19-34, 26-10, 40-2,

40-6
玷辱 9-15
墊 7-16, 20-13
釘子 28-17
定 16-2, 25-15, 25-17, 40-18
定不住 7-4
丢 40-11
丢臉兒 30-13
東西 18-4, 18-14, 18-20, 18-27, 20-29, 21-11, 36-10, 37-1
懂得 4-9
懂脉兒 36-23
動火 35-23, 35-24
動念 21-2
動氣 35-3
動作 30-30, 39-21
都 1-30, 7-21, 16-11, 16-29, 18-10, 18-17, 19-40, 22-4, 35-25, 38-13, 39-11
讀 3-2, 3-3, 3-4, 12-5, 35-9
端 19-40
端方 11-6
端午 21-7
端嚴 15-11
對 26-22, 38-23
對答處 36-8
頓 17-3, 17-11
多 11-19, 16-19, 19-8, 27-9, 28-2, 33-3, 35-5, 35-6, 35-27, 39-26, 40-30
多材多藝 14-9
多時 19-2
多謝 35-14, 38-24
多心 38-26
奪 6-15
躲閃 38-19

E

俄儸思 39-19
惡疏 26-17
餓 20-19
耳邊 3-12
二姓子 39-15

F

發奮 12-2
發福 13-2
發狠 11-5, 28-16
罰 38-31
凡 21-18, 40-6

凡百 1-30

煩 4-2

煩惱 16-10

繁 13-5

反 27-18, 30-32, 37-27

反到 40-41

飯 19-22, 19-41

仿備 30-11

放 7-14, 18-31, 40-32

放蕩 28-8

肺腑 16-30

費 39-18

費力 39-18

費事 23-6, 39-3

費心 3-9, 21-10

分别 9-6

分兒 5-4, 10-9, 30-33, 32-8

分内 2-6

分争 30-15

粉飾 22-14

粉湯 19-40

奮勉 6-17

蜂糕 19-35

奉承 37-18

服善 15-14

父母 10-4, 10-5

父母運 6-1

G

該 2-6, 3-10, 6-4, 13-10, 20-5, 38-31

改 23-6, 26-13, 26-15, 28-16, 33-15, 35-20

乾净 7-5

赶不及 20-27

敢 4-7, 10-6, 10-8, 11-8, 14-3, 20-25, 27-5

敢情 23-14

感激 22-9, 26-24, 31-5

高 30-20

割 19-28, 19-32, 19-33

閤家 22-4

各樣 18-10

個 1-6, 1-17, 1-18, 3-6, 4-6, 6-6, 9-5, 9-6, 9-21, 10-11, 10-21, 12-9, 12-11, 13-3, 13-11, 15-2, 15-4, 15-10, 17-2, 17-16, 18-2, 18-3, 18-26, 18-31, 19-42, 24-9, 25-1, 26-2, 28-9, 29-4, 30-7, 30-32,

31-15, 33-9, 33-17, 34-1, 34-5, 35-8, 36-23, 37-16, 38-6, 39-13, 39-15, 39-19, 40-11, 40-20
給（動） 5-8, 17-4, 17-12, 18-28, 28-17, 32-1, 36-2, 39-28
給（介） 9-21, 21-6, 37-1
跟前 25-3, 30-3
更 7-5, 16-16, 28-10
工夫 1-31, 8-1, 13-4, 26-21, 39-5, 40-4
功夫 1-27, 3-12
功名 12-1, 12-6
狗 39-1, 39-12
狗崽子 39-15
古人 10-17, 16-12, 35-4, 37-13
古語 30-18
鼓子 7-3
固 36-13
固然 9-3, 10-10, 22-11, 33-11
故意 18-21
挂麵 19-18
怪 27-19, 31-6
官職 12-3, 12-9
管 30-31
慣 23-5, 24-12, 28-8
灌醉 17-14
光彩 6-14
光降 14-7
光景 34-12
光陰 2-8
規模 9-21
貴 28-5
滚練 39-7
國家 10-19, 12-10
果 26-18, 34-7
果子 18-18
裹張 7-16
過（動） 39-13
過（名） 26-6, 26-9, 26-10, 26-13, 26-14, 26-15, 26-16
過（形） 38-28
過（助） 18-6, 40-3
~過去 19-40, 25-7, 34-8
過費 20-24
過後 35-8, 40-15
過獎 26-5
過日子 11-22
過失 26-3, 29-15
過於 40-40

H

哈 17-12

哈叭狗 39-26

還 1-7, 1-31, 4-14, 6-15, 7-13, 7-22, 9-15, 10-3, 11-21, 12-6, 15-7, 17-12, 19-23, 19-34, 19-42, 20-12, 20-20, 24-11, 25-26, 26-6, 26-17, 26-25, 31-5, 31-14, 32-17, 36-16, 36-23, 38-5, 38-22, 39-5, 39-15, 39-29, 40-11, 40-31

含糊 16-14, 34-8

漢書 3-4

漢先生 5-1

行去 25-23, 30-32

行書 8-10

行頭 8-18

行爲 37-12

好（形） 4-14, 5-5, 13-7, 14-11, 16-23, 16-26, 18-17, 18-20, 18-27, 20-22, 22-11, 23-14, 26-22, 29-1, 30-10, 33-4, 33-15, 37-17, 38-6, 38-13, 38-26, 39-6, 39-17, 40-13

好（動） 40-24, 40-25

好吃 19-34

好處 11-19, 27-9

好好 2-10

好看 13-16, 30-16

好學 9-2

合着 12-12

何 20-16, 36-8

何必 33-1

何等 1-5, 40-19

何況 26-7

何如 5-3, 7-3, 37-23

何以 1-21

何足 21-12

和 29-10

和好 11-18

和睦 11-10

和平 35-1

狠 5-5, 10-11, 11-22, 13-2, 14-1, 15-14, 21-10, 21-14, 22-8, 35-14, 38-1, 40-13

狠是 6-16, 9-16

宏儒 25-11

紅臉 16-26

哄慫 36-21

後 9-11, 9-19

後悔 6-7, 35-18, 35-19
後頭 36-20
候齊 19-9
呼喚 20-4
忽而 13-14, 13-15
忽略 16-18
胡説 34-3
許多 16-10, 21-5
許下 36-1
花糕 21-9
嘩拳 17-13
畫畫 8-11
話 4-8, 10-5, 10-12, 11-20, 12-11, 12-12, 15-1, 16-20, 17-6, 19-6, 21-12, 22-7, 24-4, 24-14, 25-12, 28-2, 28-6, 29-6, 30-17, 31-13, 32-1, 33-3, 33-4, 33-18, 34-1, 34-4, 34-17, 35-2, 35-26, 36-12, 36-15, 40-28
話兒 29-1
懷 39-22
懷恨 29-19
懷想 21-5
歡喜 10-4
還席 20-8
喚 14-4
黄酒 18-16
黄米飯 19-38
謊謬 34-6
回敬 19-14
回去 22-2
會$_1$ 2-1, 2-6, 4-5, 4-7, 7-1, 8-9, 19-15, 19-32, 19-33, 39-14
會$_2$ 21-4, 39-3
會面 15-6, 21-1
會子 17-13
昏亂 25-5, 25-28
餛飩 19-42
混 30-13
或者 4-14, 8-4, 36-16

J

機會 22-11
譏誚 29-17
覊絆 19-3
及 30-20, 34-20, 40-15
即如 16-15, 25-14, 37-14
急遽 35-22
急忙 14-2

急躁 35-7
脊背 36-20
幾 19-42, 25-12
幾時 22-5
計較 20-10
既 11-14, 13-7, 25-27
既是 35-19
既往不咎 32-6
記 4-12, 11-5, 22-7, 25-12, 25-22
記得 37-6
家 3-1, 4-1, 11-16, 11-22, 18-7, 18-20, 19-8, 39-1, 39-26
家常飯 20-22
家生 38-2
家下 8-18
兼着 38-14
簡明 28-5
件 1-17, 7-21
見 15-2, 21-20, 37-3
見愛 37-27
見腸 26-18
見怪 28-17, 31-2
見面 13-3, 15-3, 21-20
見識 29-10
箭 7-10
僭妄 11-8
將（副） 17-8
將（介） 12-10, 19-35, 26-22
將就 29-2
將來 10-19
講 5-8, 24-18
講論 27-24
交 10-7
交好 34-19
驕縱 34-12
僥幸 35-12
叫 14-3
教$_1$ 4-6, 10-5
教$_2$ 18-12
教導 1-11, 6-16, 31-4, 32-15, 35-13
教訓 5-7, 16-27
教正 33-7
皆 35-16
接受 37-22
結實 38-14
節下 30-7
詰短 33-8
竭力 10-20

解悶 13-12
今 18-13, 21-6
今日 6-5, 14-6, 14-14, 19-8, 20-16
矜誇 35-6
筋力 6-12
緊急事 25-2
儘 5-4
儘量 17-11, 19-16
儘讓 30-20
謹記 6-17
勁兒 36-21
進去 40-14
~進去 35-26
盡 10-1
盡心 22-12
經過 17-2, 40-19
經史 5-6
精明 24-2, 24-15
警戒 16-31, 23-8
竟 22-10, 29-7, 30-9, 38-30, 40-17
敬服 31-15
敬酒 19-12
敬心 20-3
九月九 21-9
久 1-28, 11-23, 14-10, 21-1, 21-4, 37-15
久而久之 15-8
酒 19-13
就 1-27, 5-8, 8-14, 12-9, 15-3, 17-9, 20-5, 20-22, 20-25, 21-2, 25-8, 25-24, 25-28, 27-22, 30-5, 34-20, 35-3, 35-12, 35-27, 36-25, 37-18, 40-5
就是 8-11, 9-12, 40-8, 40-9
就是了 19-16
拘泥 37-26
拘執 40-12, 40-40
居心 40-2
駒子 38-2
舉動 15-11
舉止 27-17
句 19-6, 25-12, 29-6, 35-2
蹶糨 35-16
覺 32-10, 37-21
俊 39-20

K

開 16-29

開口 36-18
開示 35-13
開心 26-18
看 1-1, 7-8, 9-1, 12-12, 13-1, 16-14, 24-1, 25-2, 26-1, 26-11, 27-21, 32-17, 37-12, 40-1, 40-39
看見 40-17
看來 2-4
看起來 10-12, 34-11
看輕 27-18
看望 13-4
可 1-27
可不是 21-3, 38-4
可嘉 23-10
可是 16-5
可說 22-10
可以 1-30, 29-12
刻 25-22
刻薄 24-16, 24-17
客 20-23
肯 1-18, 1-20, 26-18, 29-5, 32-14, 32-16, 40-34
空 18-12
空湯 19-40
恐怕 20-12
口裏 2-3
口頭 3-12
苦 6-10
誇 38-28
快 38-7, 39-16
寬厚 15-10
寬恕 29-12
款 40-33
匡正 26-19
況且 28-4, 31-7, 36-17
虧心 26-25

L

拉弓 8-14
拉麵 19-19
闌散 24-12
牢記 16-30
勞 6-12
嘮叨 28-1
老家兒 22-3
老實 38-17
了（le） 1-29, 2-12, 4-1, 4-13, 6-3, 6-7, 7-16, 7-20, 9-12, 9-15, 9-20, 11-18, 11-23, 13-2,

13-11, 14-10, 16-9, 16-11, 16-29, 17-9, 17-10, 17-11, 17-13, 17-14, 18-11, 18-13, 19-1, 19-2, 19-4, 19-9, 19-10, 19-16, 19-18, 19-41, 20-3, 20-7, 20-17, 20-19, 20-25, 20-29, 20-30, 21-1, 21-4, 21-5, 21-6, 21-10, 21-13, 21-16, 21-20, 22-1, 22-2, 22-7, 22-8, 23-5, 24-3, 24-12, 24-13, 25-7, 25-24, 25-27, 25-28, 26-11, 26-20, 26-23, 27-18, 27-22, 28-6, 28-8, 28-10, 28-17, 29-7, 29-9, 30-5, 30-9, 30-17, 31-16, 34-21, 35-12, 35-14, 35-20, 35-27, 36-3, 36-6, 36-25, 37-15, 37-27, 38-2, 38-24, 38-28, 39-11, 39-13, 39-18, 39-19, 39-23, 40-1, 40-4, 40-14, 40-39

冷天　8-17

哩　4-14, 16-21, 20-21, 23-14, 24-18, 26-25

理　1-17, 1-18, 17-16, 25-18, 31-6, 36-5

理學　11-5

裏　4-1, 6-1, 18-7, 18-20, 30-29, 36-21, 39-1, 39-26, 39-29

立身行己　1-8, 1-13

利口　28-9

連　9-14, 17-3, 18-4

臉　18-31

臉嘴　26-17

練熟　2-7

兩　8-9, 33-9, 33-12, 33-13, 39-19

量　36-17

量不透　1-4

量情　22-15

量窄　35-17

了（liǎo）6-15, 12-3

燎毛　19-31

料理　25-4

列　26-23

吝惜　36-2

伶俐　1-3, 30-19

零碎　37-2

領　16-27

領馬　7-15

領情 20-7, 37-20
另 18-8
另日 14-15, 30-11
另外 20-27
令 30-5
溜 38-8
留席 19-2
留心 6-4, 40-3
籠鷹 39-11
露 25-5, 26-17
亂踹步 38-12
亂説亂道 28-8
掠 36-20
掠跤 8-18
倫理 36-20
論 9-5, 16-19, 34-5
螺螄餑餑 19-36
略 14-8, 19-36

M

嗎 1-31, 2-1, 4-1, 6-15, 7-1, 7-12, 8-8, 10-1, 11-1, 13-9, 14-8, 16-25, 17-16, 19-23, 19-29, 19-32, 20-15, 25-26, 28-3, 29-5, 29-12, 29-19, 30-18, 31-6, 32-16, 33-5, 34-13, 36-10, 36-22, 37-5, 39-6, 39-28, 40-21
馬 7-13, 37-7, 38-1, 38-6, 7-15
滿心 31-15
滿洲 2-6
滿洲話 2-1, 2-5, 28-4
滿洲師傅 4-1
滿洲書 3-5, 4-5
忙促 7-17
毛病 7-11
毛片 38-23
茅塞 16-28
冒撞 29-9
帽子 7-18
麼 34-6
没 18-5, 37-3
没趣 30-10, 35-8, 36-25
没有 1-19, 3-9, 4-3, 9-13, 13-4, 18-20, 22-12, 26-3, 26-17, 28-3, 30-33, 33-6, 38-21, 39-10, 40-19
每 23-8
們 2-6, 4-2, 4-10, 8-18, 11-5, 11-18, 17-8, 18-11, 22-3,

30-3
蒙 20-16, 29-11
免 16-10
勉力 11-7, 25-23
面容 13-1
麵 19-17
藐視 34-11
名 14-4
名譽 37-14
明 26-23
明白 12-5, 15-12, 34-10
明日 6-5
末 9-9, 9-10
莫非 37-5
莫若 16-23
莫要 34-22
某 14-4, 14-5
母 39-22
目下 1-5, 39-10

N

拿 19-13, 19-27, 19-38, 39-24, 40-18
拿不準 7-7
拿出来 18-18, 18-29
那 1-18, 6-6, 15-2, 15-10, 17-2, 19-31, 19-37, 26-22, 27-19, 29-6, 30-20, 35-2, 38-18, 38-27
那（哪） 4-6, 37-16,
那裏 30-2, 39-29
那裏（哪裏） 5-1, 17-6, 18-31, 25-10
那樣 4-5
乃 30-26
奶皮子 19-38
耐 32-11
南邊人 5-2
難 1-25, 8-6, 28-10, 35-20, 39-7
呢 2-2, 2-7, 3-11, 4-4, 4-7, 7-22, 9-15, 10-3, 11-19, 11-25, 12-3, 12-10, 15-9, 16-26, 17-5, 18-31, 19-30, 19-42, 20-9, 20-18, 21-3, 21-12, 24-4, 24-11, 26-7, 27-5, 27-27, 30-2, 30-6, 30-16, 30-34, 31-5, 31-17, 32-17, 34-3, 34-10, 35-3, 36-8, 37-16, 37-23, 38-4, 38-5, 39-22
嫩 37-24

能 2-11, 6-15, 7-12, 7-18, 8-7, 10-1, 10-20, 11-3, 12-8, 16-10, 18-25, 24-10, 25-1, 25-16, 25-18, 26-6, 30-24, 35-15, 36-13, 36-16

能彀 1-30, 10-13, 11-25, 16-20, 23-14, 25-8, 27-23, 30-27, 30-29, 30-34, 40-18

你 1-1, 2-1, 2-3, 2-11, 3-1, 3-6, 4-1, 4-5, 5-1, 6-1, 6-15, 7-1, 7-8, 8-1, 8-6, 8-7, 9-1, 9-16, 9-20, 10-1, 10-12, 11-1, 11-12, 12-1, 12-3, 12-11, 13-1, 13-5, 14-1, 15-1, 15-5, 15-6, 15-9, 16-1, 16-27, 17-3, 17-7, 18-1, 18-7, 18-20, 18-26, 18-30, 19-5, 19-29, 19-32, 19-35, 20-1, 20-7, 20-10, 20-11, 20-22, 20-28, 21-6, 21-13, 22-1, 22-11, 23-1, 23-10, 24-1, 24-14, 25-1, 25-3, 26-1, 26-4, 26-11, 27-1, 27-3, 28-1, 28-15, 28-17, 29-4, 29-7, 30-1, 30-17, 31-1, 31-15, 32-1, 32-2, 32-8, 32-13, 33-1, 33-9, 33-17, 34-1, 34-3, 34-11, 35-1, 35-9, 36-1, 36-9, 36-18, 36-23, 37-1, 37-3, 37-12, 37-14, 37-18, 37-20, 37-24, 38-1, 38-26, 38-29, 38-31, 39-1, 39-24, 39-26, 40-1, 40-2, 40-7, 40-10, 40-19

你們 11-22, 19-8

年 6-6, 39-13

年紀 3-6, 16-1, 23-4

年輕 1-2

年少 16-22

念書 3-10, 8-1

膿 7-14

駑馬 38-27

O

偶然 7-6

P

怕 7-16, 23-5, 24-16

跑 38-8, 39-16

朋友 16-3, 16-17, 16-19, 17-2, 18-11, 26-23, 29-14, 30-3,

31-15, 36-20, 37-9, 37-25
碰 7-6, 28-17
皮辣 38-15
匹 38-2, 38-27
譬如 40-5
騙馬 8-16
品行 9-8, 9-13, 11-6
平常 26-7
平素 40-1
憑 30-21
頗 16-19, 37-21

Q

欺負 30-12
齊家 12-8
起初 13-7
豈 36-5
豈不 16-25, 29-19
豈不是 20-15, 36-22
豈有此理 31-3
氣盛 16-22
弃嫌 37-5
千忍萬忍 30-22
謙遜 27-3, 27-9, 27-21, 27-24
前進 1-10, 1-31
前日 30-7, 32-1
强留 22-1
强派 34-6
搶白 30-21
搶行 8-18
巧 5-7
切 32-13
切麵 19-19
且（副） 12-12, 26-25, 38-22
且（連） 11-15, 34-15
且住 8-5
怯 7-13
勤學 12-7
親戚 13-8
親親熱熱 11-10
親熱 15-3
親友 4-2
輕 16-1, 23-4
輕佻 27-17, 27-21
情話 14-13
情節 34-7
情性 35-1
請 4-1, 4-4, 17-9, 19-8, 20-1
請安 22-3
請教 14-15

窮究 1-18
秋黃 39-10
求 1-11, 10-4, 10-18, 30-32, 33-7
曲兒 40-8, 40-34
取 12-1
取和 40-43
取樂 40-37
去 11-7, 13-13, 13-15, 15-2, 20-1, 20-17
趣兒 40-37
趣話兒 40-11
全 36-19, 40-16
全信 30-2
權當 37-22
勸 31-1
却 22-12, 25-7, 34-18

R

嚷鬧 30-15
讓 19-23, 33-13
擾 18-14, 20-9
惹 28-7, 40-41
惹厭 40-33
熱鬧 11-22
人 1-6, 2-11, 5-1, 5-2, 10-13, 13-9, 14-5, 15-2, 15-4, 15-10, 16-11,16-15, 16-16, 16-22, 17-15, 18-24, 18-26, 19-8, 23-8, 23-12, 25-1, 26-7, 27-18, 27-19, 28-7, 30-5, 30-24, 30-27, 32-2, 33-1, 33-6, 33-17, 34-11, 35-9, 36-22, 36-23, 39-3, 39-11, 40-25, 40-26, 40-41
人家 30-30, 34-4, 34-7, 36-10
忍 30-24, 30-25
忍耐 30-20, 33-18, 35-15
認得 38-1
認人 33-6
認真 26-19, 38-30, 40-39
日 1-23, 1-28
日後 1-4
日裏 3-4
日每 4-12
日前 18-6, 20-11
日頭落 13-13
日月如梭 2-9
日子 11-22, 21-7
容當圖報 38-25

容讓 29-5
容易 11-25, 39-4
冗雜 35-22
肉 19-25, 19-32
如此 25-8
如何 12-3, 19-1, 27-5
如今 35-18
如同 21-20
軟騸 38-10
若 1-20, 2-7, 9-5, 9-10, 12-7, 18-30, 19-21, 20-23, 24-17, 26-21, 27-20, 27-25, 28-6, 28-15, 34-7, 35-26, 36-19, 39-27
若果 1-26
若是 4-5, 4-13, 11-18, 19-9, 27-14, 29-3, 29-17, 30-12, 32-16, 36-24, 40-40
若有 19-38

S

撒放 7-5
撒糕 19-37
撒謊 30-3, 36-3
色難 10-9
嗇吝人 36-4
商量 19-6
上 1-27, 5-5, 6-3, 6-4, 7-13, 9-2, 10-9, 10-12, 10-14, 12-2, 12-3, 12-6, 12-12, 15-1, 16-19, 16-20, 23-7, 24-2, 24-5, 26-21, 27-6, 28-11, 29-6, 31-11, 32-8, 35-2, 35-17, 40-5, 40-22
~上 36-16
上頭 7-22, 23-9, 31-1, 37-26, 40-31
尚 22-13
尚且 12-8
尚未 4-4
燒 19-30
燒酒 17-12, 18-15
少 25-28, 33-3, 33-4
捨得 39-27
捨臉 36-18
射 7-2, 7-8
射箭 7-1
射馬箭 7-12
身分兒 36-17
身體力行 9-20, 40-29

深 10-3
什麼 1-4, 1-7, 3-1, 3-3, 3-11, 5-8, 6-2, 8-1, 12-10, 16-26, 25-2, 26-3, 30-16, 30-29, 30-31
什麼樣 18-20
甚嗎 32-18
甚麼 1-9, 14-3, 24-4
慎言 23-8
慎重 16-4
生（動） 1-3, 1-6, 39-20
生（形） 7-19
升 21-13
聖賢 25-12, 26-6
失錯 16-8, 26-3
失信 36-5
師傅 4-1, 4-13, 5-2
詩句 11-20
十分 22-12
時 35-22, 37-3
時常 13-10, 21-19, 40-7
時候 3-7, 8-17
時節 1-29, 7-20, 13-11, 21-20, 30-11
實在 15-4, 40-4
使 17-11
使不得 2-7, 9-7, 20-18
使得 14-8, 29-16, 34-6, 39-28
使用 37-2
世間 1-15, 30-19
事情 13-5, 24-2, 25-25, 30-8, 34-9
是非 34-5
是呢 30-6
適纔 20-29
適口 18-4
收 7-15
收斂 28-10
收拾 18-7, 20-30
收下 37-28
受 37-4
受聽 12-11
受益 27-7, 35-27
書 6-3, 10-14, 12-2, 16-19, 16-20, 23-7, 24-5, 27-6, 28-11
舒服 26-17
疏財 37-14
疏忽 10-8
熟 5-6, 7-20
熟練 28-5

數落 29-16

爽利 15-12

誰 6-15, 18-6

順便 21-18

順着嘴 23-5

説 2-1, 2-2, 2-3, 4-7, 6-3, 6-8, 10-14, 11-21, 16-5, 17-5, 18-6, 20-6, 20-20, 21-12, 22-10, 23-5, 24-5, 24-14, 27-3, 27-6, 27-10, 27-23, 28-4, 28-11, 28-17, 30-23, 31-7, 31-17, 32-1, 32-4, 33-2, 33-7, 33-14, 34-21, 35-3, 35-4, 36-1, 36-11, 36-14, 40-5, 40-22, 40-24

説處 3-11

説話 4-10, 29-1

説玩話 18-21

思量 29-18, 34-22

思念 21-20

思索 33-18

送 21-7, 21-8, 21-9, 36-6, 37-1, 38-2, 39-11, 39-30

俗冗 19-3

俗語 16-5, 20-6, 31-7, 33-2

素 29-11

素日 34-19

酸奶子 19-39

算不得 1-7

算得 30-25

算在 26-23

算作 27-21, 34-6

雖 1-16, 7-6, 26-16, 34-17

雖然 1-2, 18-22, 19-33, 21-14, 31-10

隨手 38-16

飧 17-11

鎖碎 28-6

所以 10-16, 16-12

T

他 1-26, 5-4, 15-9, 17-4, 17-8, 27-20, 30-12, 30-21, 30-31, 32-17

他們 17-11

他人 33-8

踏貋步 38-11

太 24-3, 38-28

倘然 28-8

討教 25-9

討没趣 36-25

忒 24-2

特 15-2, 33-7

特特 18-13, 21-6

疼 32-13

疼愛 26-20, 29-11

提 33-7

提白 32-10, 32-18, 34-21

體行 16-20

體量 15-14

替 2-11, 22-4

添 21-5, 25-24

甜 6-9

忝臉 37-20

挑 39-24

挑唆 32-2

聽 4-10, 32-1, 34-2, 35-26, 40-21

聽見 1-5, 11-23, 12-4, 14-10, 17-1, 21-13, 28-3, 30-18, 31-14, 33-5, 34-13, 40-17

聽見説 12-4, 39-25

通財之誼 37-25

通達 1-29

同 8-18

頭等 27-26, 30-19

透 40-1

透徹 1-30

徒 3-12

圖 6-11

吐信子 7-11

兔鶻 39-6, 39-7

推 6-5

推故 20-18

推廣 40-28

推求 40-3

W

外道 20-15

完 16-11, 19-18, 19-41

玩 8-18, 16-23, 39-8, 40-5, 40-31

玩話 18-21, 38-29

玩耍 8-2, 8-3

玩意兒 13-11, 40-36

晚間 3-5

碗 19-41

萬一 16-8

往 30-29

妄動 27-17

忘懷 30-9
爲弟 11-1, 11-2, 11-11
違悖 10-6
爲……所 10-19
爲何 30-2, 37-4
爲什麽 30-29
未曾 20-8
味道 18-8
文章 5-5
聞 26-16, 39-14
穩 38-7
穩重 15-11
問 1-12, 1-31, 4-11, 14-3, 33-16, 40-18
問法 40-20
問好 22-4
我 5-2, 8-6, 10-3, 11-3, 12-4, 13-4, 13-6, 14-4, 14-5, 15-2, 16-28, 17-1, 18-1, 18-2, 18-13, 19-23, 19-31, 19-37, 20-3, 20-23, 21-6, 22-3, 22-12, 23-4, 24-9, 25-11, 26-1, 26-10, 26-11, 26-16, 26-20, 26-23, 26-24, 27-5, 27-23, 27-25, 29-1, 29-9, 29-10, 29-15, 29-18, 30-12, 30-14, 31-1, 31-10, 32-1, 32-8, 32-13, 33-6, 33-10, 33-18, 34-2, 34-17, 35-10, 36-1, 36-4, 36-7, 36-9, 36-17, 37-1, 37-12, 37-17, 37-19, 38-3, 38-5, 38-23, 38-29, 39-29, 40-1, 40-21
我們 9-21, 19-14
無 1-24, 18-3, 22-10, 24-8, 26-6, 26-16, 31-10, 36-15, 37-10
無故 37-19
無事 25-6
五倫 16-17
武備 6-4
惡 40-24, 40-25

X

惜 28-15
稀 5-6
習學 6-4
喜 35-6
喜歡 21-14
喜像 15-4
係 13-8

細緻 7-9, 24-3, 24-10, 24-18
戲 40-9, 40-35
下顧 20-16
下圍棋 8-13
~下去 30-14
先 1-9, 6-10, 6-12, 9-10, 9-18, 18-19, 19-11
先後 9-6
先前 13-2
先生 40-33
閒（xián） 1-26
閑工夫 8-1
嫌疑 32-14
賢能 26-16
現成 18-14
現今 2-2
現在 39-12
相處 13-7
相待 37-3
相隔 21-15
相敬相愛 16-24
相與 15-9, 16-3, 16-19
香 39-14
想 14-2, 21-2, 40-38
想必 39-2
想到 29-8
想来 8-7, 9-20, 19-7, 19-17
想是 23-3, 26-10, 36-3
向 36-18
向日 35-1
像 25-6, 40-17
像是 40-13
小吃儿 18-9
小看 36-22
小人 26-9, 26-11
小事 14-14
小圍 39-5
小子 8-18
曉得 10-3, 40-36
孝道 10-1
孝順 10-2, 10-13
笑聲兒 32-17
效法 11-7, 25-23
效驗 9-20
些 14-14, 19-3, 19-22, 25-21, 34-12, 40-28
些兒 4-9, 4-14, 13-10
些微 37-1
些須 21-11, 37-26

寫 8-4, 8-7, 8-8, 8-9, 8-10

謝 38-3

心 1-26

心感盛情 37-22

心裏 7-16, 10-11, 20-13, 31-15, 40-32

心性 16-2

心窄 35-7

新近 39-18

新鮮 20-29

信（動） 30-5

信（名） 21-19, 21-20, 22-6

信行 36-19

信嘴 28-8

興騰 11-24

形景 25-5

行爲 37-12

幸 14-6, 20-16

性急 35-16

性情 15-10

兄長 11-4, 11-5

兄弟 11-18, 17-8

兄友弟恭 11-9

胸中 25-22

休 29-10

修身 12-8, 40-4

虛文 26-21

須 1-31

叙 14-13

絮叨 28-6

學 1-5, 1-7, 2-2, 2-3, 3-7, 4-5, 6-13, 7-2, 8-10, 8-11, 24-10, 25-13, 28-9

學問 5-3

學習 9-4

尋 13-11, 15-2

尋常人 13-9

尋趁 30-33

尋訪 4-2

迅速 2-8

Y

牙關 36-21

雅人 26-2

言多語失 28-2

言論 11-5

言談 15-12

筵席 40-6

眼岔 38-18

眼面前 4-8

眼皮兒 36-9
眼色 33-17
眼熟 14-1
宴會 40-6
厭惡 40-41
厭煩 28-7, 35-11
仰慕 14-13
養 39-1
様 8-9, 20-29
様子 9-21, 40-14
邀 20-11
要 1-18, 1-26, 2-12, 3-12, 6-9, 6-11, 12-1, 14-13, 16-4, 16-15, 16-16, 19-31, 19-37, 19-42, 20-18, 20-21, 31-2, 32-17, 40-18, 40-21
也 6-4, 7-6, 8-18, 9-7, 14-13, 16-16, 17-4, 18-5, 19-14, 19-36, 20-27, 26-17,30-3, 31-6, 40-3, 40-12, 40-43
也罷 18-15, 18-16, 40-8, 40-9
一$_1$ 9-4, 16-11, 16-13, 17-3, 17-11, 18-8, 19-4, 20-29, 28-12, 28-13, 29-6, 35-2, 38-2, 39-13, 39-15, 39-28
一$_2$ 15-3, 33-12, 33-13, 35-24
V一V 8-6, 18-14, 30-2
一般 29-10
一併 39-30
一旦 1-29
一點 15-13, 25-5, 40-12
一来 23-5
一来一往 20-6
一時 35-15, 40-37
一味 36-21
一向 13-3, 18-3
一言能盡 1-14
一様（形） 1-16, 25-6, 37-22, 40-17
一遭兒當百遭兒 30-4
疑惑 31-16
以 23-8, 27-15, 27-16
以此 37-11
以……爲 1-9, 9-11, 28-5
以後 21-17
因爲 24-10, 33-6, 38-1
引誘 5-7
飲 19-15, 19-16
英俊 26-2

鷹把什 39-9

用 1-26, 3-12, 10-19, 19-22, 19-23, 19-39, 26-21, 40-4

用功 2-4, 2-10, 6-3

用力 1-28, 2-11

用心 1-20, 1-24

憂愁 6-2

由 35-16

游行 18-3

有 1-17, 3-11, 6-2, 7-11, 8-18, 9-12, 9-17, 9-20, 14-14, 16-26, 17-16, 18-10, 18-23, 18-27, 19-3, 19-6, 19-17, 21-18, 23-11, 23-13, 25-14, 26-8, 26-10, 27-1, 29-14, 29-15, 30-16, 31-6, 33-13, 33-17, 34-7, 34-12, 34-13, 34-14, 34-18, 36-5, 36-8, 37-25, 39-5, 39-6, 39-9, 39-13, 39-15, 39-29, 40-6

有愧 37-21

有慢 20-12

有時 27-3, 27-4

有條有理 25-7

有心有腸 40-10

有益 16-21, 34-18

又 7-4, 13-8, 15-14, 20-9, 20-18, 21-9, 25-19, 26-15, 27-25, 38-14, 38-23, 39-18, 40-24

愚見 34-20

與 12-10, 15-9, 32-2, 37-9

遇 14-6, 25-25, 30-11, 40-7

遇見 5-8, 14-12

裕如 15-10

預備 17-10, 19-20, 20-27

原故 7-19

緣法 14-11

遠路 17-15

願 9-21

願意 34-2

愿意 18-28

約下 30-1

月 6-6

月餅 21-8

越等 21-13

越發 19-10, 21-16, 24-13

Z

崽子 39-22, 39-23

再 13-13, 30-3

再就是 8-11
再三 30-1
再者 16-22, 23-7
在（副） 22-13
在（動） 6-1, 7-22, 12-6, 16-17, 40-31
在（介） 1-27, 3-1, 3-12, 12-2, 16-30, 17-2, 18-31, 22-8, 22-12, 24-11, 25-22, 26-21, 26-23, 29-18, 29-19, 32-8, 36-20, 40-32
在行 36-23
在意 40-16
咱們 13-7, 16-15, 16-16, 30-29
暫爲 37-2
贊 23-11, 37-11
遭擾 22-8
遭數 8-18, 39-5
藏狗 39-29
擇 16-13, 16-15, 16-16
擇交 16-12
怎 4-7, 34-10
怎好 20-9
怎麼 13-3, 17-5, 19-25, 20-2, 20-10, 27-27, 28-1, 31-17, 35-3, 37-24, 40-18
怎麼樣 30-34
怎生 38-3
怎樣 8-3, 12-12, 25-8, 27-2, 30-21
沾唇 18-30
張羅 19-10
仗義 37-14
仗着 19-5, 34-19, 36-21
着（動） 7-3, 7-6, 7-10, 7-22
兆頭 11-24
遮飾 26-10
者 10-15, 16-6, 16-7, 24-6, 31-8, 31-9, 31-12, 31-13, 37-11
這 1-26, 3-6, 6-6, 7-19, 8-9, 10-11, 10-12, 11-12, 11-20, 11-24, 12-11, 13-3, 18-3, 18-21, 18-31, 19-35, 19-41, 20-14, 22-14, 23-9, 23-10, 24-4, 24-14, 25-21, 26-20, 27-24, 29-4, 30-17, 32-6, 34-1, 34-3, 35-10, 37-26, 40-5, 40-20, 40-28, 40-31
這裏 17-2, 22-8, 24-11
這樣 9-3, 18-22, 20-10, 23-14, 28-1, 33-11, 35-17, 36-24, 37-24, 40-18, 40-38

着（助） 1-26, 2-2, 4-10, 6-17, 7-2, 7-14, 7-16, 8-6, 8-11, 10-4, 10-11, 11-5, 11-10, 11-19, 12-12, 13-10, 14-6, 15-2, 16-14, 19-5, 19-16, 19-20, 19-28, 20-13, 20-14, 20-21, 22-8, 23-1, 23-5, 23-6, 25-2, 25-13, 25-23, 25-25, 30-11, 32-10, 33-18, 34-6, 34-19, 34-21, 36-21, 37-20, 38-14, 39-1, 39-22, 39-24, 40-7, 40-30, 40-38
真 23-9
争 33-12
正 3-7, 7-18, 20-19
之列 26-23
之内 16-17
之外 22-9
只 3-12, 25-20, 26-22, 35-23, 40-5
只是 7-11, 7-17, 8-10, 10-4, 13-7, 21-15, 29-1, 30-22, 30-32, 33-18, 40-34
知道 3-10, 4-11, 5-8, 11-1, 11-4, 13-6, 16-15, 16-16, 17-7, 18-1, 19-34, 32-7, 33-10, 35-19
知識 1-21, 25-24, 31-10
知味 18-25, 18-26
直朋友 31-15
指東說西 29-17
指說 11-3
至論 30-26
至於 40-32
中秋 21-8
中聽 34-17
種 18-8, 35-25
主意 25-26, 25-27
煮 19-29
嘱咐 22-7
住 22-8
~住 19-3, 30-8
專 12-6
專故 36-22
篆字 8-8
莊重 27-14, 27-20, 27-23
裝假 20-18
準頭 7-4
捉 39-17
着實 16-4, 17-10, 39-18, 40-3
自此 21-17

自己 2-12, 6-13, 6-14, 19-28, 27-23, 27-25, 28-15
自誇 27-25
自然 1-17, 40-39
自然而然 25-24
字 8-4, 8-9, 14-5, 16-13, 25-20
總 13-3, 18-3, 23-2, 26-3, 34-5
總而言之 32-12
總是 34-11
總之 16-17
粽子 21-7
走 30-2, 38-7
走動 13-10
尊號 14-3
尊駕 14-9
尊敬 11-4
左撇子 7-8
作 3-1, 5-4, 8-1, 9-21, 30-31
作難 23-3, 23-9
作陪 20-11
作聲兒 23-2
作爲 27-25
坐 13-13, 14-8
做 40-33
做功夫 1-27

影印本

清話問答四十條

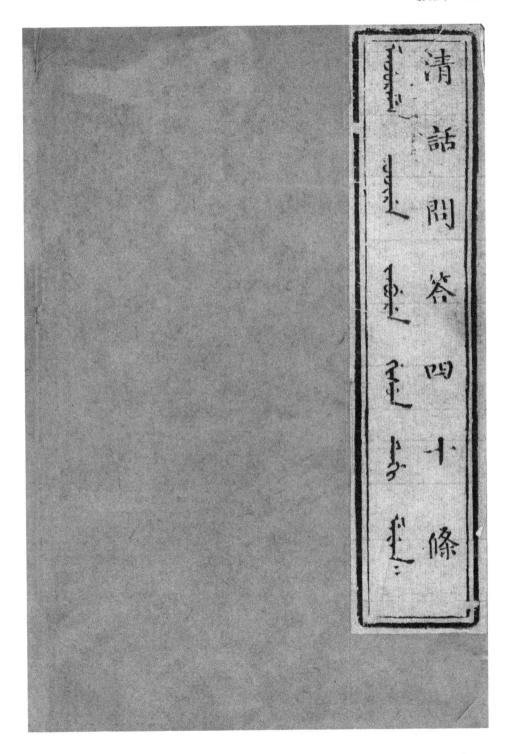

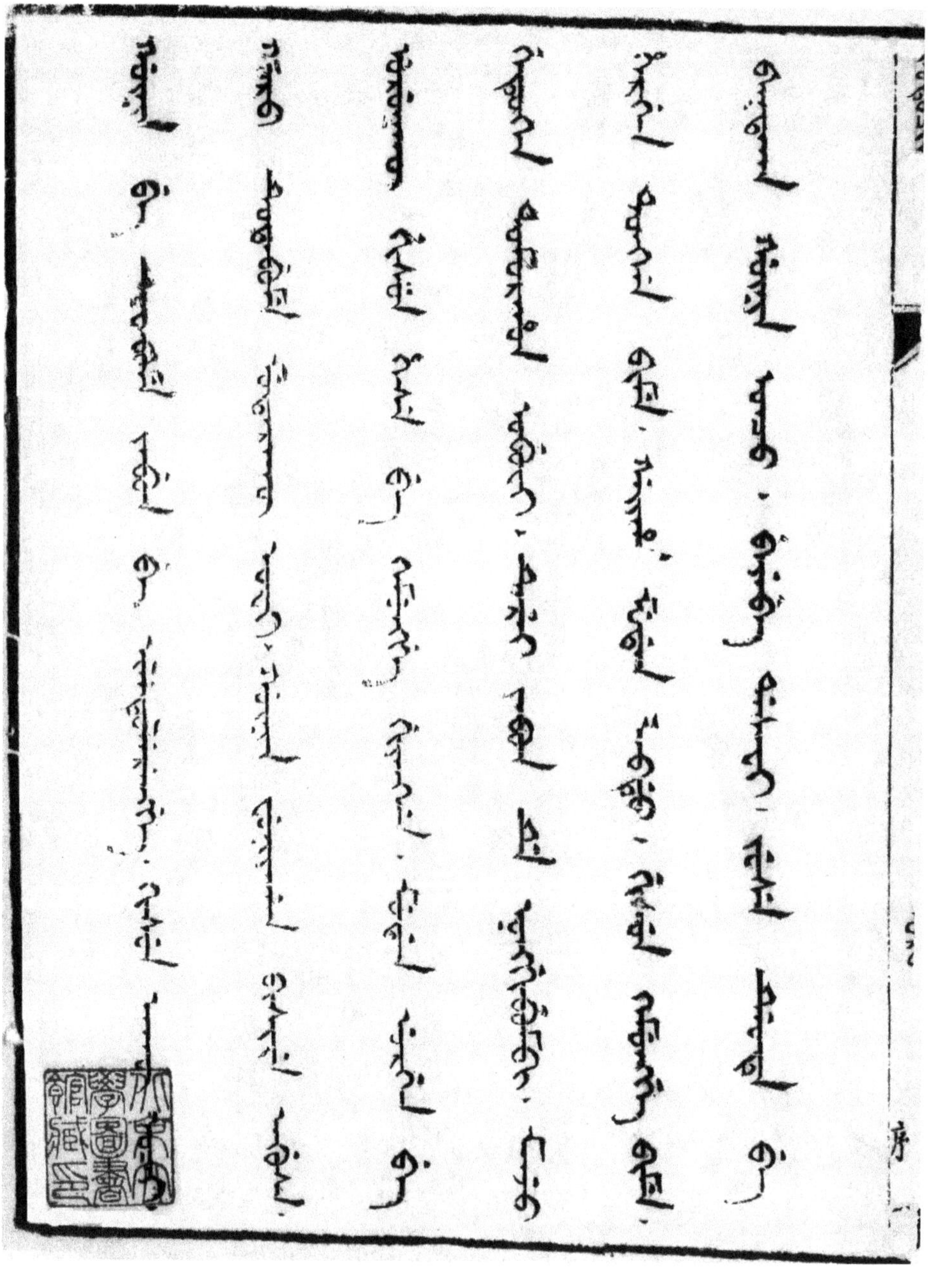

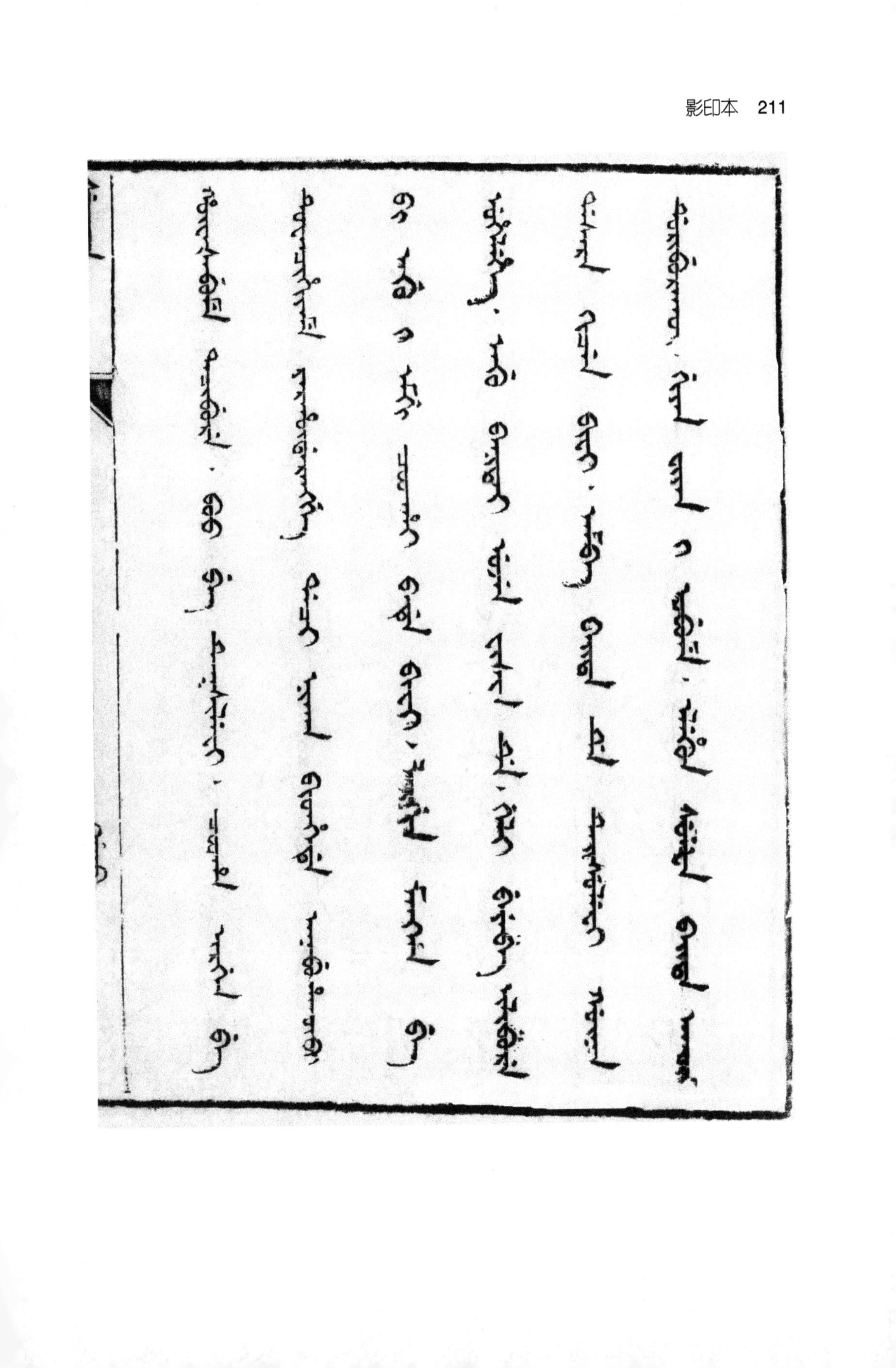

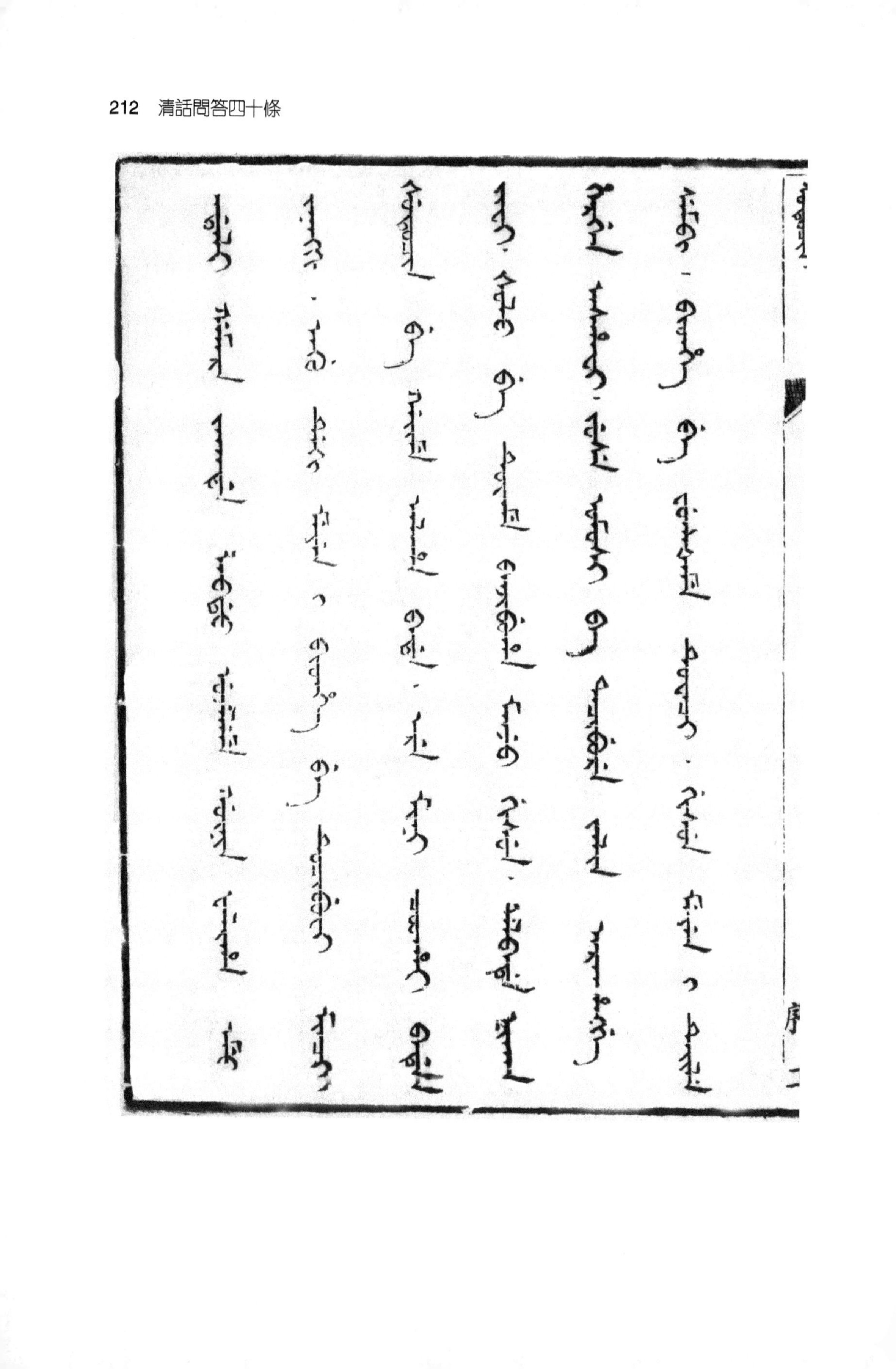

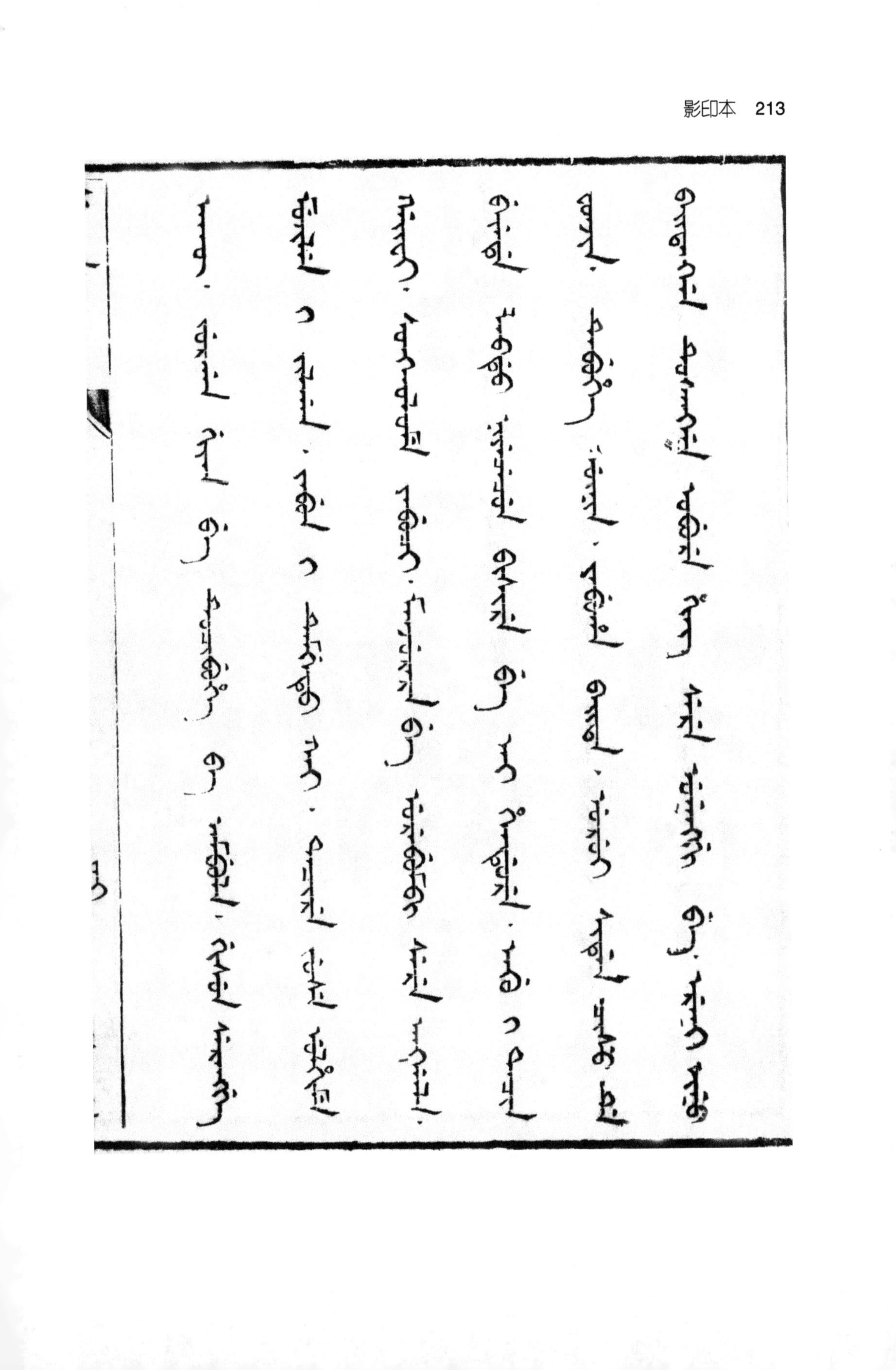

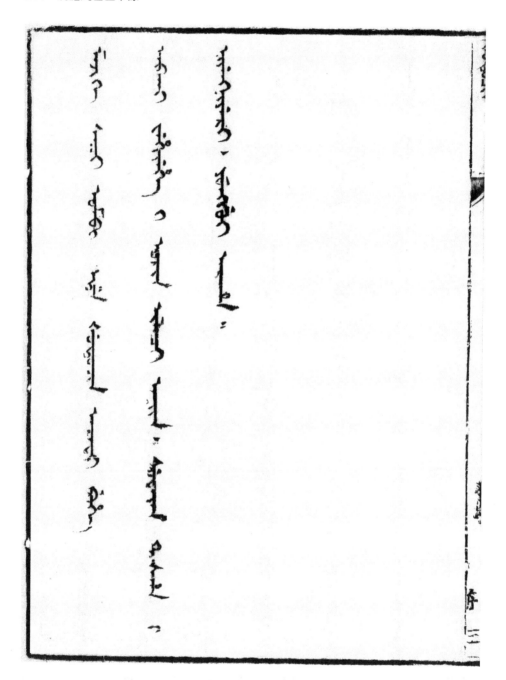

[illegible]

[illegible]

[illegible]

生成箇人　學本事還算不

但目下不曾聽見學的是何等本事

伶俐　量不透日後到什麼地步

阿哥看你　雖然年輕　生的

第一條

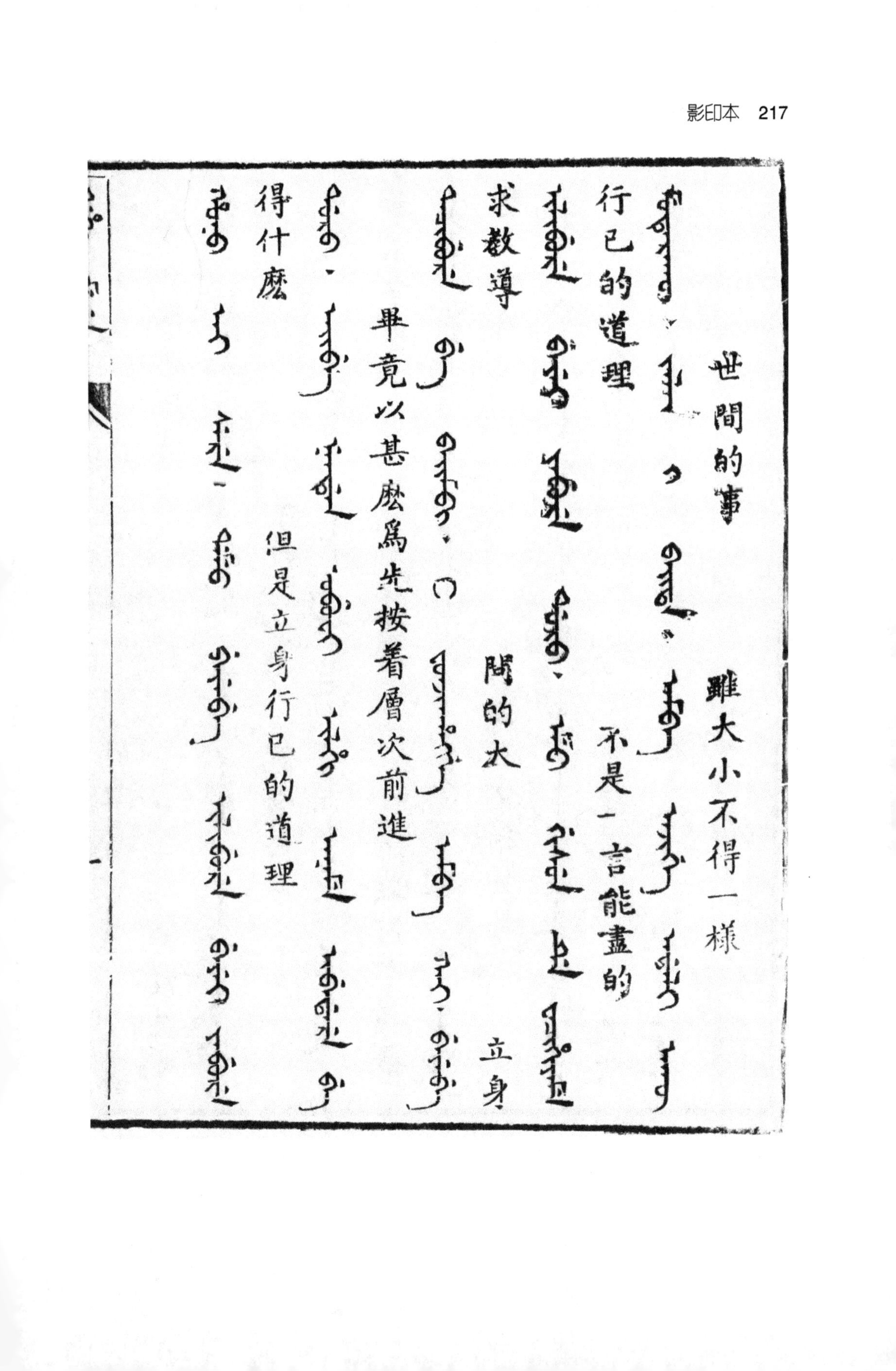

世間的事　雖大小不得一樣

行已的道理　不是一言能盡的

求教導　問的大　立身

畢竟以甚麽爲先按着層次前進

得什麽　但是立身行已的道理

無所用心
難矣哉
子曰
飽食終日
若不肯用心
知識何以得長
窮究那箇理
沒有不得的
件件有箇自然的理
要肯

還須問嗎

節凡百的都可以能彀透徹

前進的工夫

用力日久

一旦通達了的時

可就在格物致知上做起功夫來

若果把這心不間着要用他

若不練

功 滿洲話 是滿洲們分內必該會的

你口裏說是學 看來不甚用

阿哥你會說滿洲話嗎 現今學着說呢

第二條

阿哥你在家作什麼 讀書 讀

第三條

不要躭擱了自己

好好的用功 人不能替你用力

稜

熟使不得呢 光陰迅速 日月如

該念書

有什麽讀處呢 只不要徒在

若說 沒有費心的地方 知道

你這箇年紀 正是學的時候 飽食煖

晚間念滿洲書

什麽書 日裏讀漢書

清呢 若是那樣你學會的滿洲書

煩親戚們尋討 沒有得 倘若

阿哥你家裏請下滿洲師傅了嗎

第四條

口頭耳邊用功夫

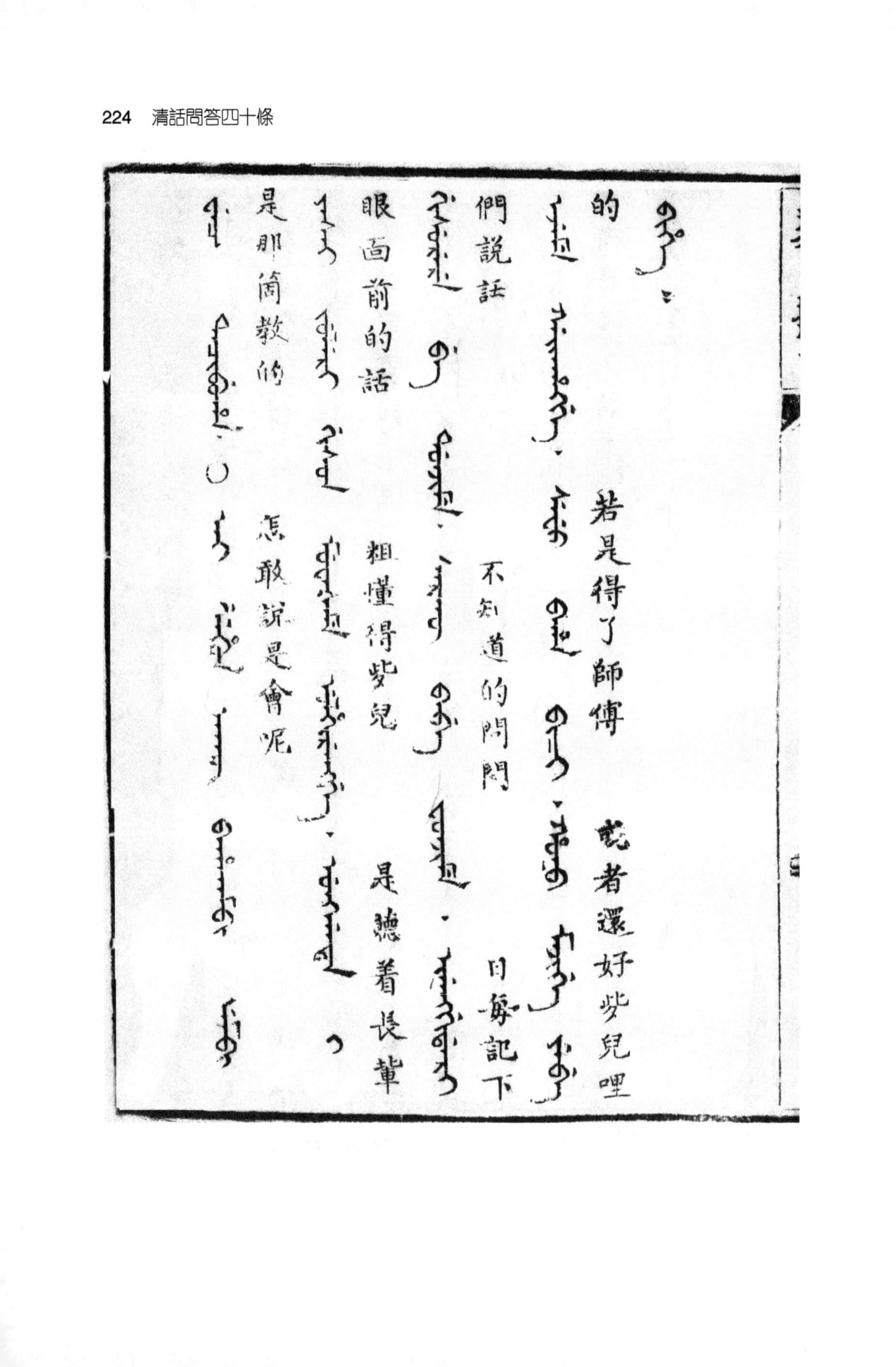

是那個教的 怎敢說是會呢

眼面前的話 粗懂得些兒 是聽着長輩

們說話 不知道的問問 日每記下

的 若是得了師傅 喒者還好些兒哩

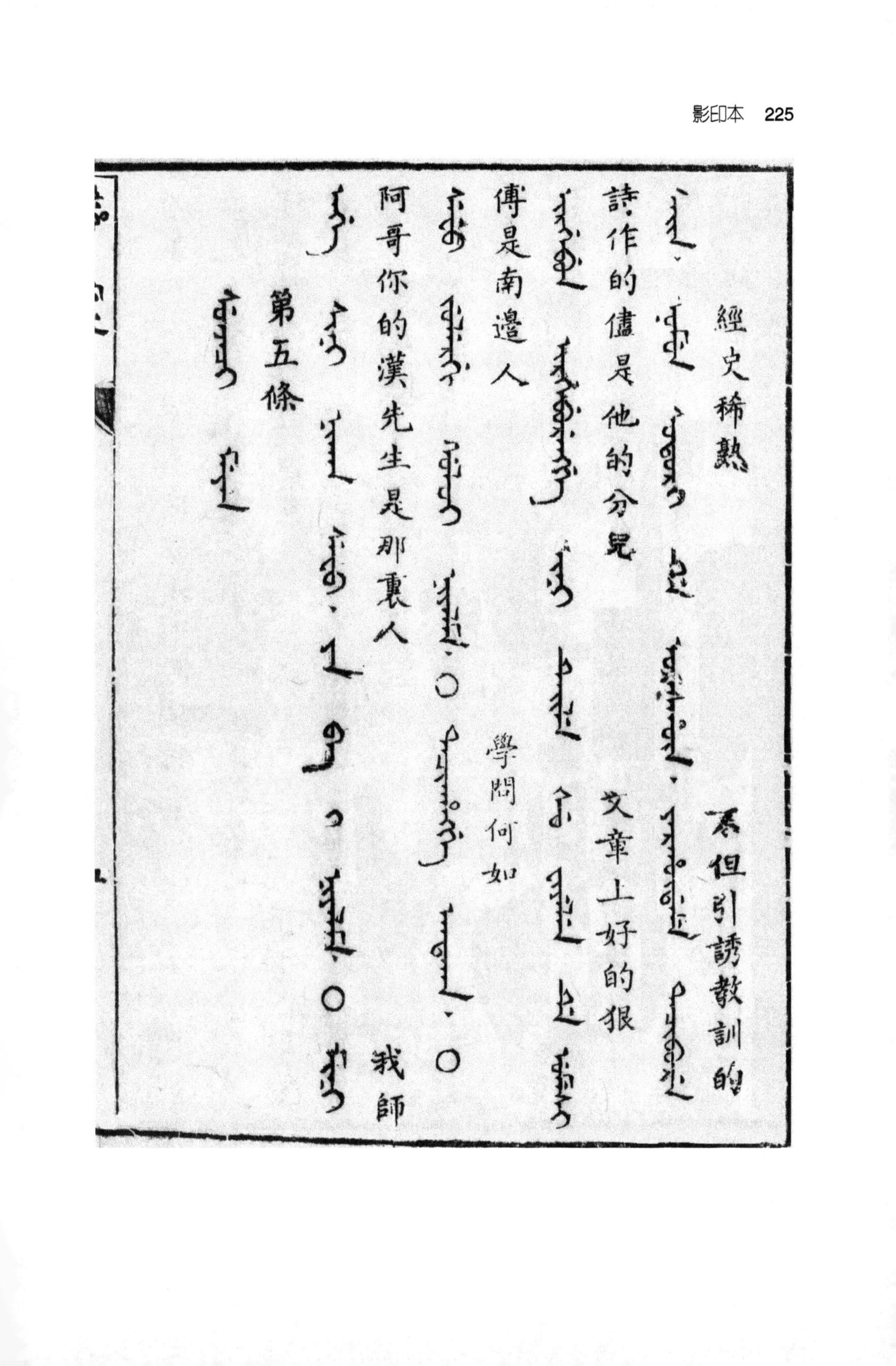

第五條

阿哥你的漢先生是那裏人　學問何如

我師傳是南邊人　文章上好的狠　經史稀熟　詩作的儘是他的分兒　不但引誘教訓的

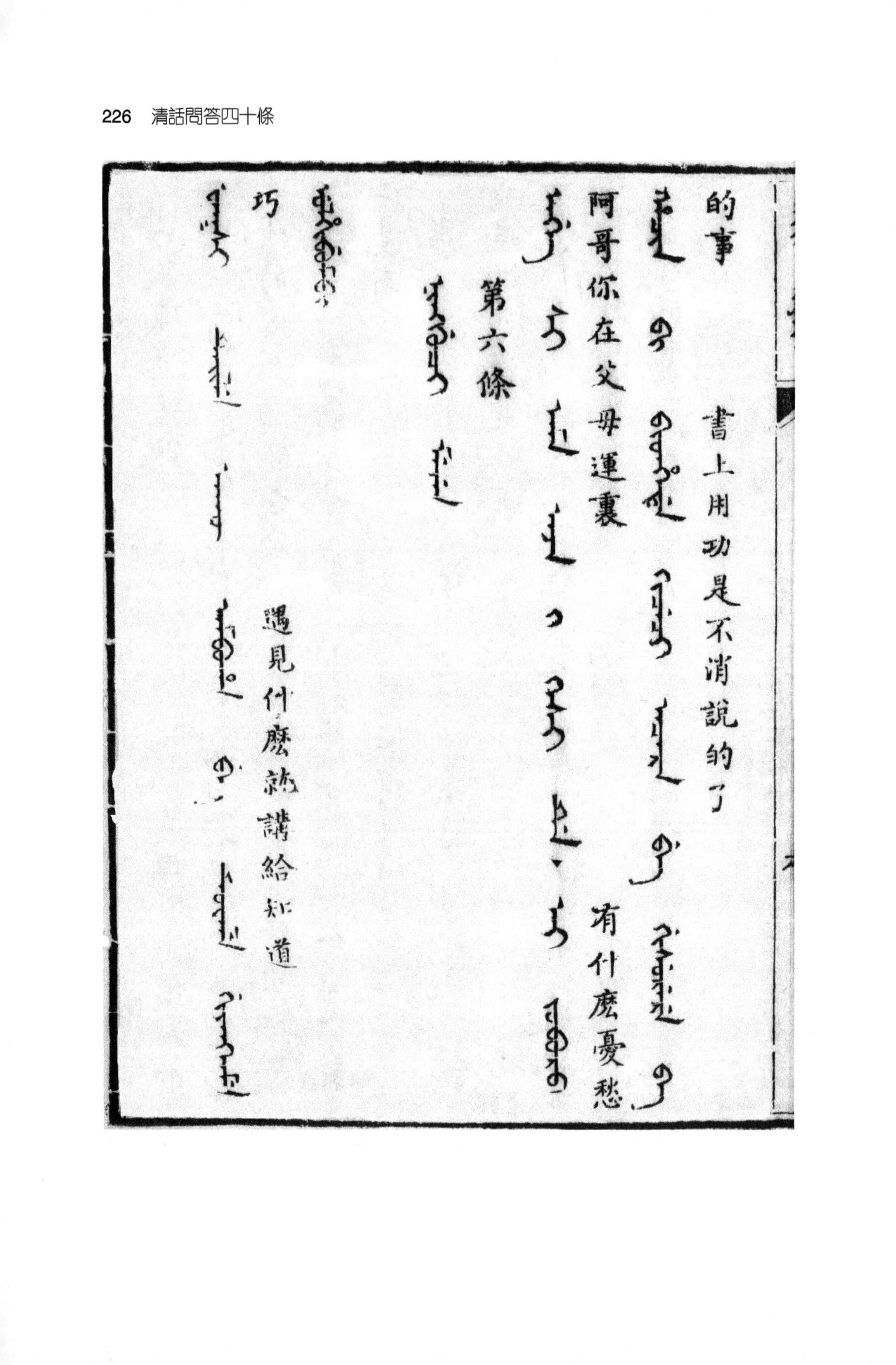

的事

書上用功是不消說的了

阿哥你在父母運裏

有什麼憂愁

第六條

巧

遇見什麼就講給知道

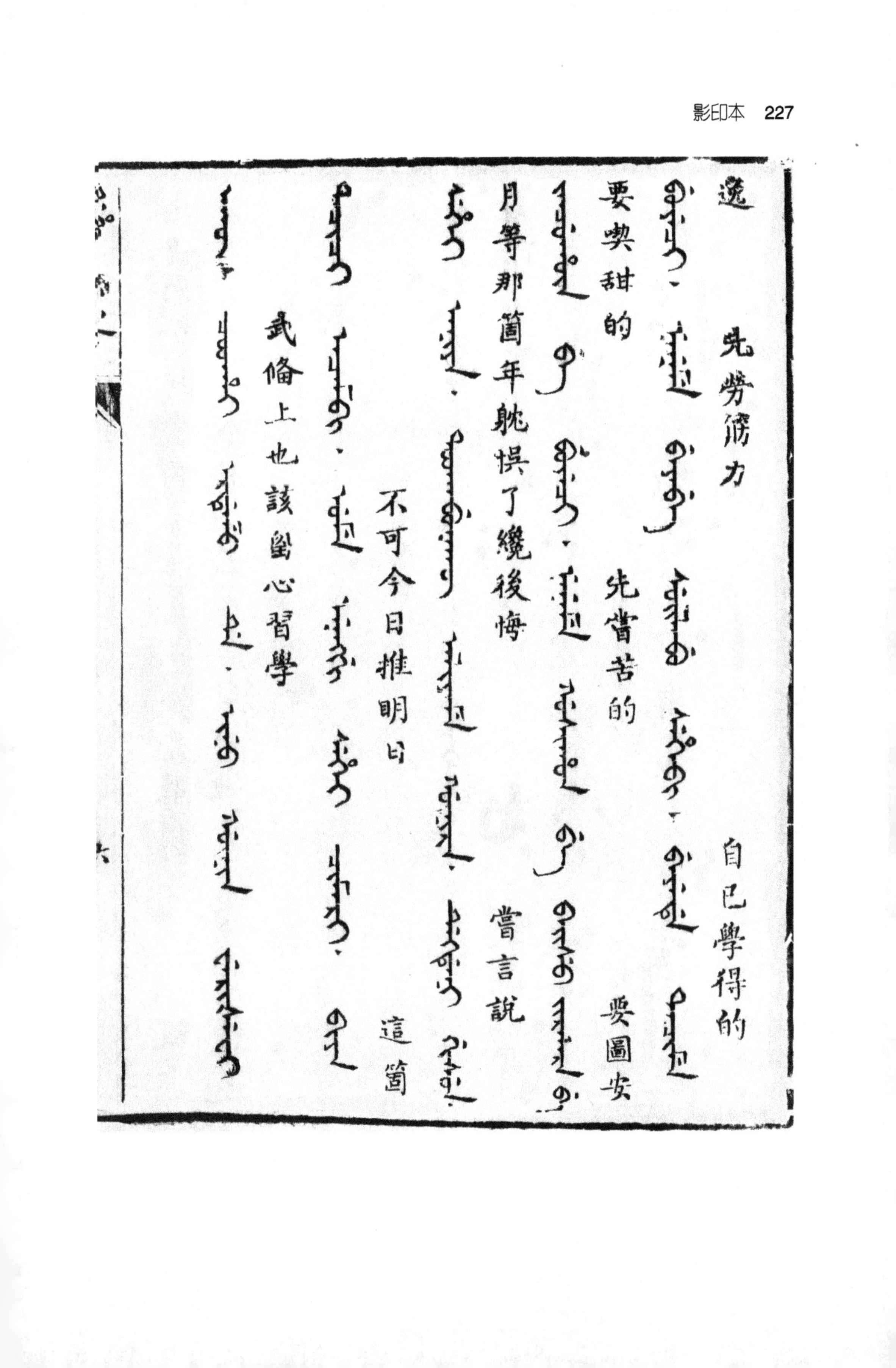

武倫上也該留心習學

不可今日推明日 這箇

月等那箇年躭悞了纔後悔 嘗言說

要喫甜的 先嘗苦的 要圖安

逸 先勞筋力 自己學得的

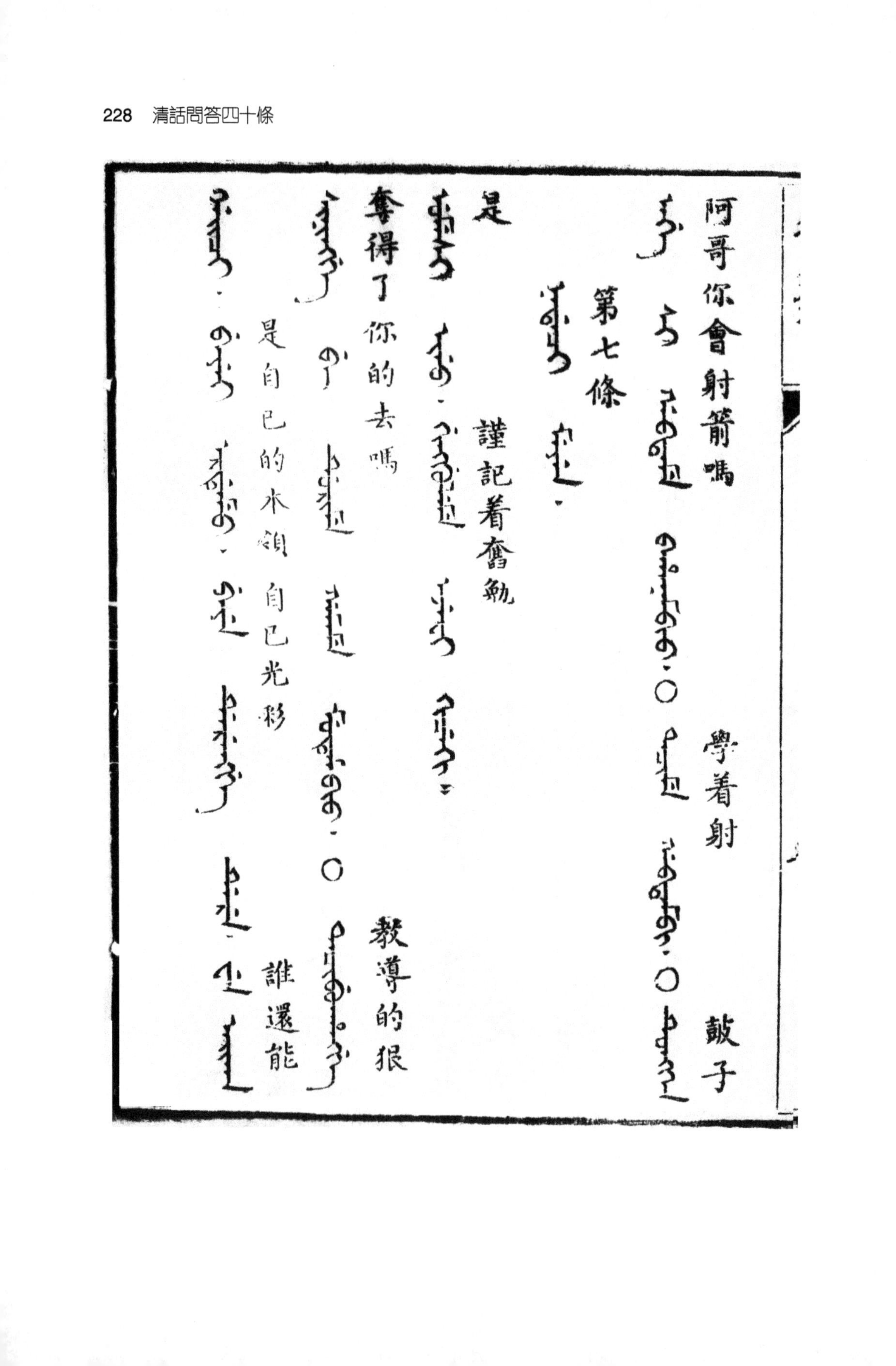

阿哥你會射箭嗎 學着射 皷子

第七條

是 謹記着奮勉

奪得了你的去嗎 教導的狠

是自己的本領 自己光彩 誰還能

只是有吐信子打袖子的毛病

能射馬箭

子射的倒細緻箭箭着

摭的着到底拿不準看你的左撇

撒放的更不乾淨雖偶然也

着的何如不得準頭又定不住

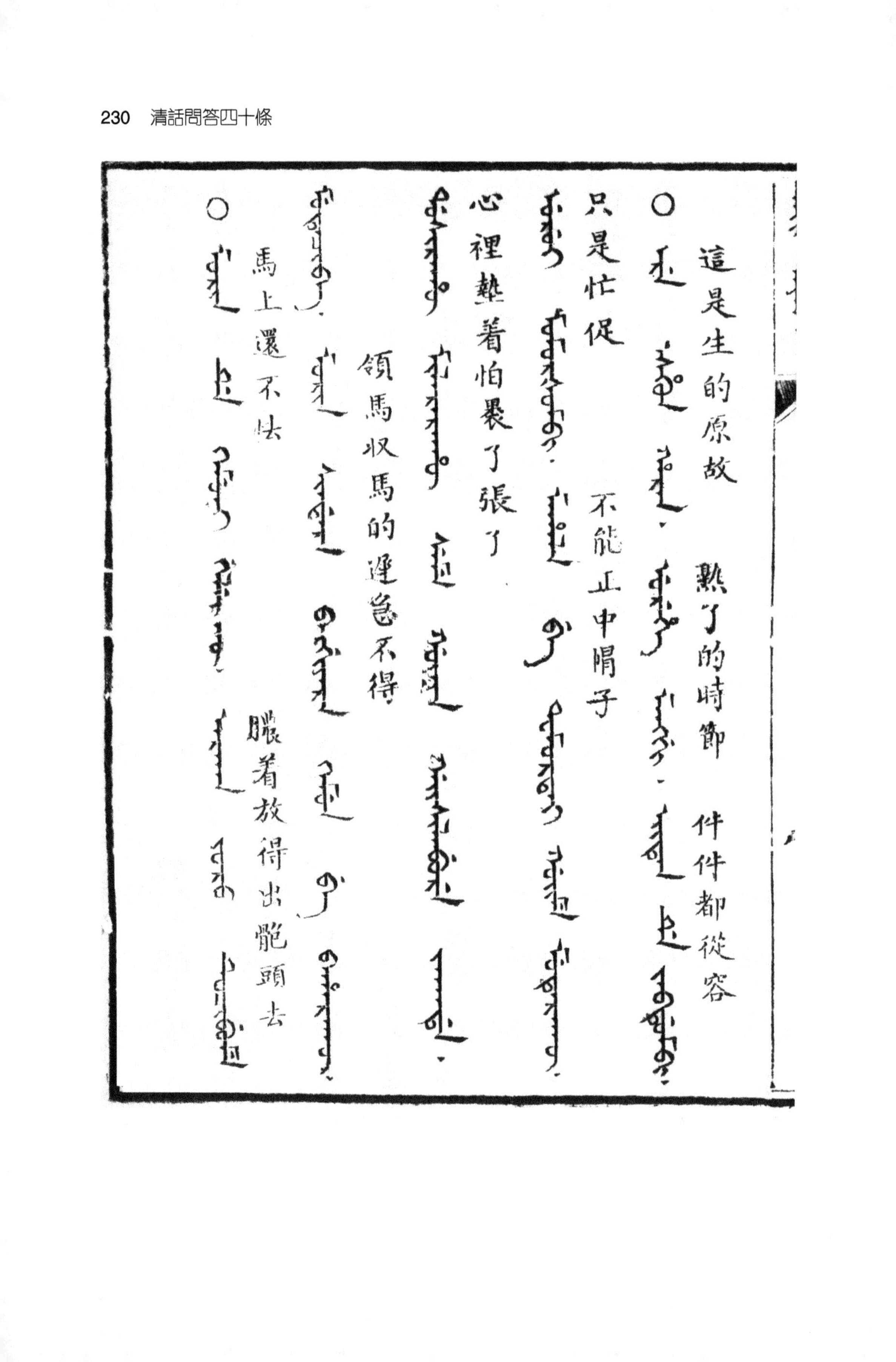

○

這是生的原故　熟了的時節　件件都從容

只是忙促　不能正中　帽子

心裡熱着怕褁了張了

領馬收馬的遲急不得

○

馬上還不怯　膿着放得出骲頭去

且住　我難一難你着　草字想来你是能寫的

玩耍　怎樣玩耍　或者寫字

阿哥你念書的閑工夫作什麽

第八條

還不單在着的上頭呢

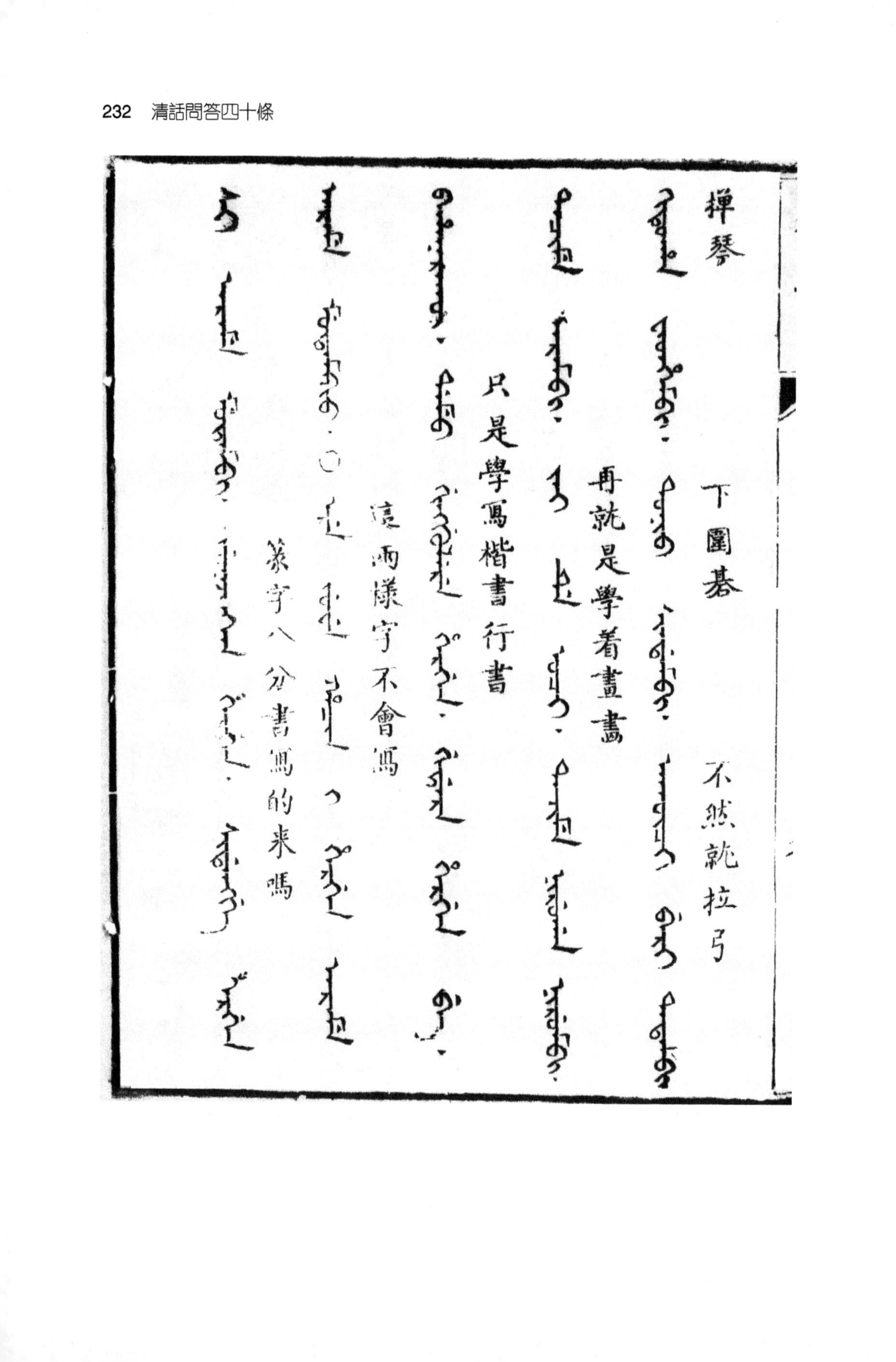

彈琴　下圍棊　不然就拉弓

再就是學着畫畫

只是學寫楷書行書

這兩樣字不會嗎

篆字八分書寫的來嗎

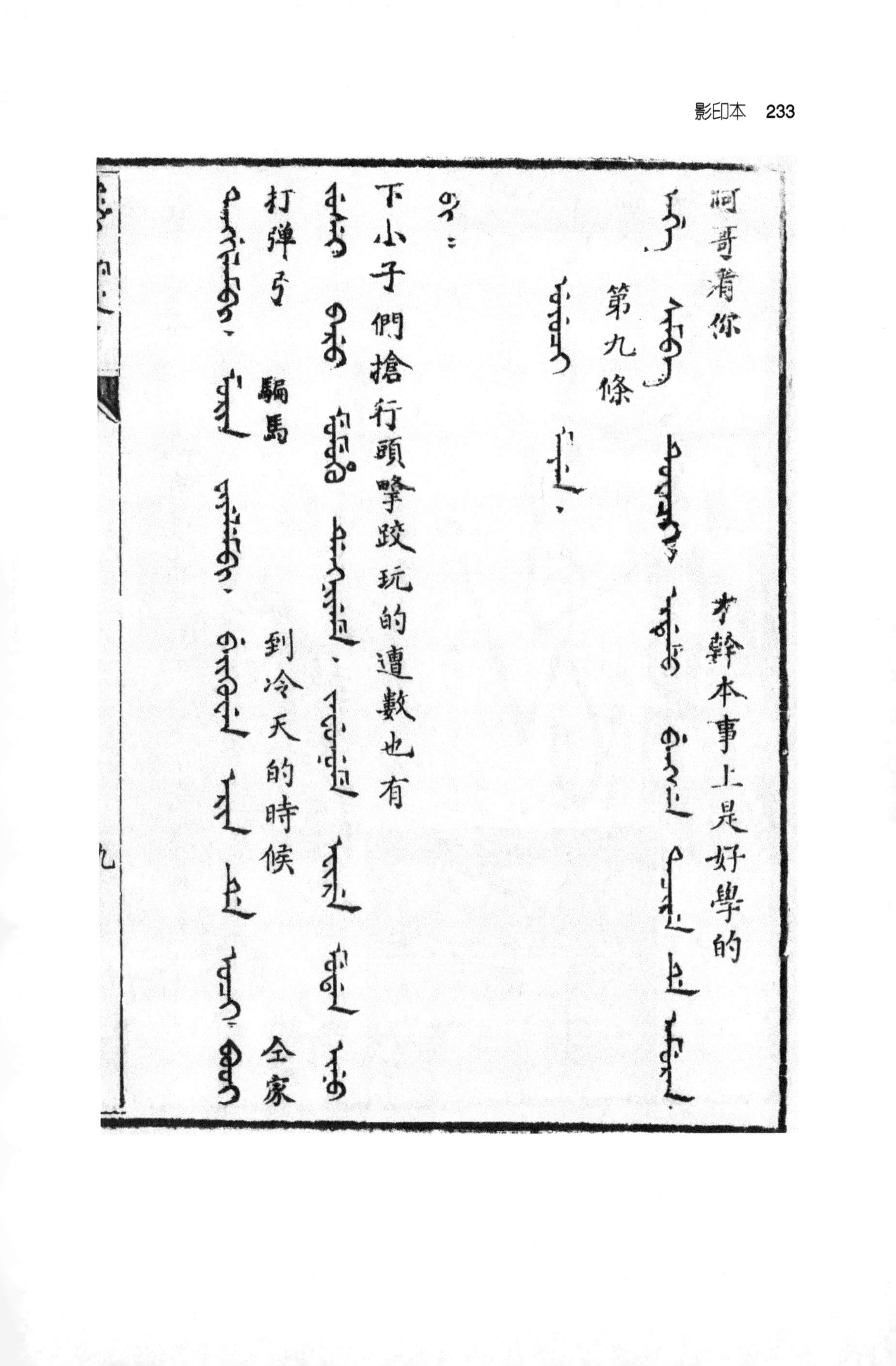

阿哥看你

才幹本事上是好學的

第九條

下小子們搶行頭擲跤玩的遭數也有

打彈子 騙馬 到冷天的時候 全家

有了本事　沒有品行　連才幹本事

先　以本爲後　就是

品行是本　本事是末　若把末爲

不分別箇先後　也使不得

固然是這樣　學習　道　若不論箇本末

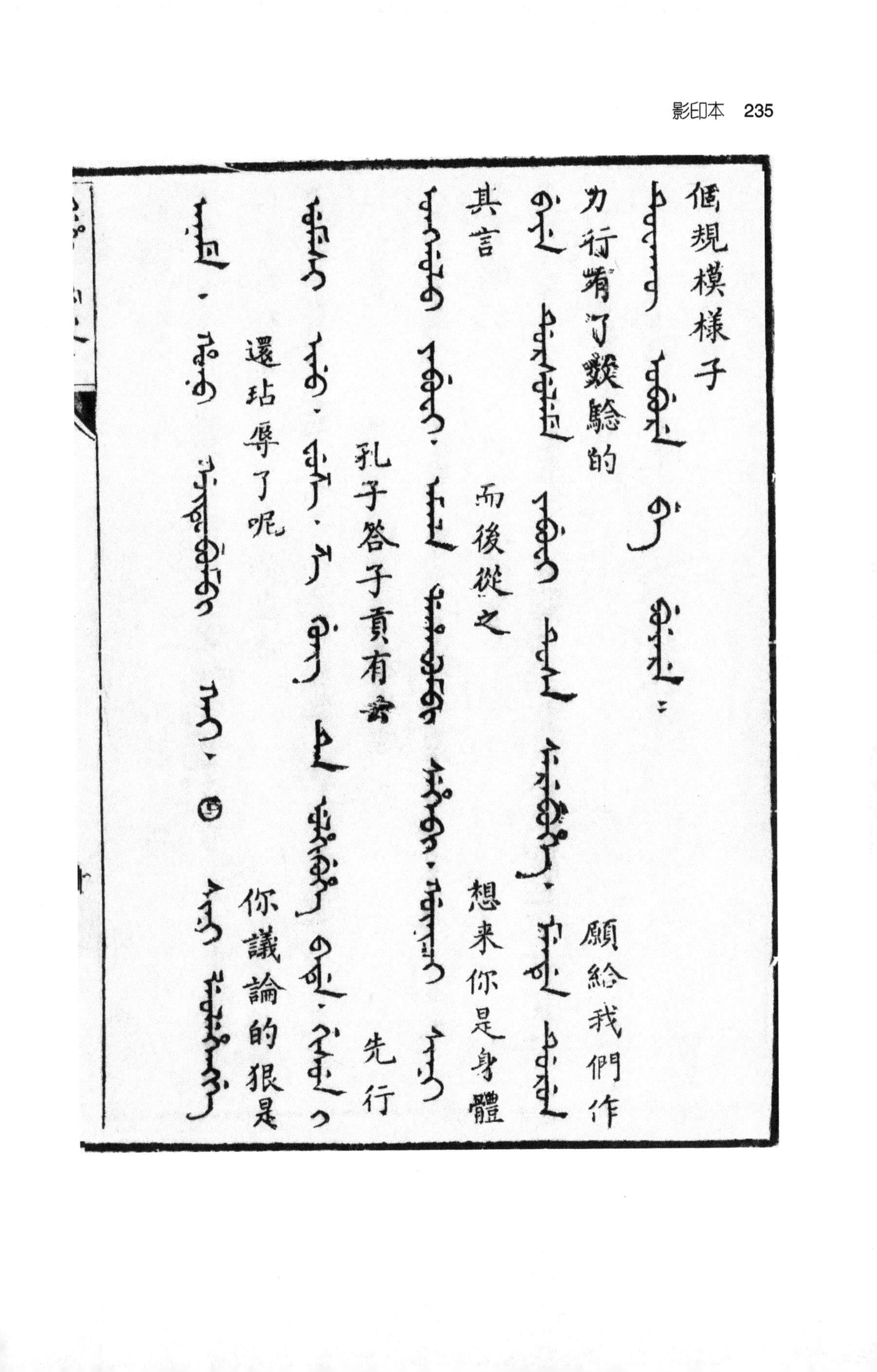

個規模樣子

願給我們作

力行着了數驗的

其言

而後從之

想来你是身體

孔子荅子貢有話

先行

還玷辱了呢

你議論的狠是

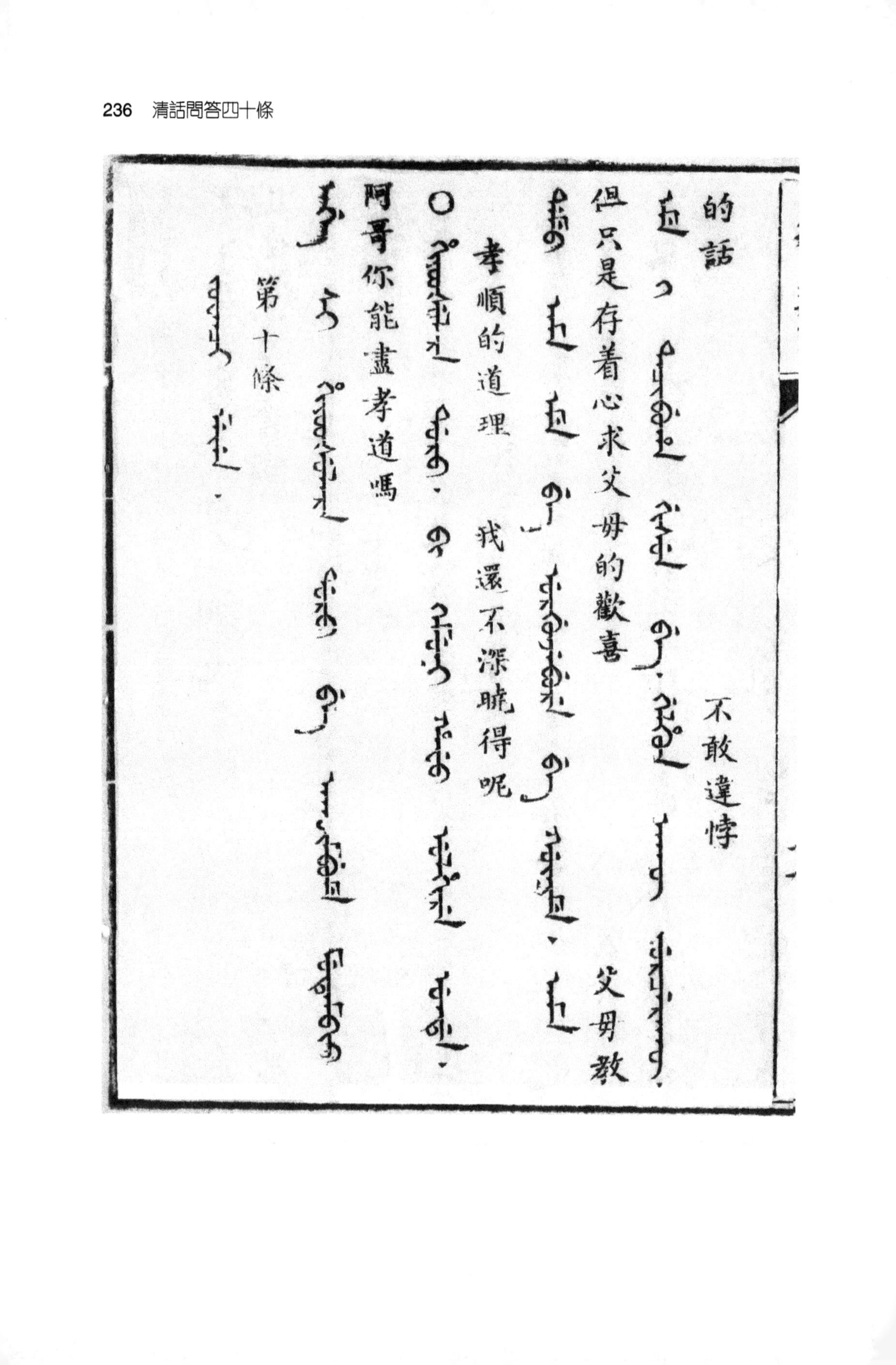

的話 不敢違悖

但只是存着心求父母的歡喜 父母教

孝順的道理 我還不深曉得呢

○阿哥你能盡孝道嗎

第十條

孝者 所以事君也 古人云

來 是能殼孝順的人 書上說的

箇議論心裡狠存着哩 你這話上看起

的分兒上 固然到不去 這

交的事 不敢疎忽 色難

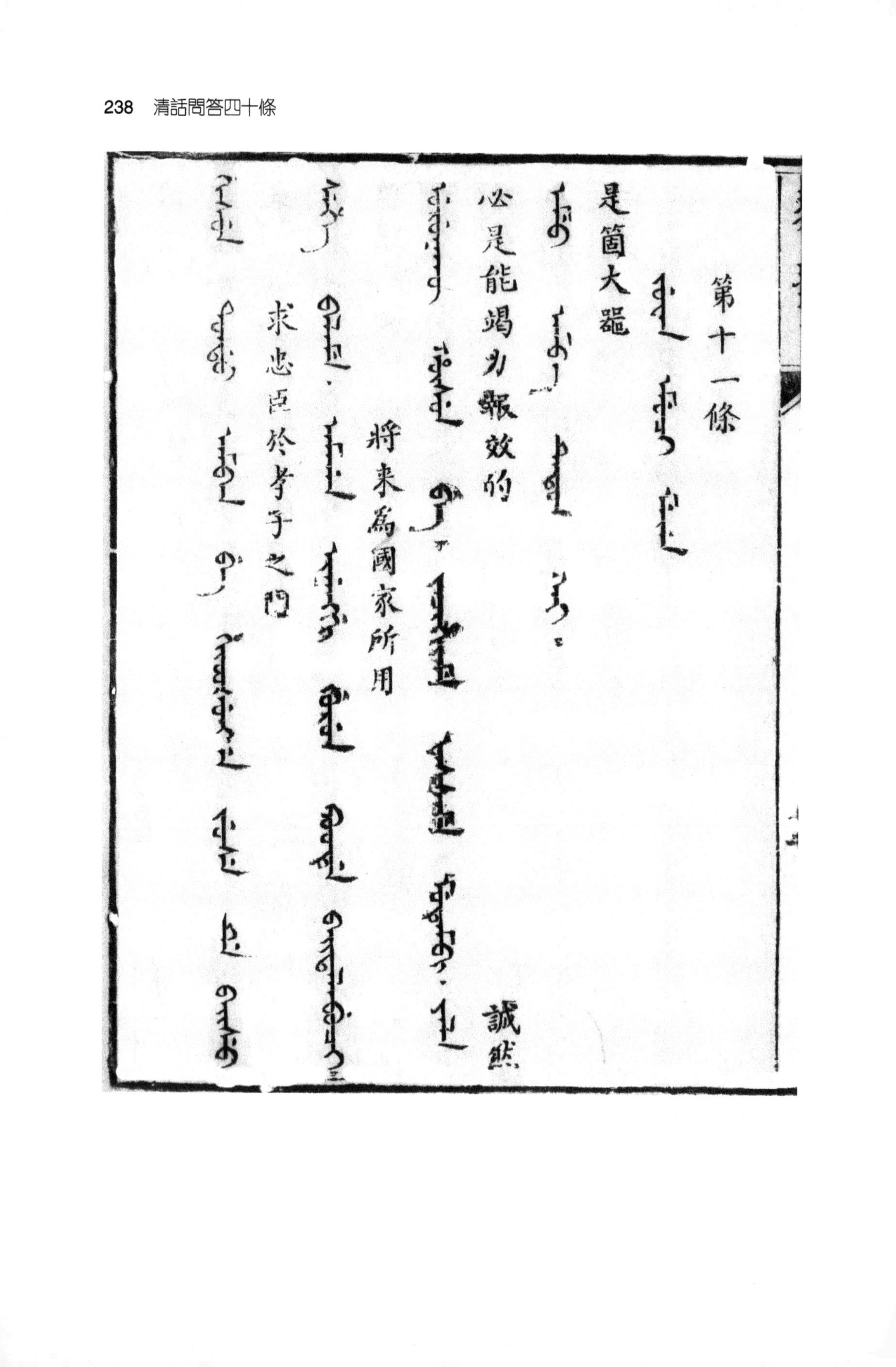

第十一條

是箇大器

必是能竭力報效的

誠然

將來為國家所用

求忠臣於孝子之門

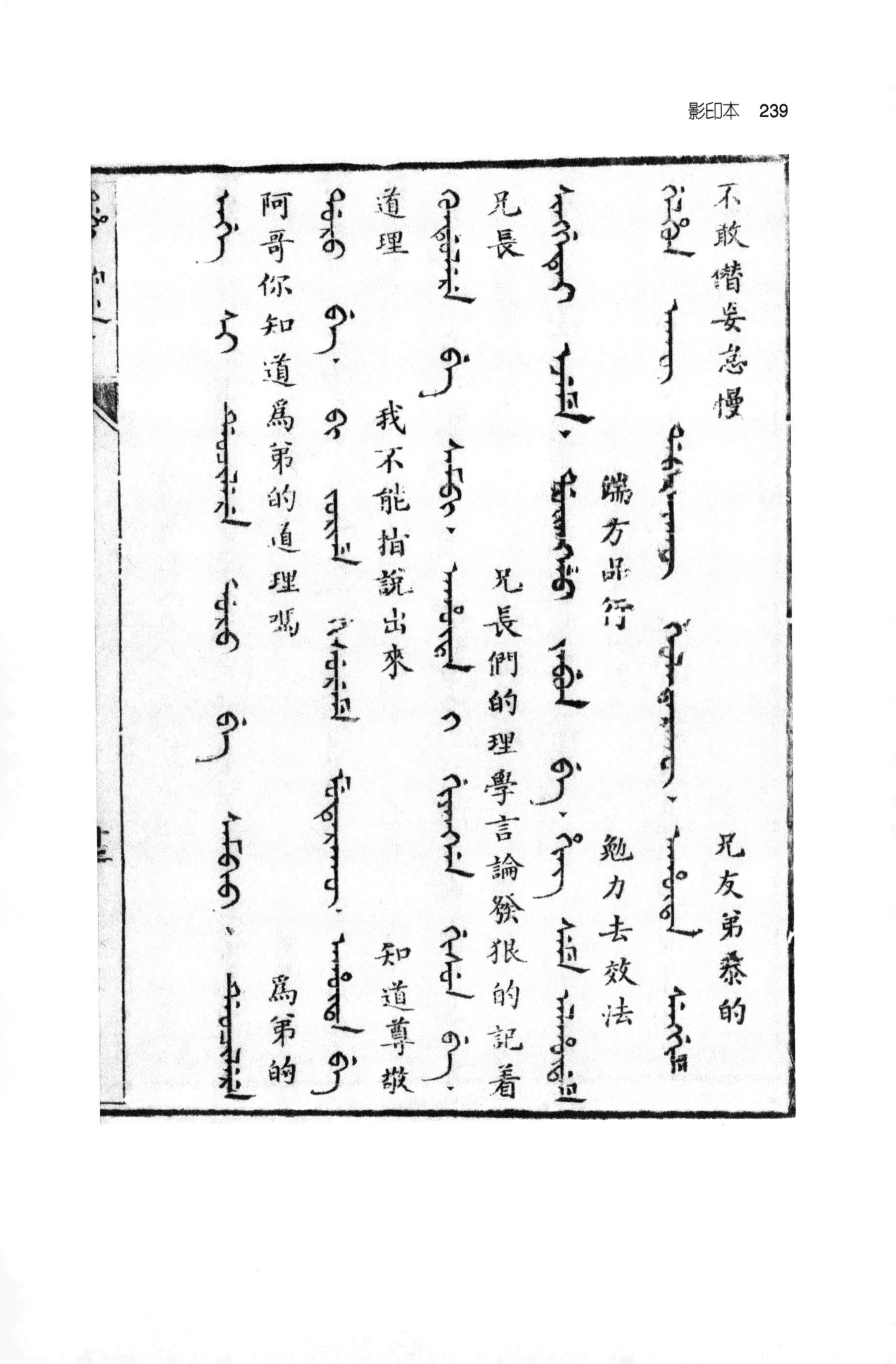

不敢僭妄怠慢

兄友弟恭的

端方品行

勉力去效法

兄長

兄長們的理學言論發狠的記着

道理

我不能指說出來

知道尊敬

阿哥你知道為弟的道理嗎

為弟的

樂爾妻帑

和樂且耽

宜爾室家

詩云

兄弟既翕

爲弟的道理、

不出你這議論

親親熱熱湊着和睦

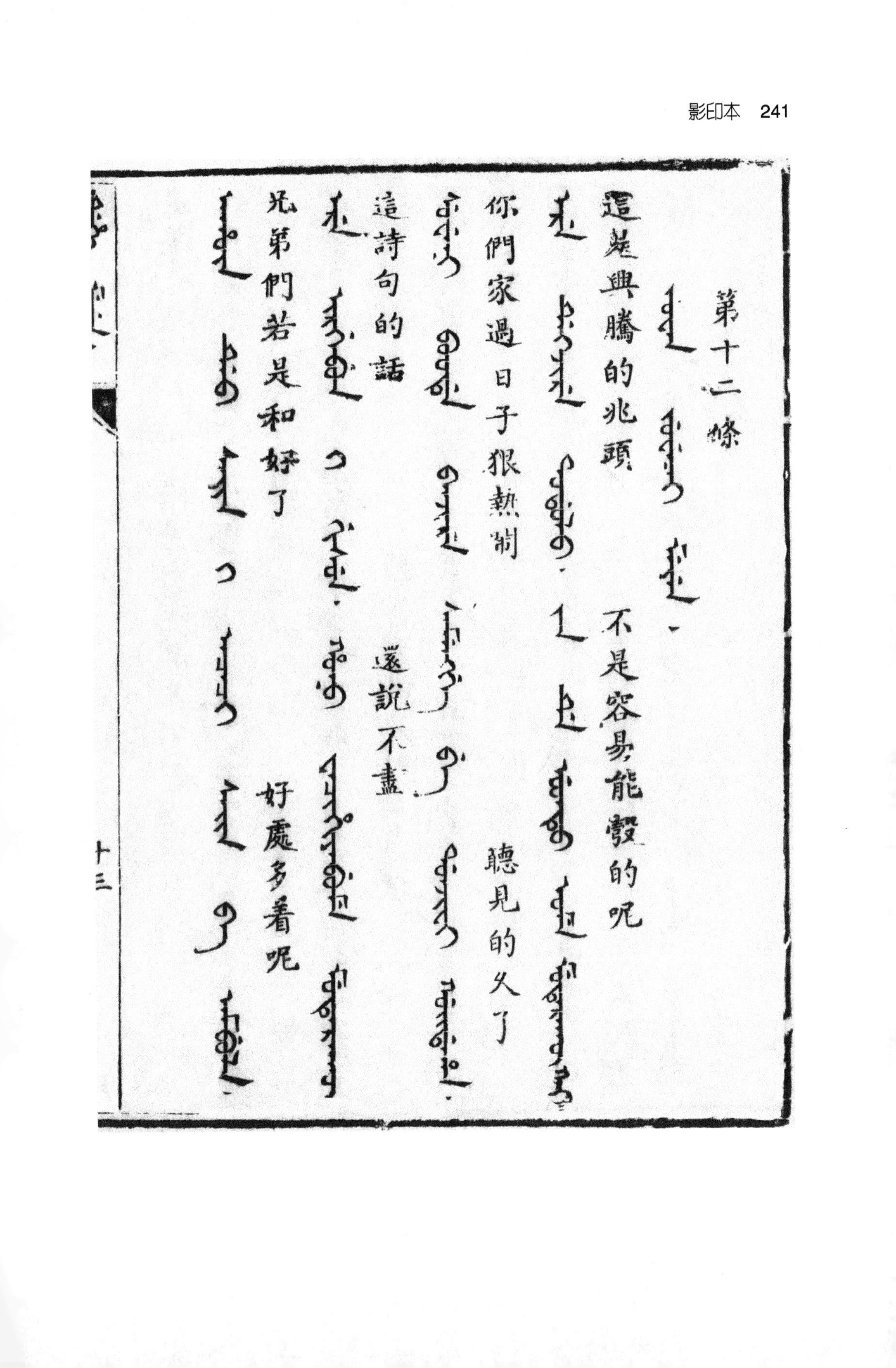

第十二條

這是興騰的兆頭　不是容易能彀的呢

你們家過日子狠熱鬧　聽見的久了

這詩句的話　還說不盡

兄弟們若是和好了　好處多着呢

勤學

脩身齊家尚且不能

還不專在功名上

若不

我聽見說

讀書為的是明白道理

上發奮

官職如何到的了你身上呢

○

阿哥你要取功名

不在書

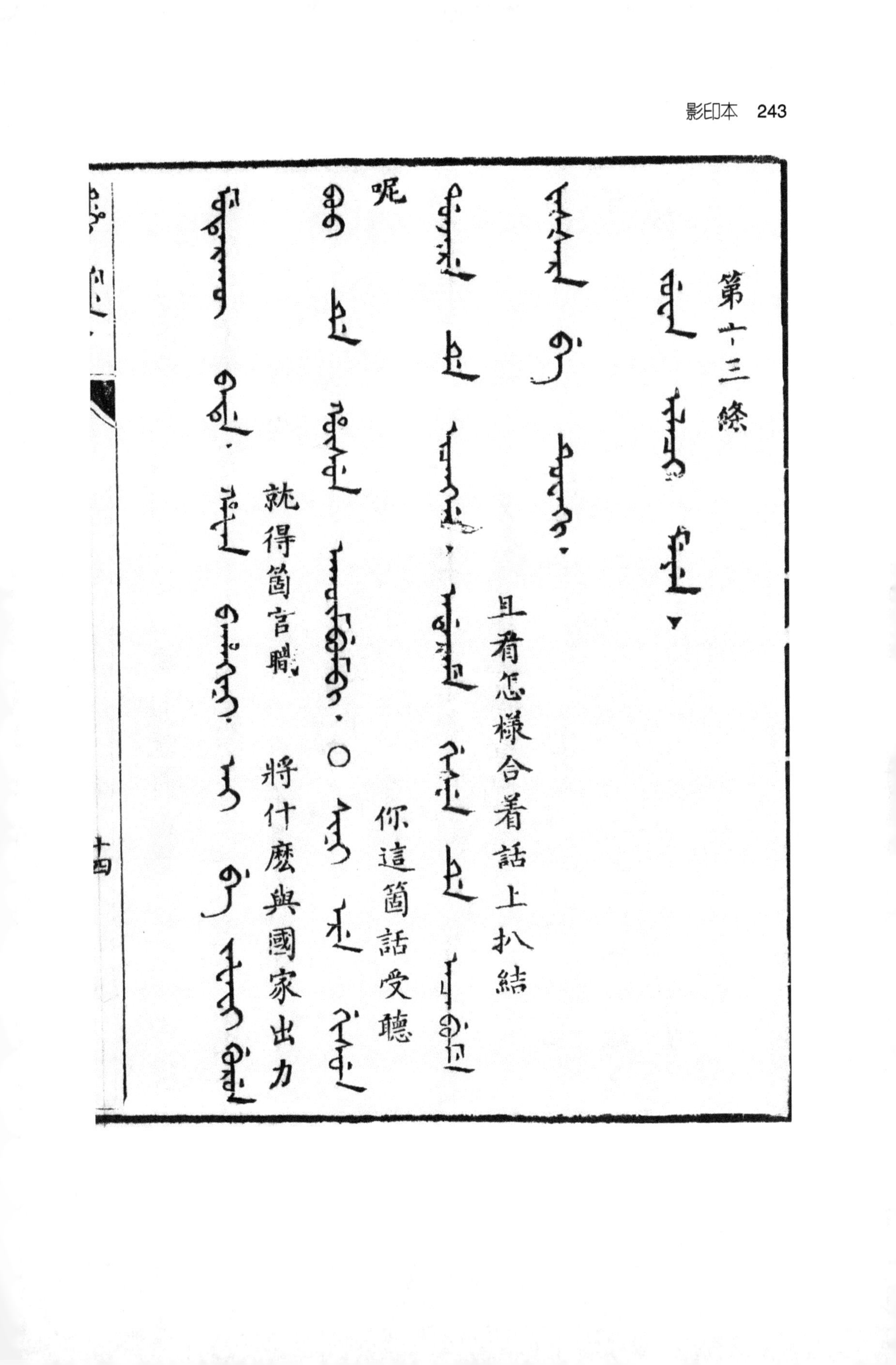

第十三條

且看怎樣合着話上扒結呢

你這箇話受聽

就得箇官職

將什麼與國家出力

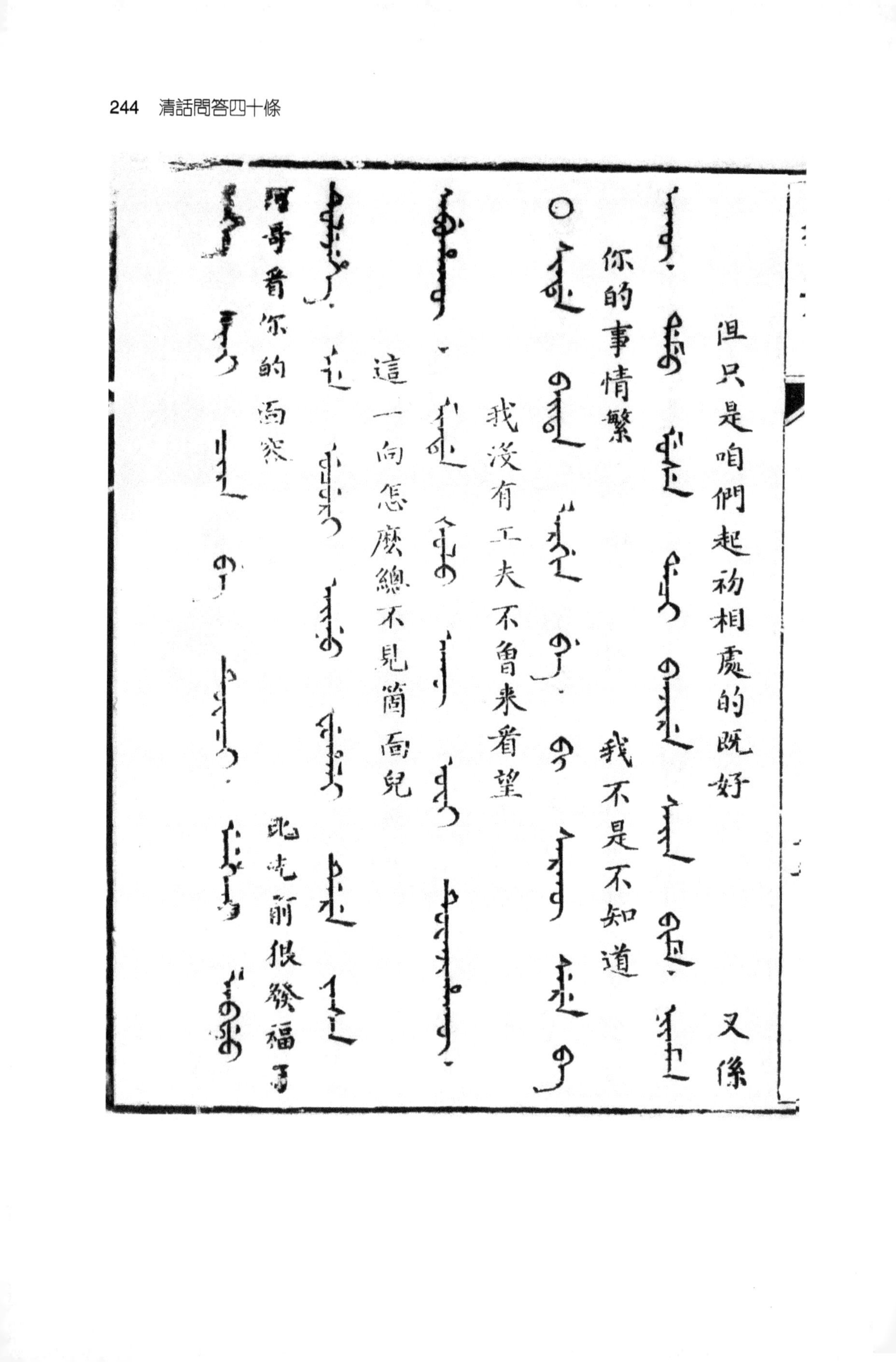

又係

但只是咱們起初相處的既好

你的事情繁

我不是不知道

我沒有工夫不曾来看望

這一向怎麽總不見箇面兒

阿哥看你的面容

比先前很發福了

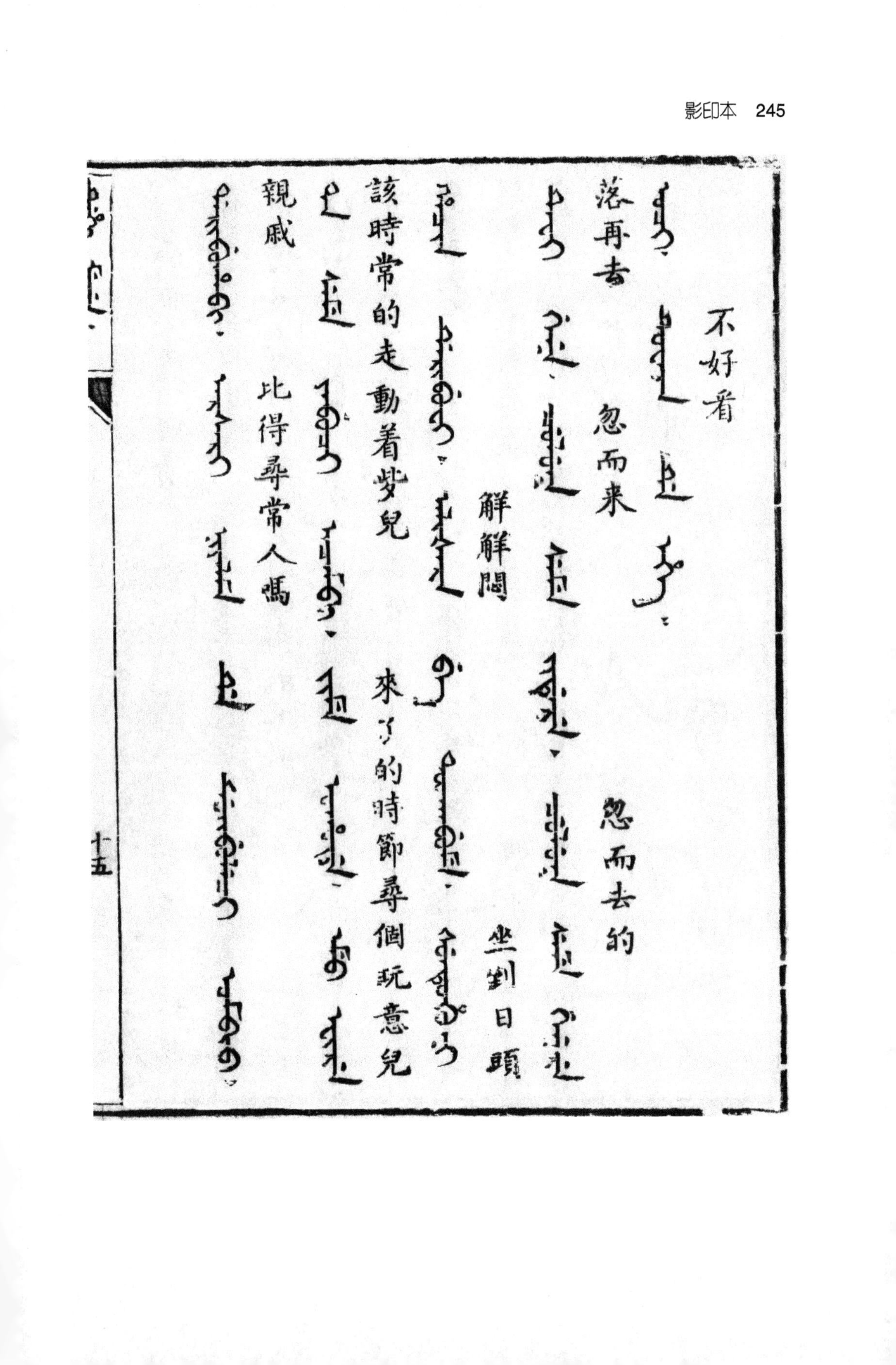

不好看

落再去

忽而来

忽而去的

鮮鮮閙

坐到日頭

該時常的走動着些兒

來了的時節尋個玩意兒

親戚

比得尋常人嗎

○今日幸得遇着 到草

○我與其名 人稱我其字

敢問尊號叫甚麼

阿哥你眼熟的狠 急忙想不起来

第十四條

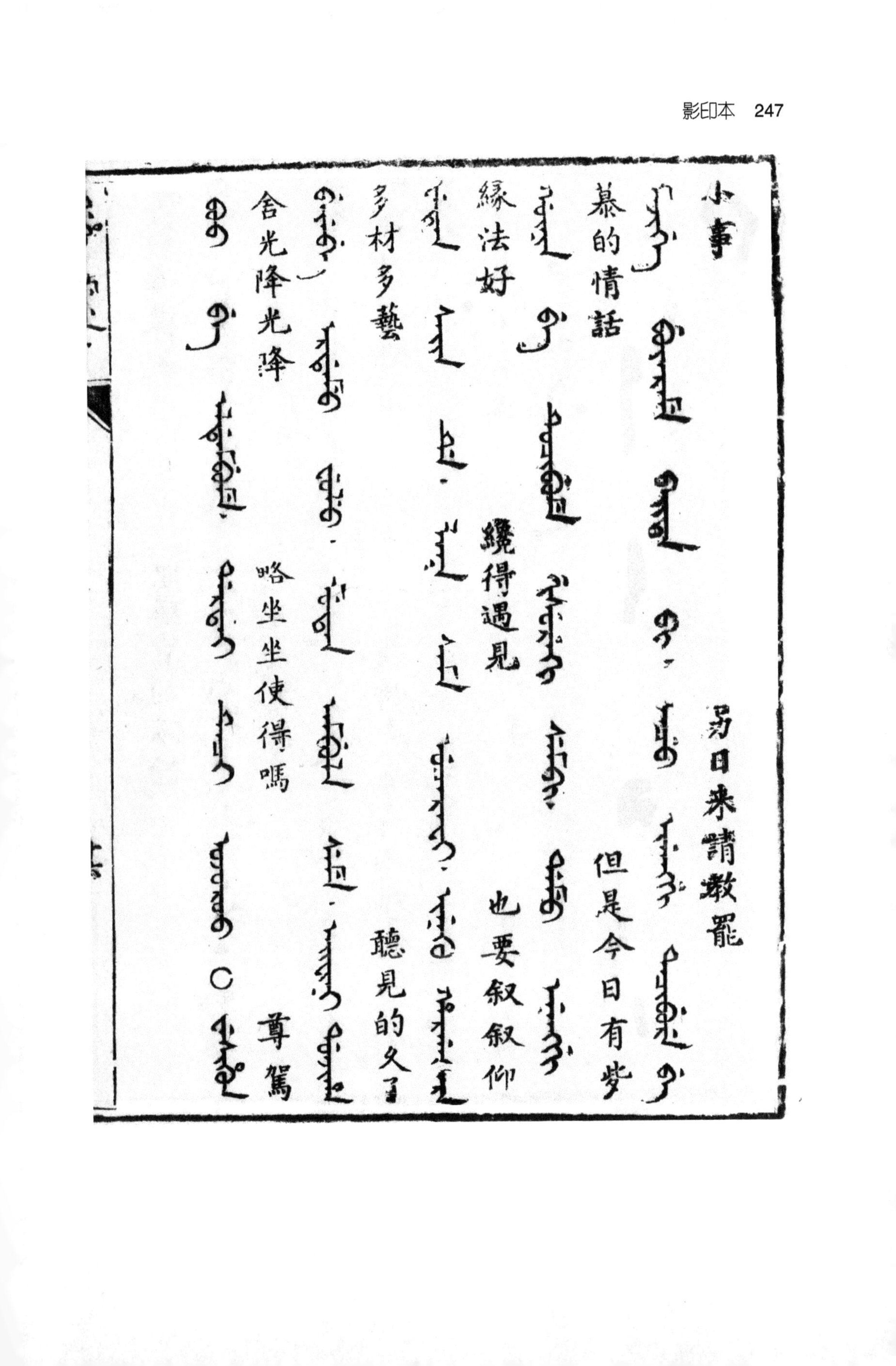

小事

另日來請教罷

慕的情話

但是今日有夢

緣法好

纔得遇見

也要敘敘仰

多材多藝

聽見的久了

舍光降光降

略坐坐使得嗎

尊駕

是箇喜像人
你稱贊的不錯

一見面就親熱
實在

阿哥因你的話上
我特去尋着見那個人来

第十五條

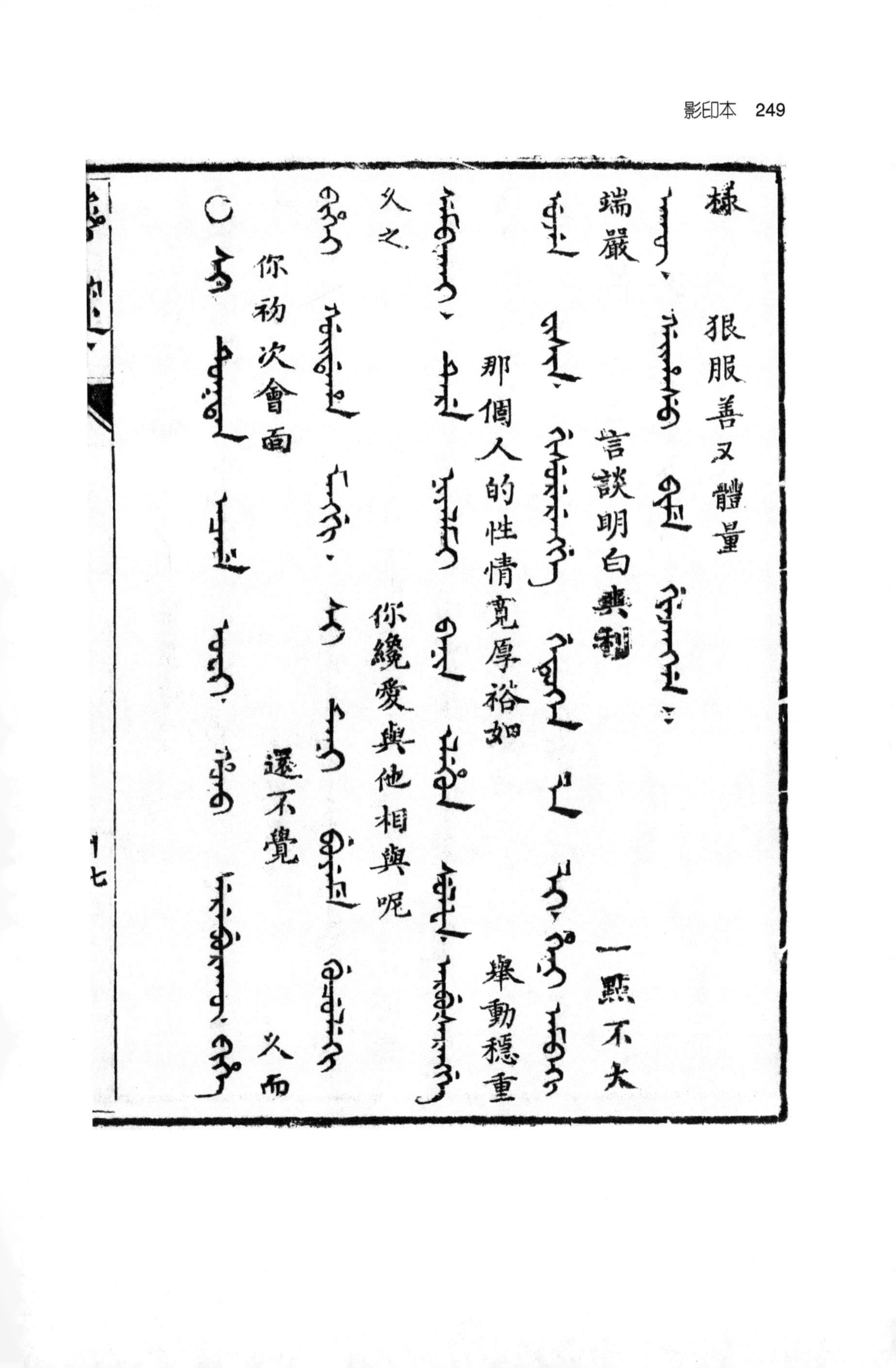

○ 你初次會面 還不覺 久而
久之 你纔愛與他相與呢
那個人的性情寬厚裕如 舉動穩重
端嚴 言談明白爽利 一點不大
樣 狠服善又體量

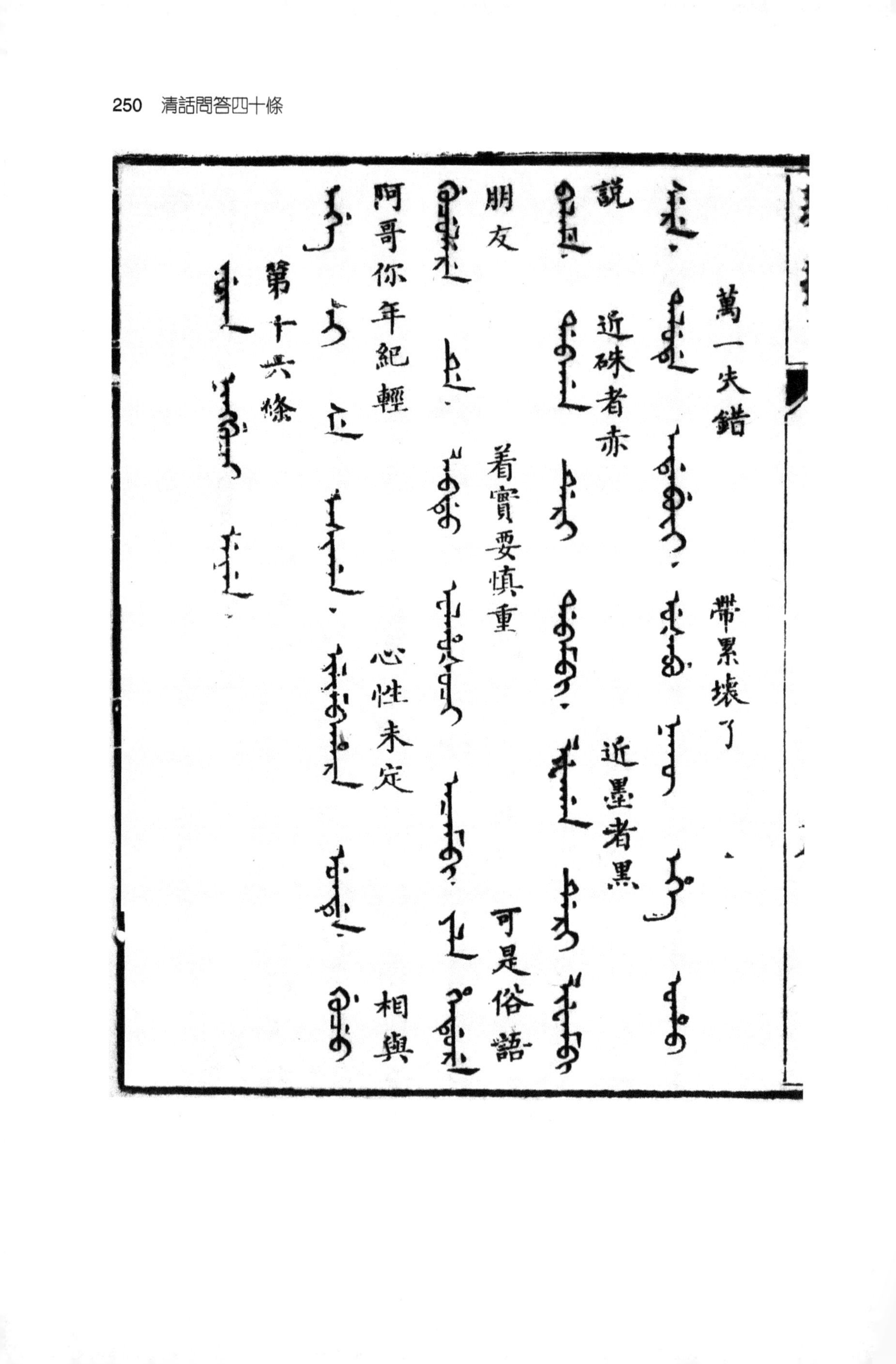

萬一失錯 帶累壞了

說 近硃者赤 近墨者黑

朋友 着實要慎重 可是俗語

阿哥你年紀輕 心性未定 相與

第十六條

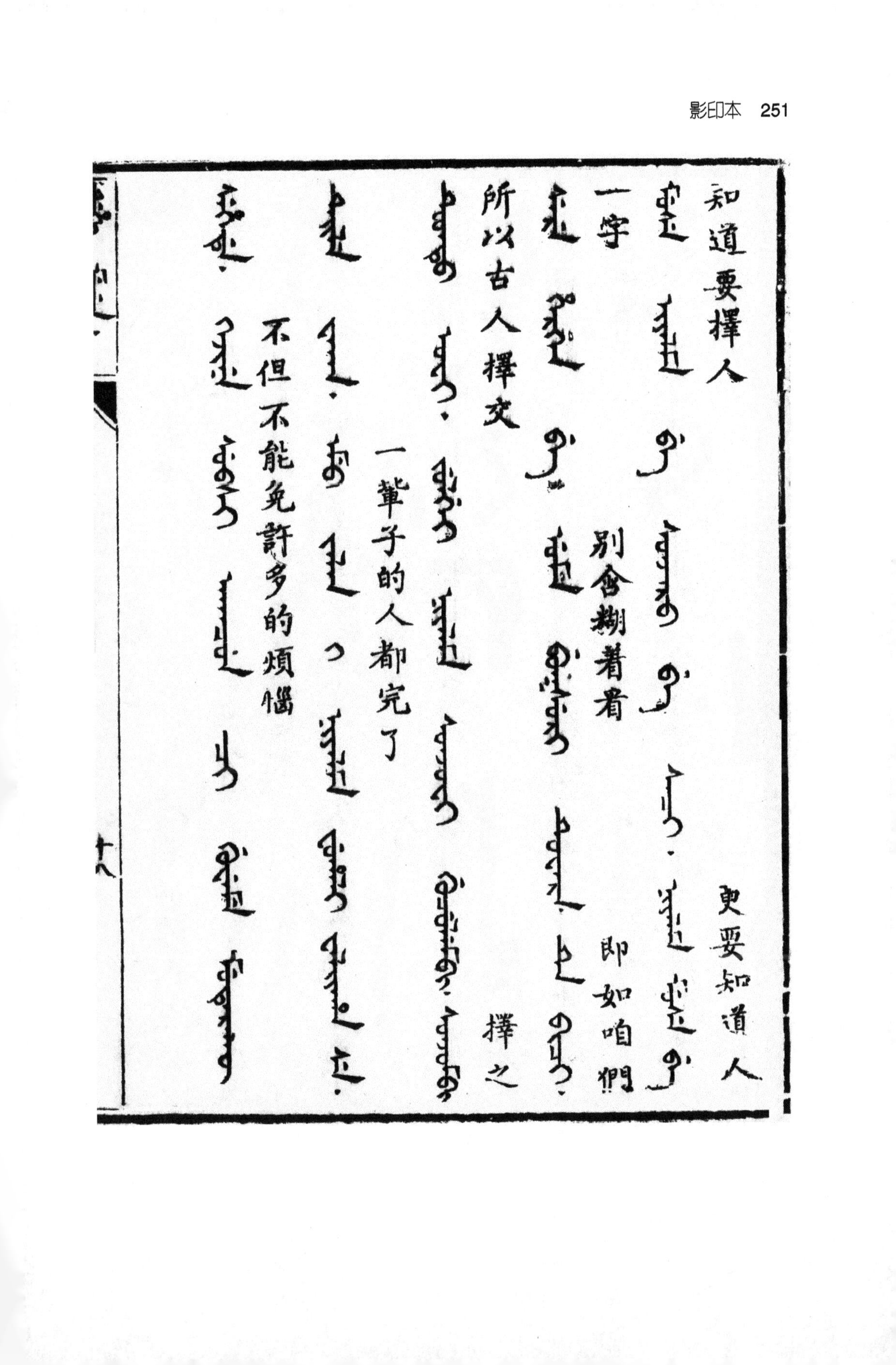

知道要擇人　更要知道人

一字　別含糊着看　即如咱們

所以古人擇交　擇之

一輩子的人都完了

不但不能免許多的煩惱

纔有益哩

再者年少的人氣盛

能彀把書上的話體行起来的

書上論相與朋友的道理頗多

忽略不得

總之朋友在五倫之内

也要擇咱們

牢記在肺腑

以為警戒

你的教訓

把我的茅塞

都開了

粗了脖子紅了臉有什麼好呢

領

相敬相愛

豈不長遠嗎

莫若不玩的好

彼此

十九

們將到 就請了來 着實

說呢 那裏的話 你不知道罷 他兄弟

你連一頓便飯 也不會給他喫 是怎麼

阿哥我聽見 那個朋友在這裏逕過

第十七條

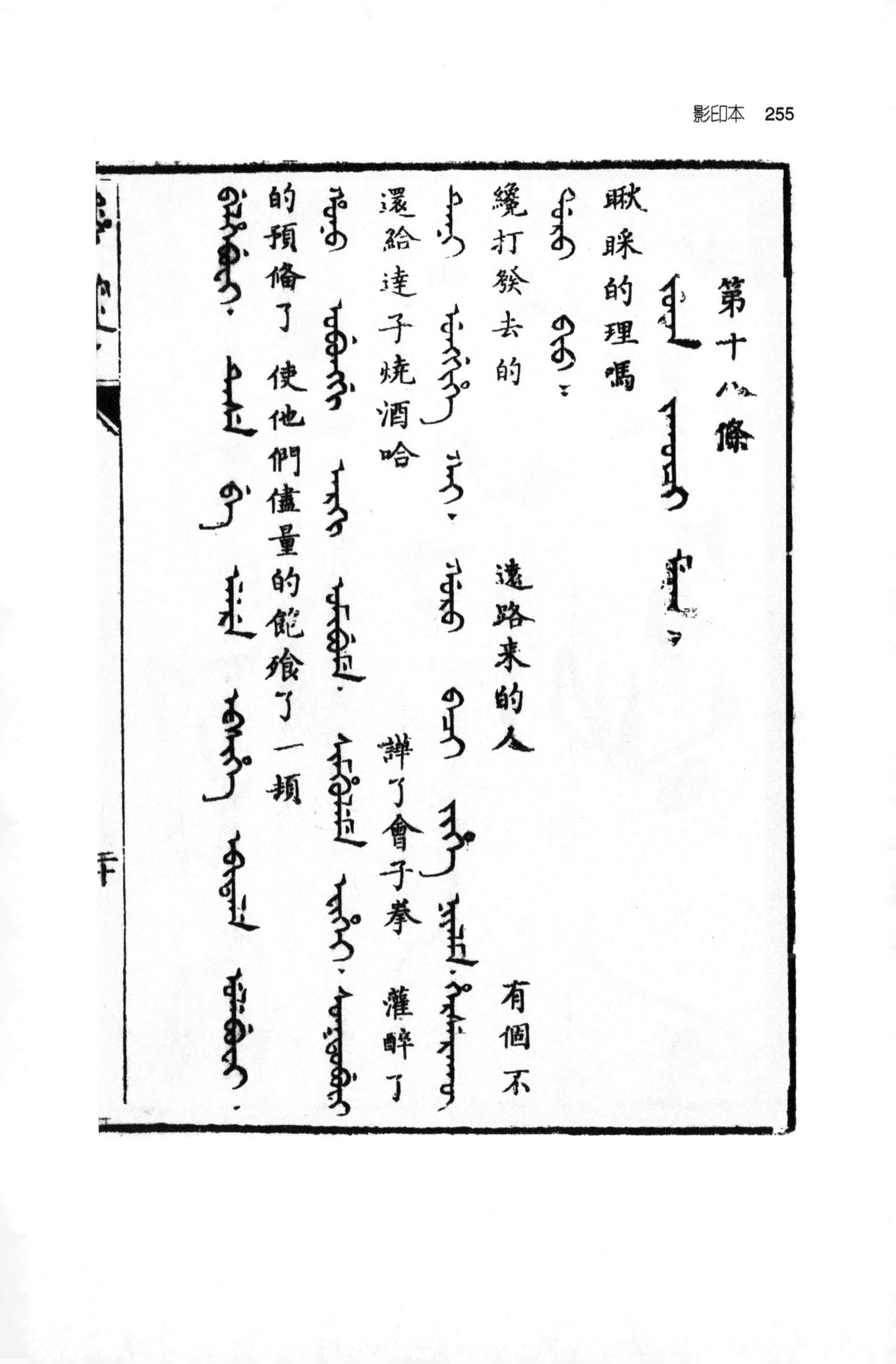

第十八條

遠路來的人有個不瞅睬的理嗎

纔打發去的

還給達子燒酒哈 譁了會子拳 灌醉了

的預備了 使他們儘量的飽飧了一頓

另是一種味道　小喫兒　各樣的

誰會說過　你家裏收拾的菜蔬

連遭口的東西　也没得喫　日前是

這一向總無箇遊行的地方

阿哥你是知道我的　我是個饞人

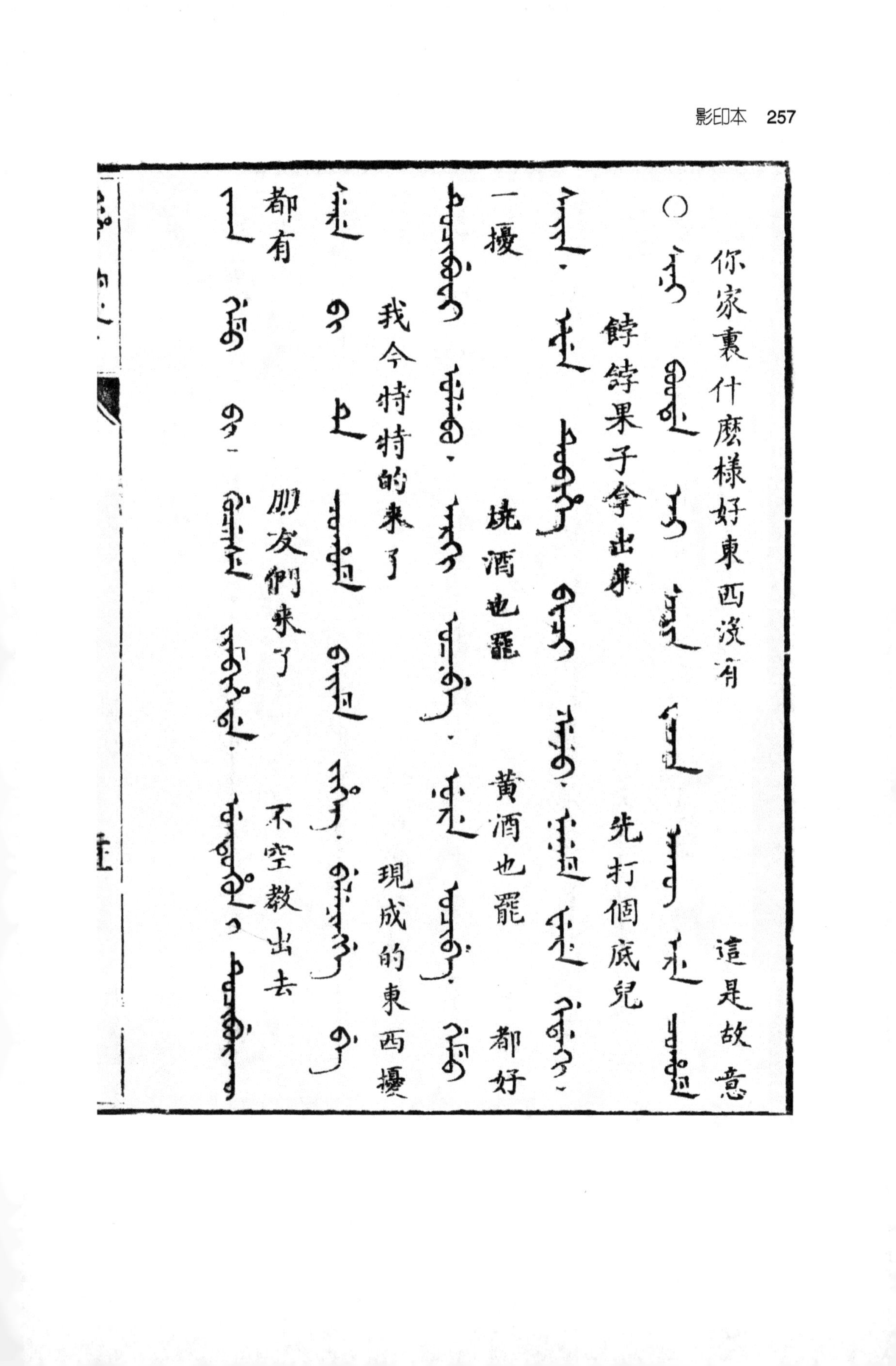

○

你家裏什麼樣好東西沒有　這是故意

餑餑果子拿出來　先打個底兒

一擾　燒酒也罷　黃酒也罷　都好

我今特特的來了　現成的東西擾

都有　朋友們來了　不空教出去

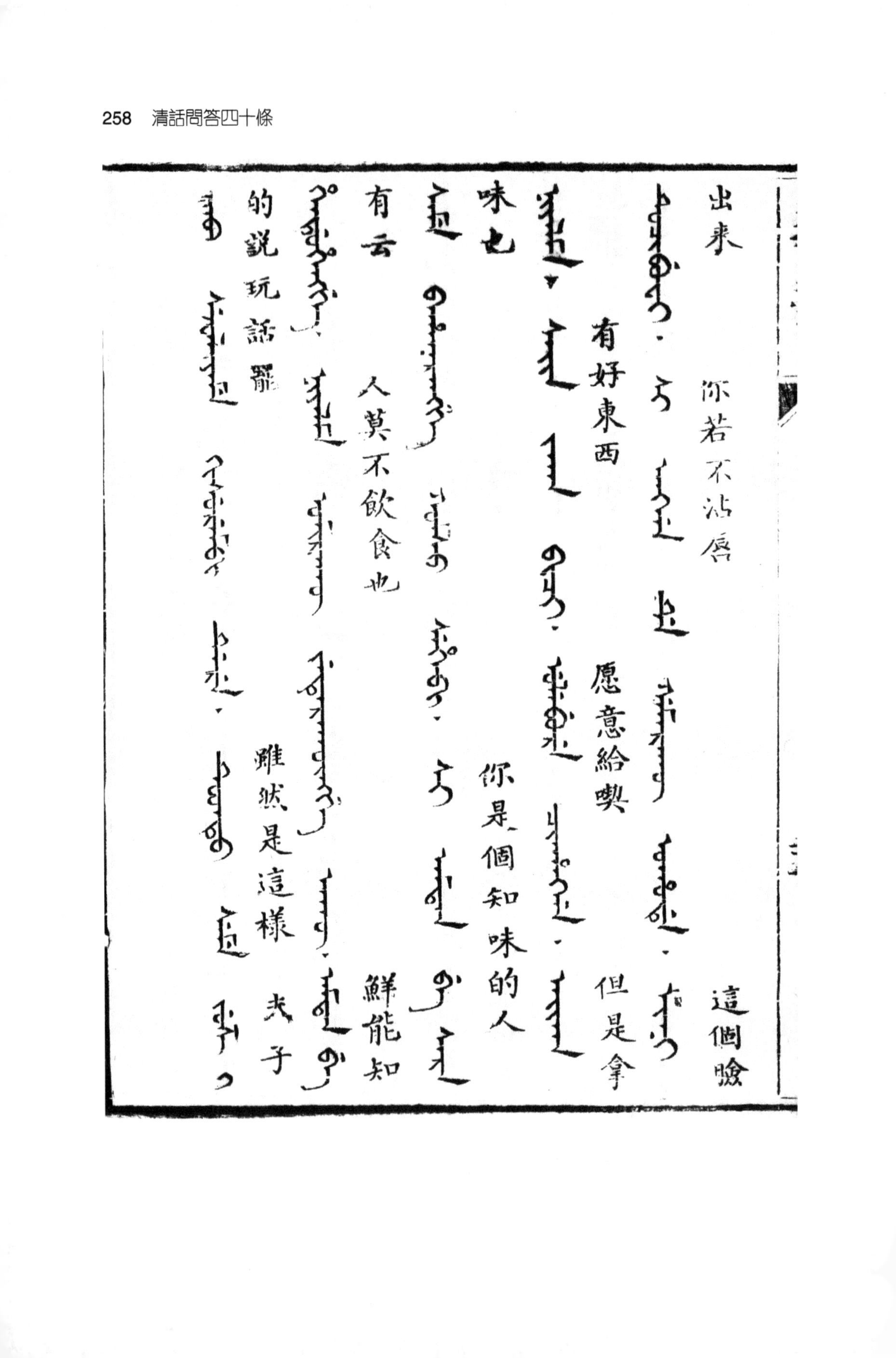

的說玩話罷
雖然是這樣
夫子有云
人莫不飲食也
鮮能知味也
你是個知味的人
有好東西
愿意給喫
但是拿出來
你若不沾唇
這個臉

来遅了一步

仗着你的愛下

有[illegible]

有些俗冗羈絆住

阿哥来的如何遅了

留席多時了

第十九條

放在那裏呢

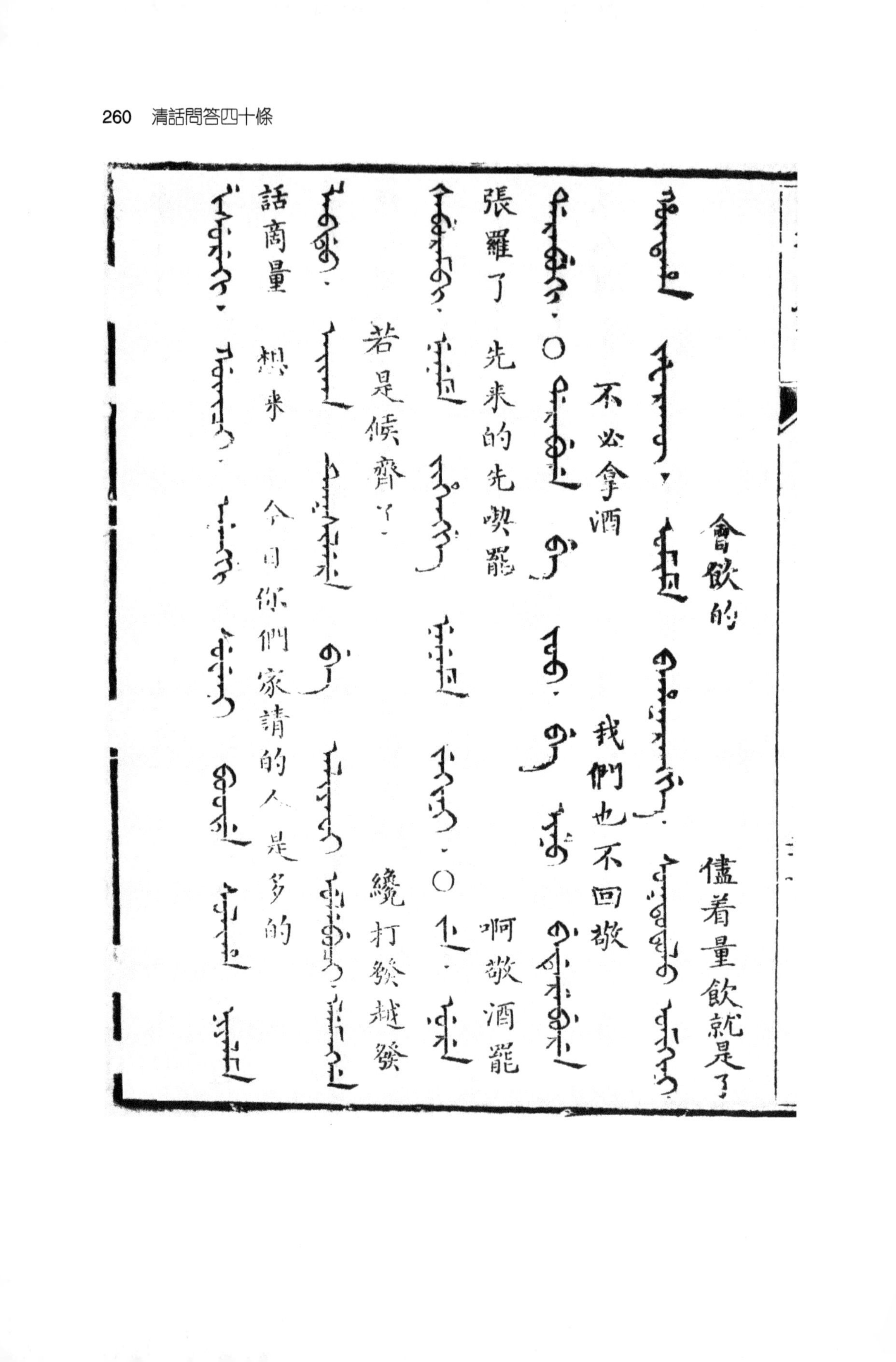

會飲的　儘着量飲就是了

不必拿酒　我們也不回敬

張羅了　先来的先喫罷　啊敬酒罷

若是候齊了　纔打發越發

話商量　想来　今日你們家請的人是多的

想是不喫

拿刀子來

自己割着喫

喫

怎麽不喫肉

若不愛喫

用些飯罷

我還用讓嗎

切麪拉麪

預備着哩

想來是有麪的

掛麪喫完了

螺螄餑餑也略嘗嘗

好喫的地方還知道

你將這蜂餻

你會割肉嗎

雖然不會割

我要喫那燎毛的

你喫煮的嗎

喫燒的呢

第二十條

餛飩扁食呢

等把這碗飯吃完了　還要嘗幾個

子來　酸奶子不用罷　粉湯空湯都端過去

我要喫那撒餻　若有黃米飯拿奶皮

還席 怎好又攪呢 你怎麼這

一来一往 領了你的情 未曾

就該来的 但是俗語説的

敬心不到了 承愛呼喚

阿哥請你去 怎麼不来 是我的

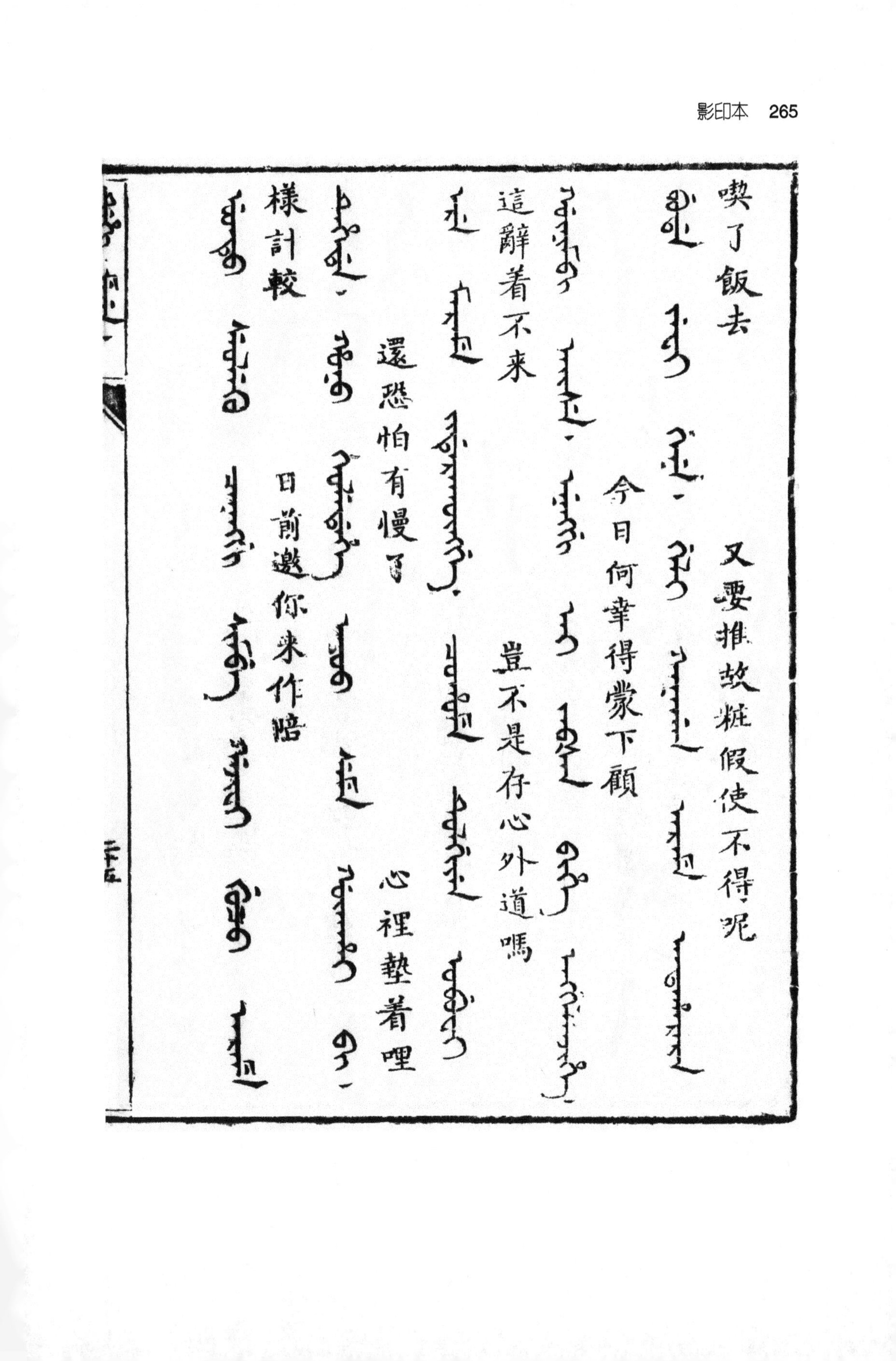

喫了飯去

又要推故粧假使不得呢

今日何幸得蒙下顧

這辭着不來

豈不是存心外道嗎

還恐怕有慢了

心裡墊着哩

樣計較

日前邀你來作陪

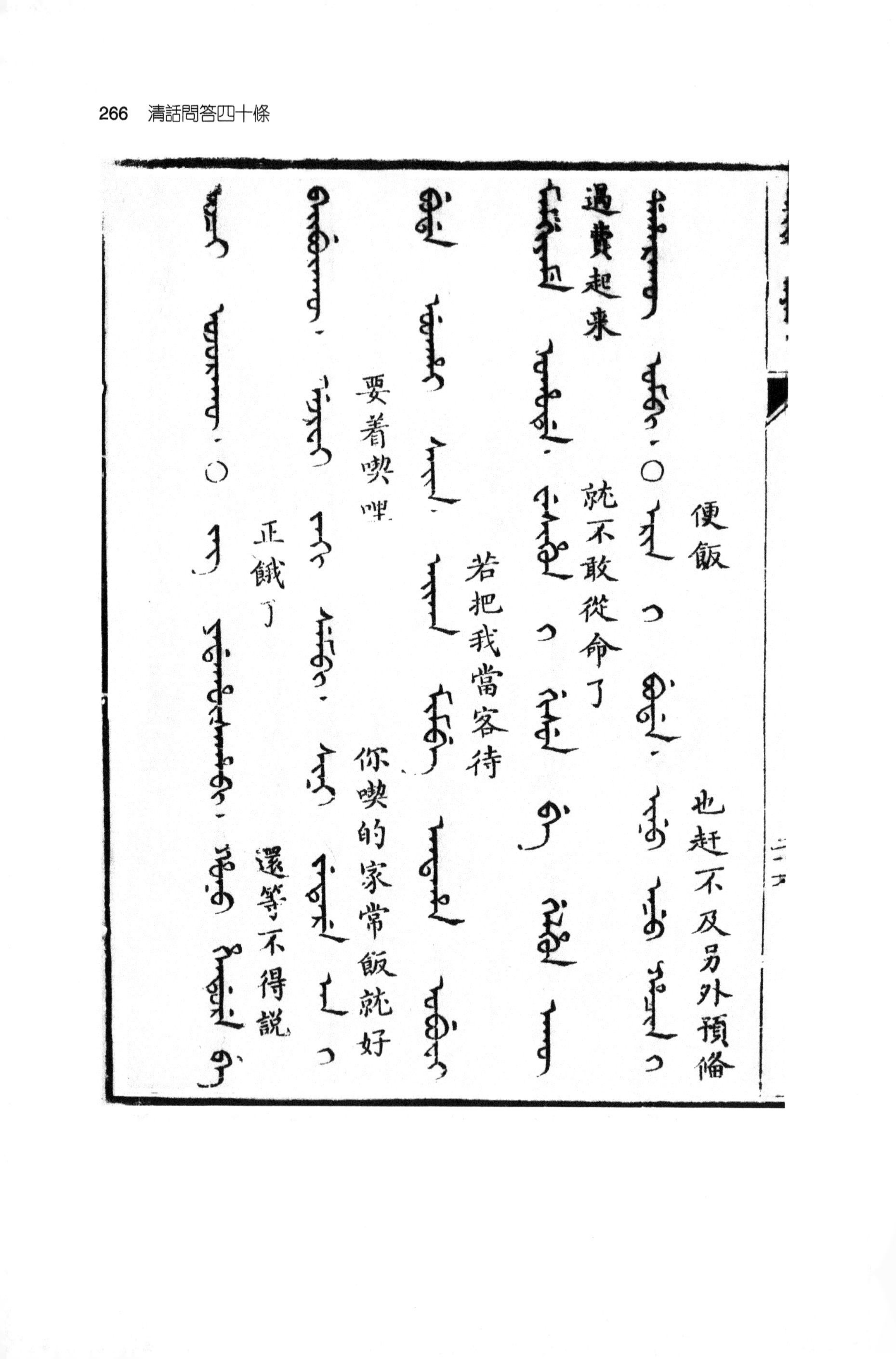

便飯

也赶不及另外預備

過費起来

就不敢從命了

若把我當客待

要着喫咧

你喫的家常飯就好

正餓了

還等不得說

可不是呢不會的久了

添了許

阿哥不會面久了

想起来就動念

第二十一條

纔得了一樣新鮮東西

収拾了嘗嘗

你来的湊巧

遣

些須的喫食東西何足當話說呢

又送花糕很費心了

中秋送月餅九月九

端午的日子送椶子

多懷惧我今特特的給你道謝來了

第二十二條

思念的時節見信如同見面了

自此以後　凡有順便　時常的帶信來

喜歡　但只是相隔的　越發遠了

聽見你越等陞了　雖然很

着狠遭擾了 除感激之外 竟無

便中寄信来 囑咐的話記下了 在這裏住

替問好 幾時到去 閤家都

代我請老家兒們的安

阿哥不强留你了 回去了

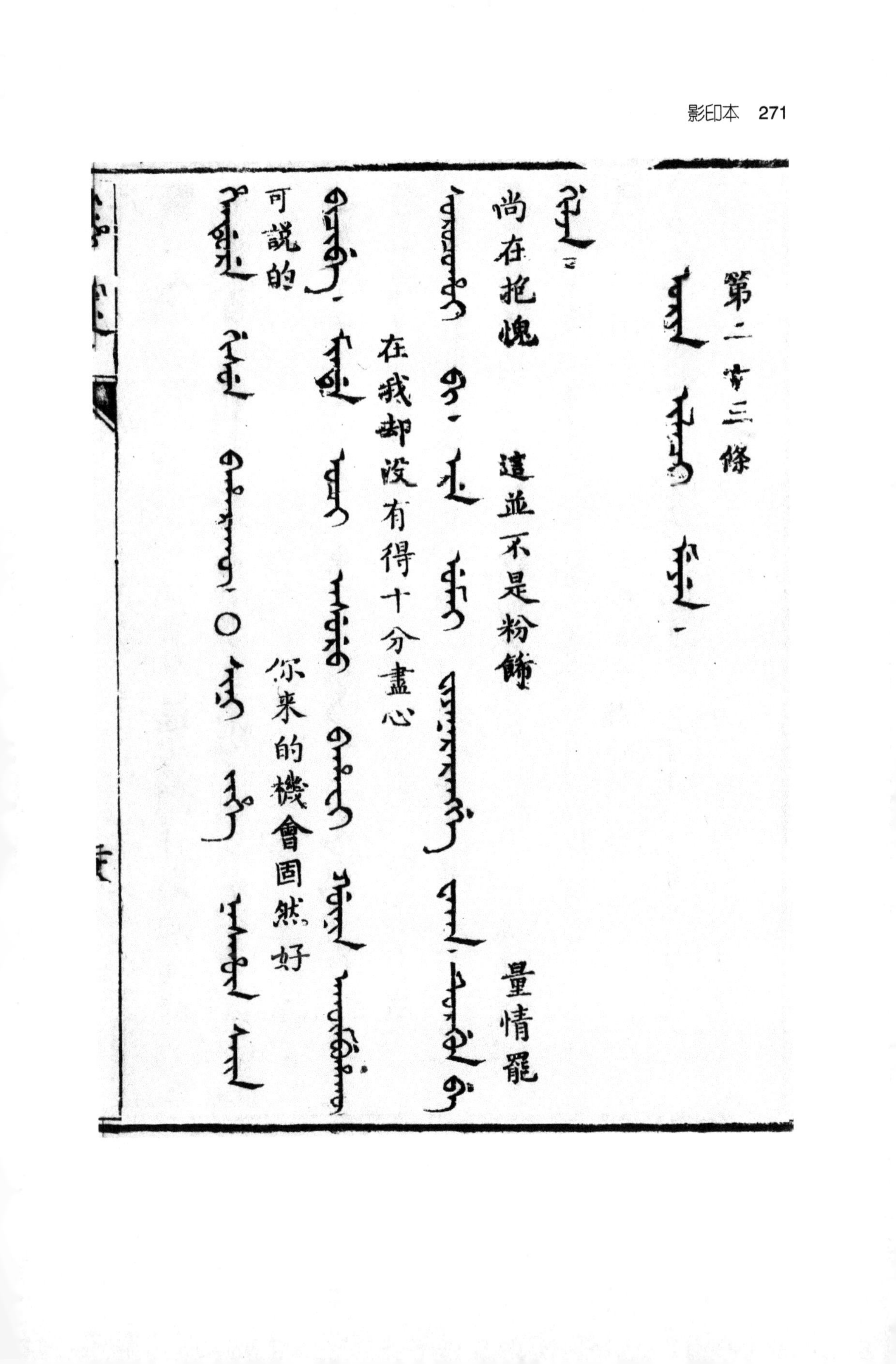

第二百三條

尚在抱愧

這並不是粉飾

量情罷

在我卻沒有得十分盡心

可說的

你来的機會固然好

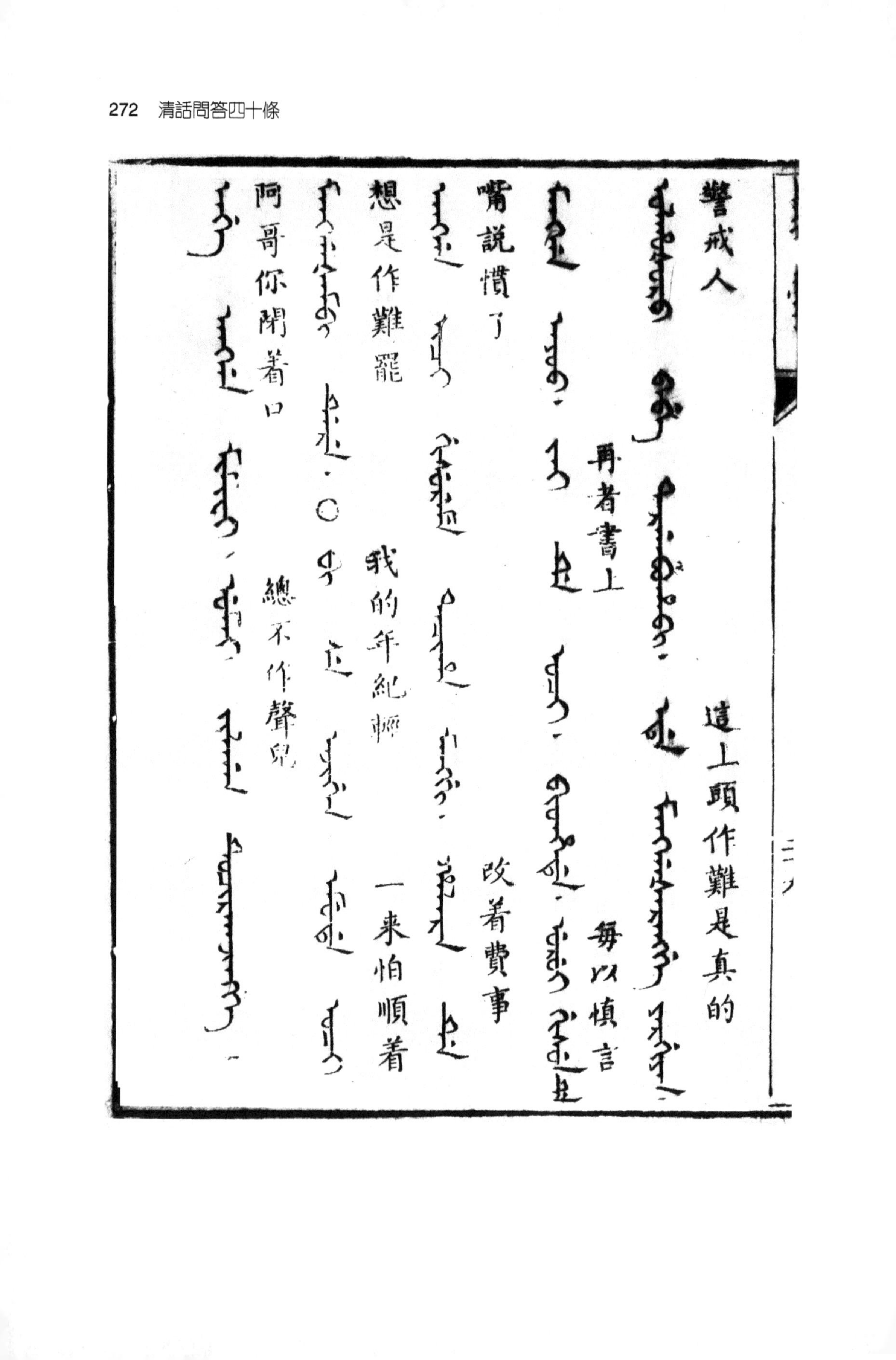

警戒人
這上頭作難是真的

再者書上
每以慎言

嘴說慣了
改着費事

想是作難罷
我的年紀輕
一來怕順着

阿哥你閉着口
總不作聲兒

第二十四條

能彀這樣敢情好哩

言必有中

子騫有云

夫人不言

你這存心可嘉

夫子贊閔

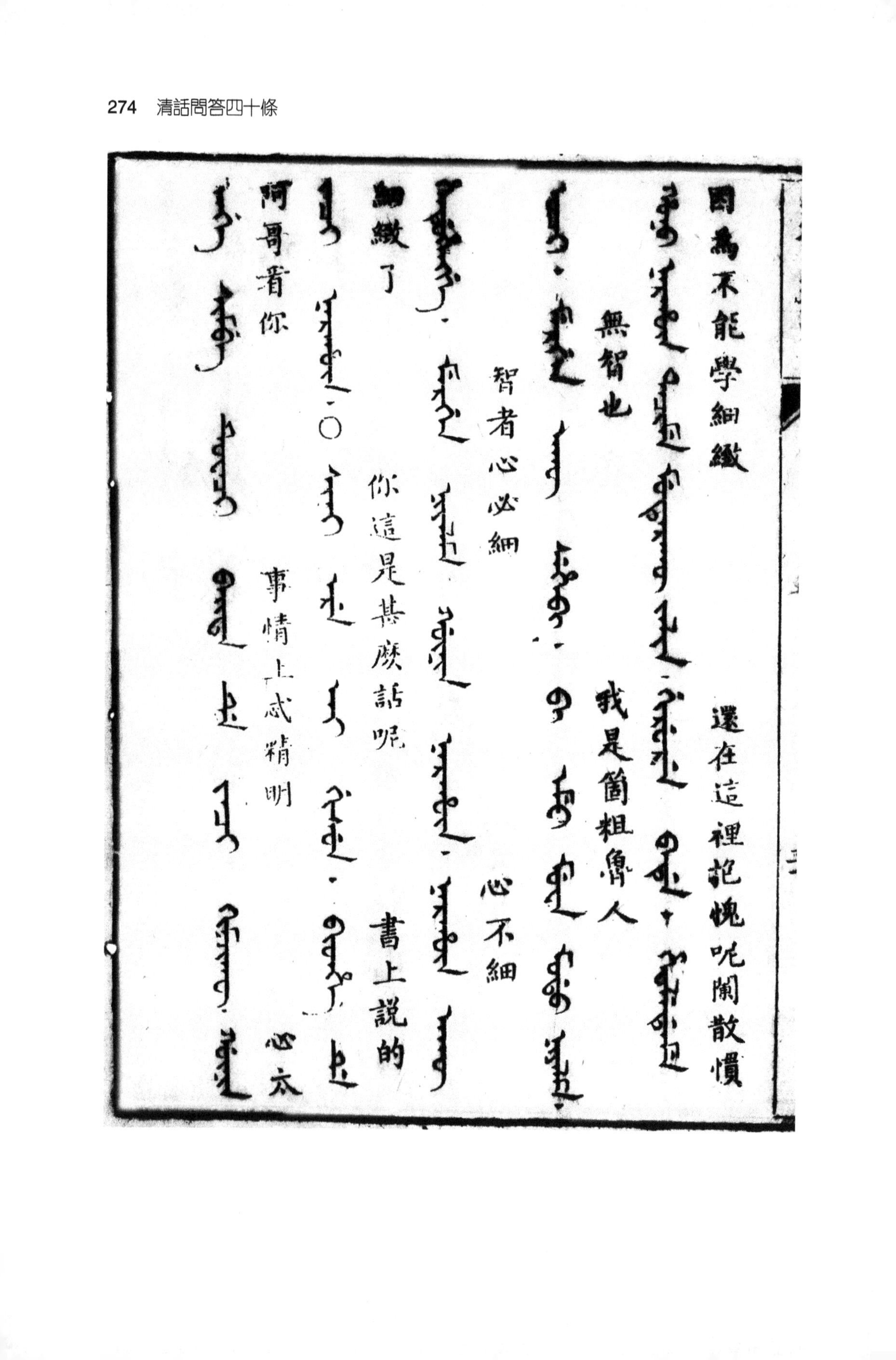

因為不能學細緻 還在這裡抱愧呢闊散慣

無智也 我是箇粗魯人

智者心必細 心不細

細緻了 你這是甚麽話呢 書上說的

阿哥看你 事情上忒精明 心太

第二十五條

若不刻薄
纔講得細緻哩

你這話說的是
但是精明人
怕刻薄

越發不堪了

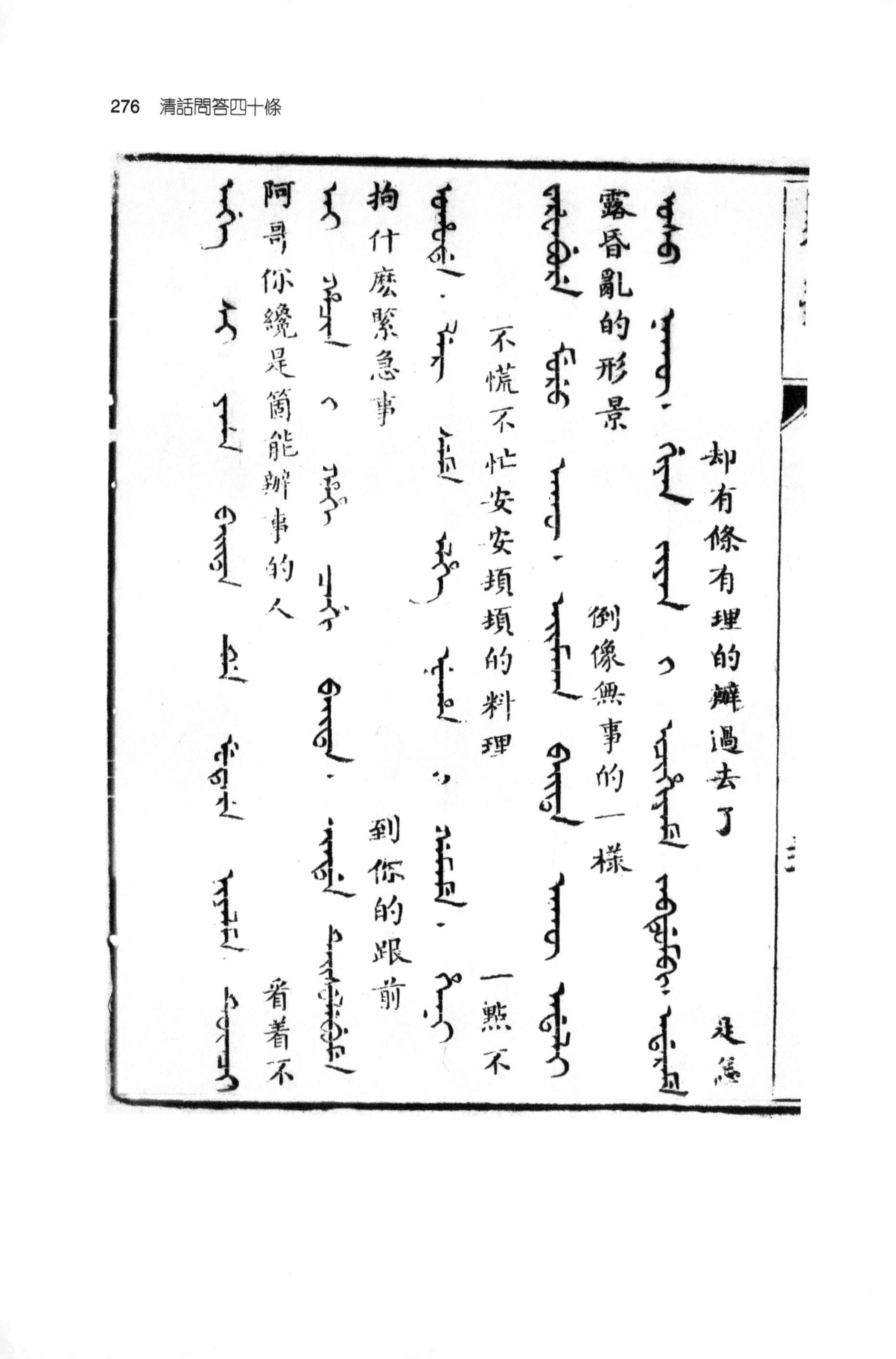

延[illegible]

却有條有理的辦過去了

倒像無事的一樣

露昏亂的形景

不慌不忙安安頓頓的料理

一點不

拘什麼緊急事

到你的跟前

阿哥你纔是箇能辦事的人

看着不

有云　水惟定　能照物

學着辦事　即如朱夫子

不過是記幾句聖賢的話

那裏　我並非是博學宏儒

樣的就能彀如此　討教

中

白紙

勉力效法着行去

這些議論

刻記在胸

只消得安詳二字

又云處天下事

心惟定

能照理

阿哥[illegible][illegible][illegible]

是個英俊雅人

第一十六條

[illegible][illegible]了主意

昏亂的事就少了

還愁不得主意嗎

而然的知識就添了

遇着事情

小人之過也必文

平常的人呢

子夏有云

何況是

過獎罷了

聖賢還不能無過

總沒有什麽過失錯處

承你的愛

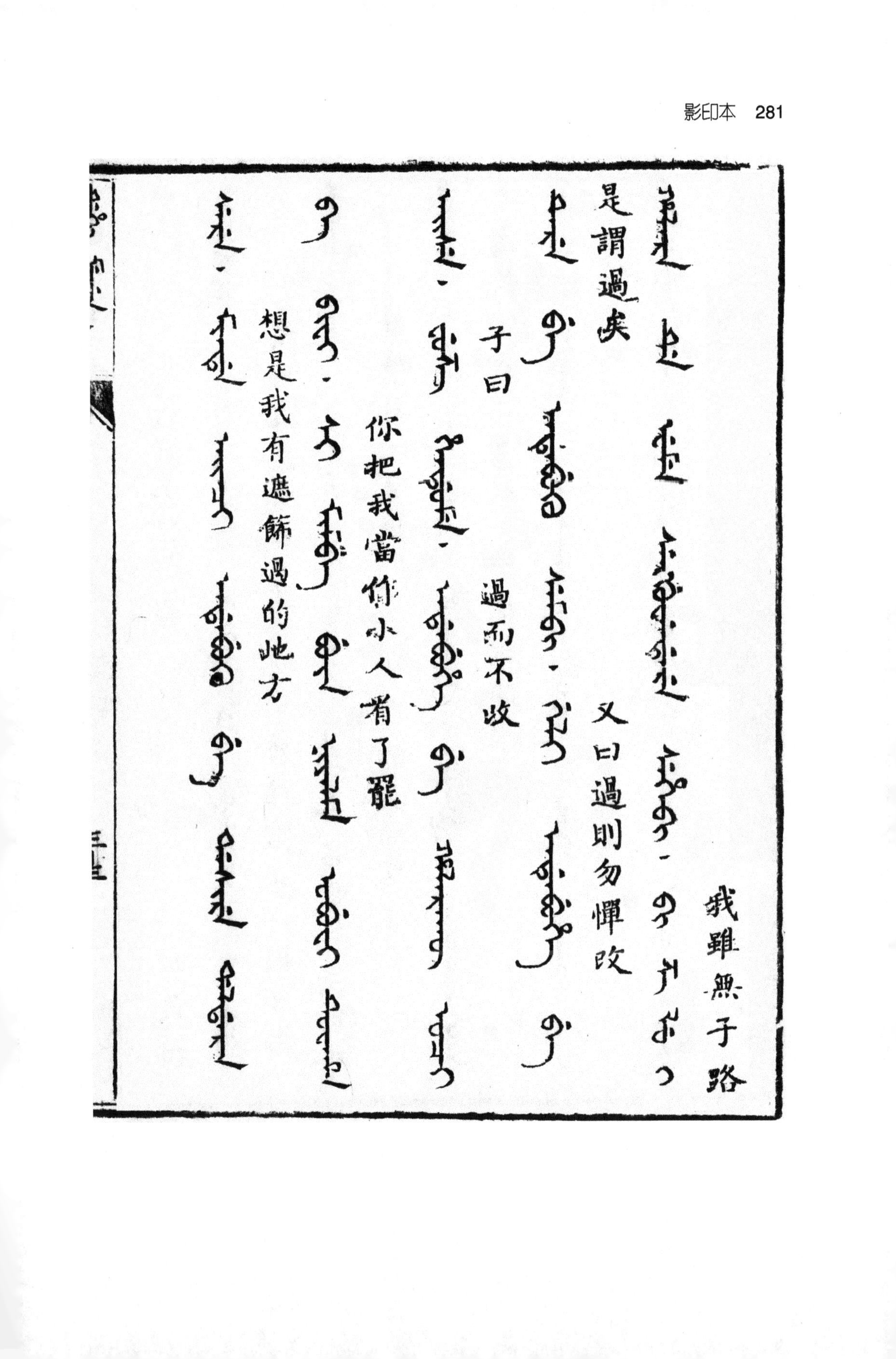

我雖無子路

是謂過矣

又曰過則勿憚改

子曰

過而不改

你把我當作小人看了罷

想是我有遮飾過的地方

只將好話兒對那 明是把

這倒是疼愛我了 若在虛文上用工夫

果肯開心見腸 認真的匡正

也還沒有露出惡跡不舒服的臉嘴來

鬧過則喜的賢能

說你有時謙遜　有時大樣

阿哥有議論你的　怎樣議論

第二十七條

但不感激　且還虧心哩

我不算在朋友之列了　我不

恭近於禮

遠耻辱也

是説不盡的

但是有子有云

謙遜的好處多

的

謙受益

滿招損

我如何敢大樣呢

書上説

他若把莊重當作大樣

不是怪那議論的人

輕佻妄動

反被人看輕了

不以誠待之

不以禮節之

舉止

若是不莊重

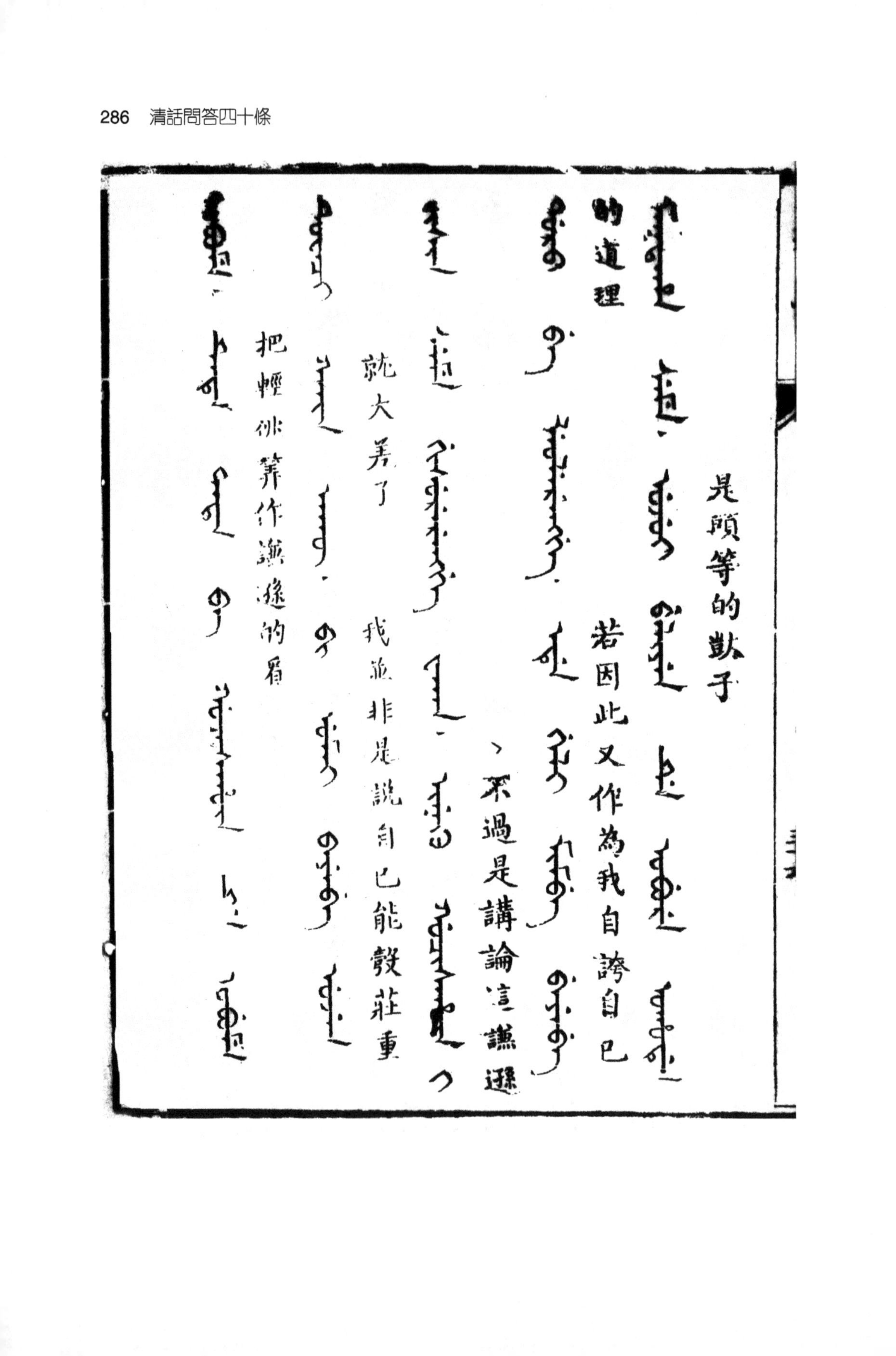

是頭等的獃子

若因此又作為我自誇自己的道理

、不過是講論這謙遜

就大差了

我並非是說自己能彀莊重

把輕佻算作謙遜的看

以熟練簡明爲貴 話若鎖碎絮

没有聽見嗎 況且說滿洲話

阿哥你怎麽這樣嘮叨 言多語失的話

第二十八條

怎麽處呢

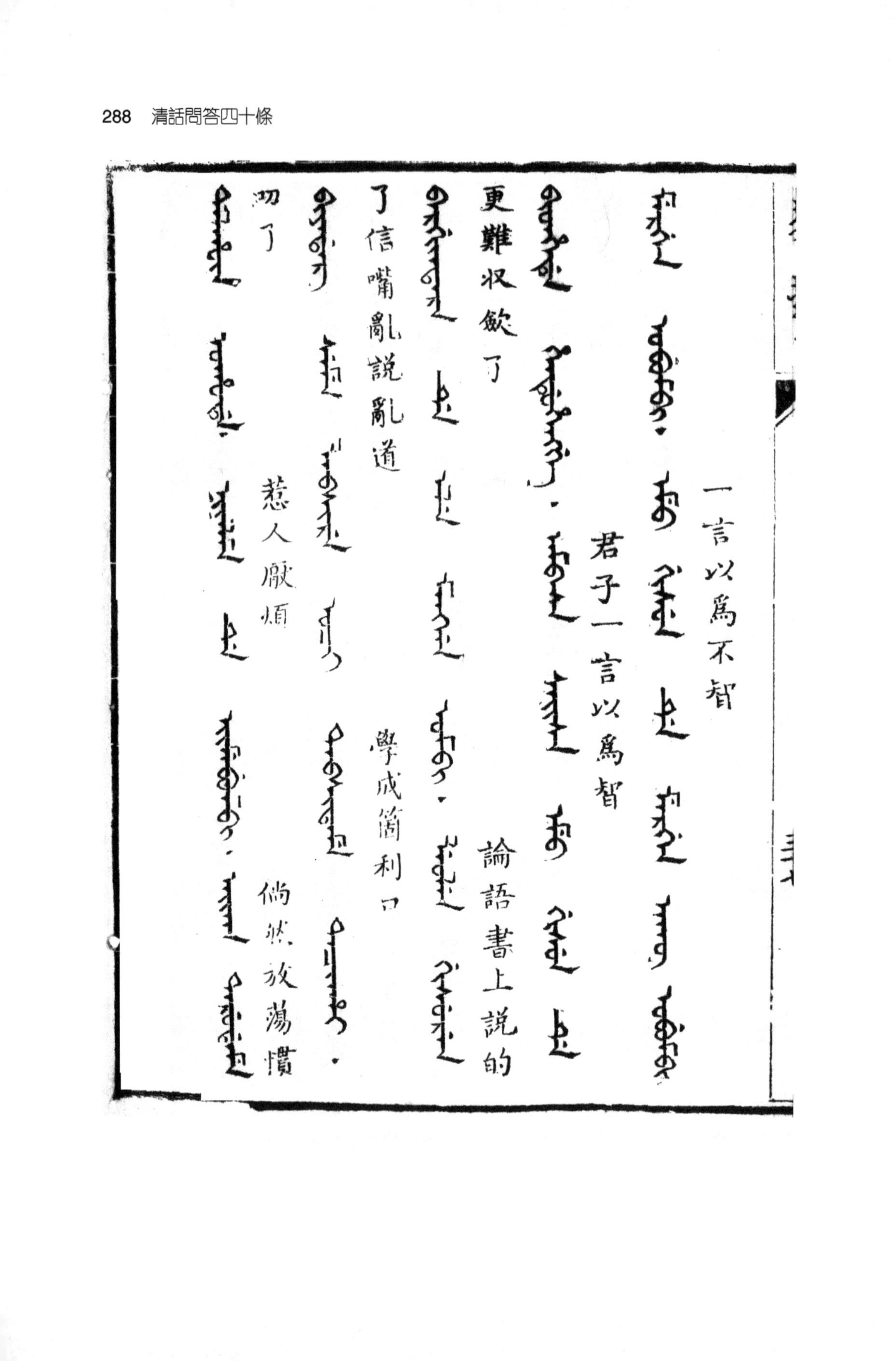

沏了

惹人厭煩

倘然放蕩慣

了信嘴亂說亂道

學成個利口

更難收歛了

論語書上說的

君子一言以為智

一言以為不智

阿哥只是我好説話兒將就罷了

第二十九條

是給你釘子掽了見恠

若愛惜自己發狠的改纔是別説

言不可不慎也你

素蒙疼愛　可以寬恕嗎　不然

我的不是　休和我一般見識

了你　倒不曾慮到　冒撞了兄

肯容讓嗎　那一句話上　竟得罪

若是別人　你這箇敎摔

第三十條

在別人豈不懷恨嗎

若是指東說西的譏誚

在我是不思量的

過失

當面數落使得

朋友有責善之道

我有

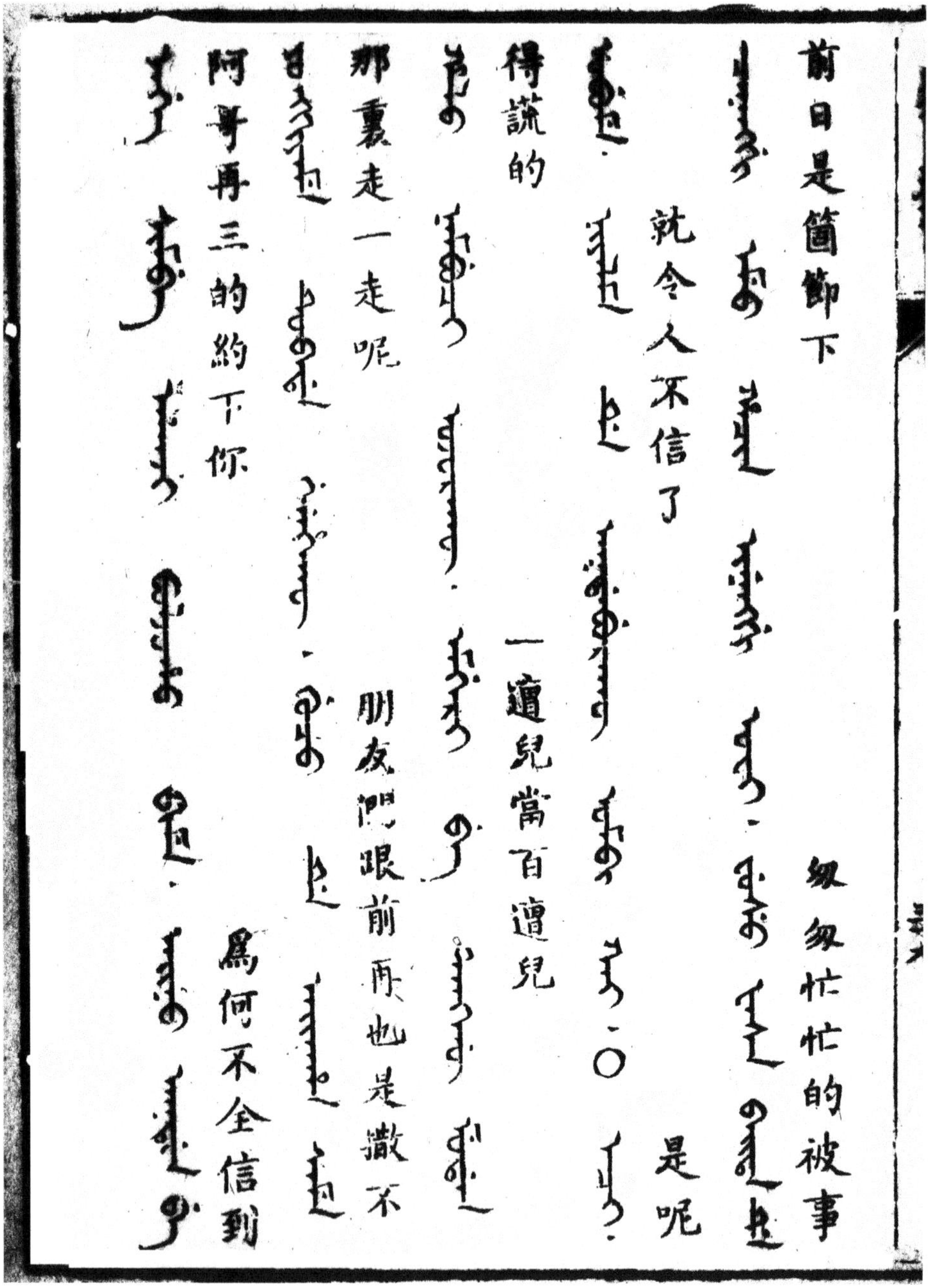

前日是箇節下

匆匆忙忙的被事

就令人不信了

是呢

得謊的

一遭兒當百遭兒

那裏走一走呢

朋友們跟前再也是撒不

阿哥再三的約下你

爲何不全信到

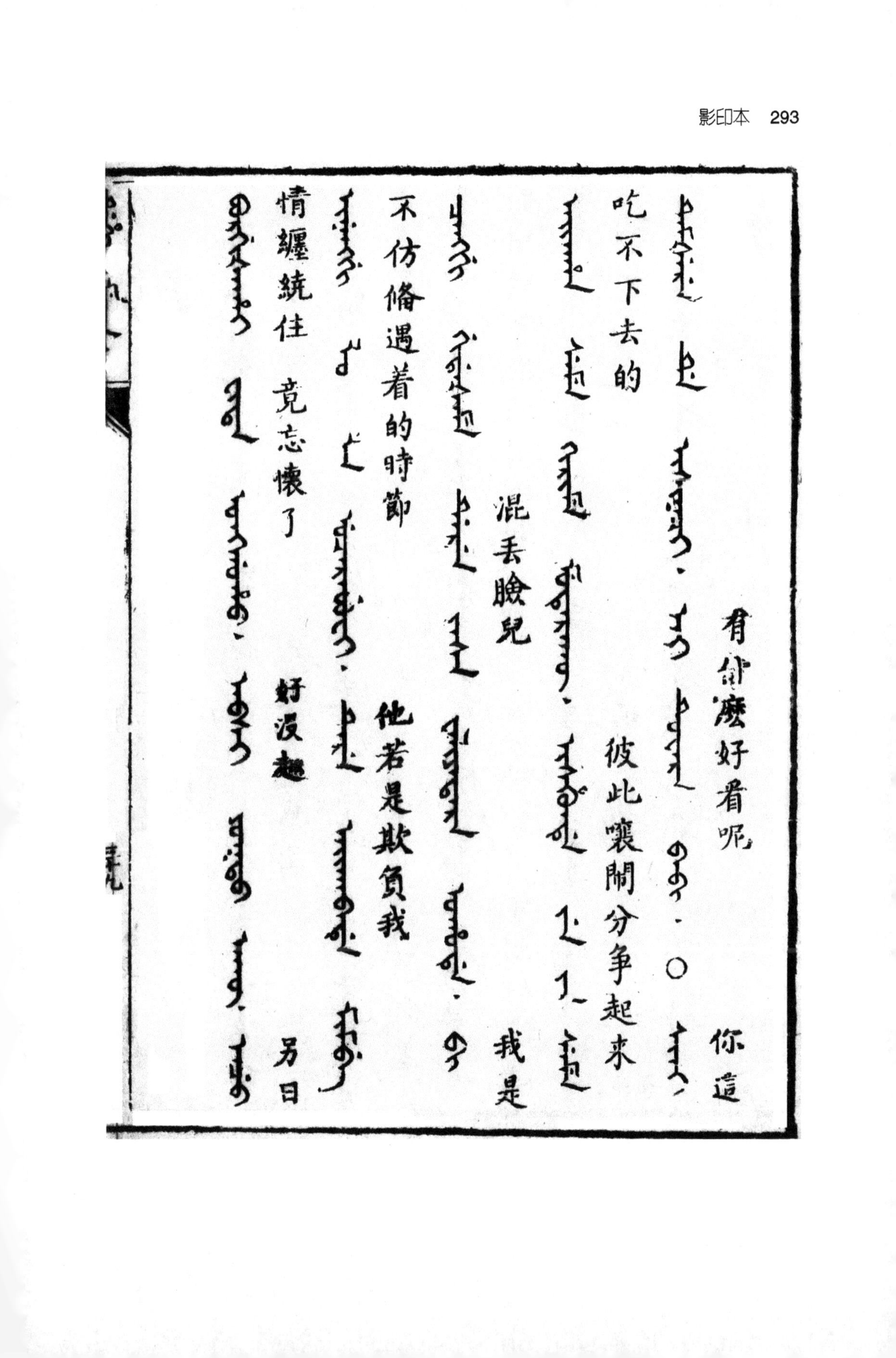

有什麼好看呢 你這

吃不下去的 彼此嚷鬧分爭起來

混丟臉兒 我是

不仿倘遇着的時節 他若是欺負我

情纏繞住 竟忘懷了 好沒趣 另日

嘗言說的
能忍人之不能忍
只是千忍萬忍
憑他怎
樣搶白
的為高
世間頭等的聰明伶俐
不及那忍耐儘讓
古語不曾聽見嗎
話就不是了

個反求諸巳行去
沒有尋趣的分兒
裡扒結 人家的動作
管他作什麼 只是
咱們為什麼不往能彀
乃是至論
能彀的人
自古來是稱贊的
纔筭得恐

不盡呢　怪的理也有嗎　況且俗

豈有此理　承愛教導　還感激

阿哥我勸你的上頭　不要見怪

第三十一條

能彀怎麼樣呢

還聽見来

以爲你是個直朋友滿心裡敬服

損者三友的話

四書上

益者三友

者清

我雖然無知識

語說的

當局者迷

傍觀

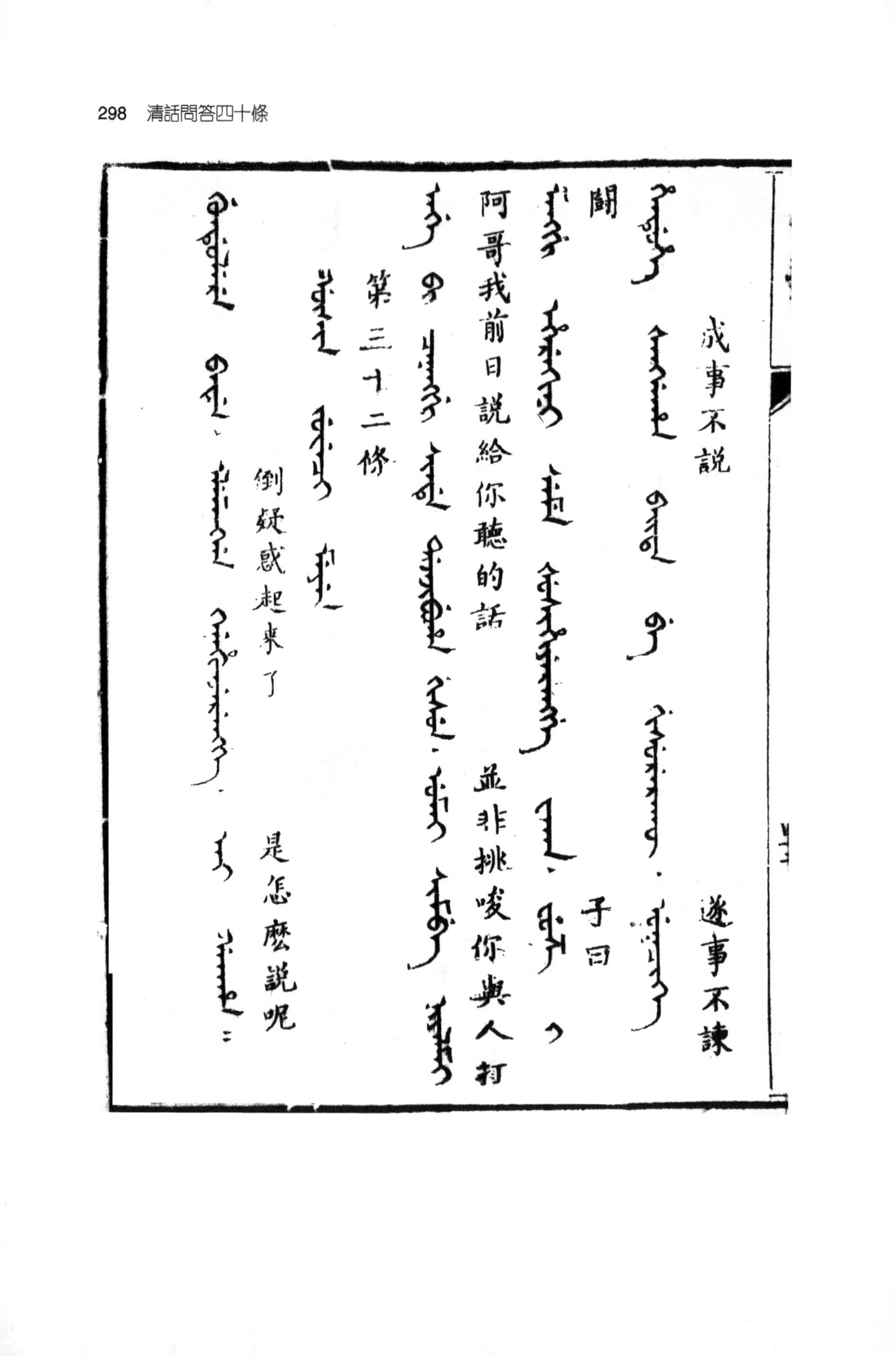

成事不說 遂事不諫

子曰

闕

阿哥我前日說給你聽的話 並非挑唆你與人打

第三十二條

倒疑惑起來了 是怎麼說呢

纔肯不避嫌疑

教導

總而言之

你疼我的心切

不得不然

覺着不提白提白

耐不住

不是不知道的

但是我在你的分兒上

既往不咎這話

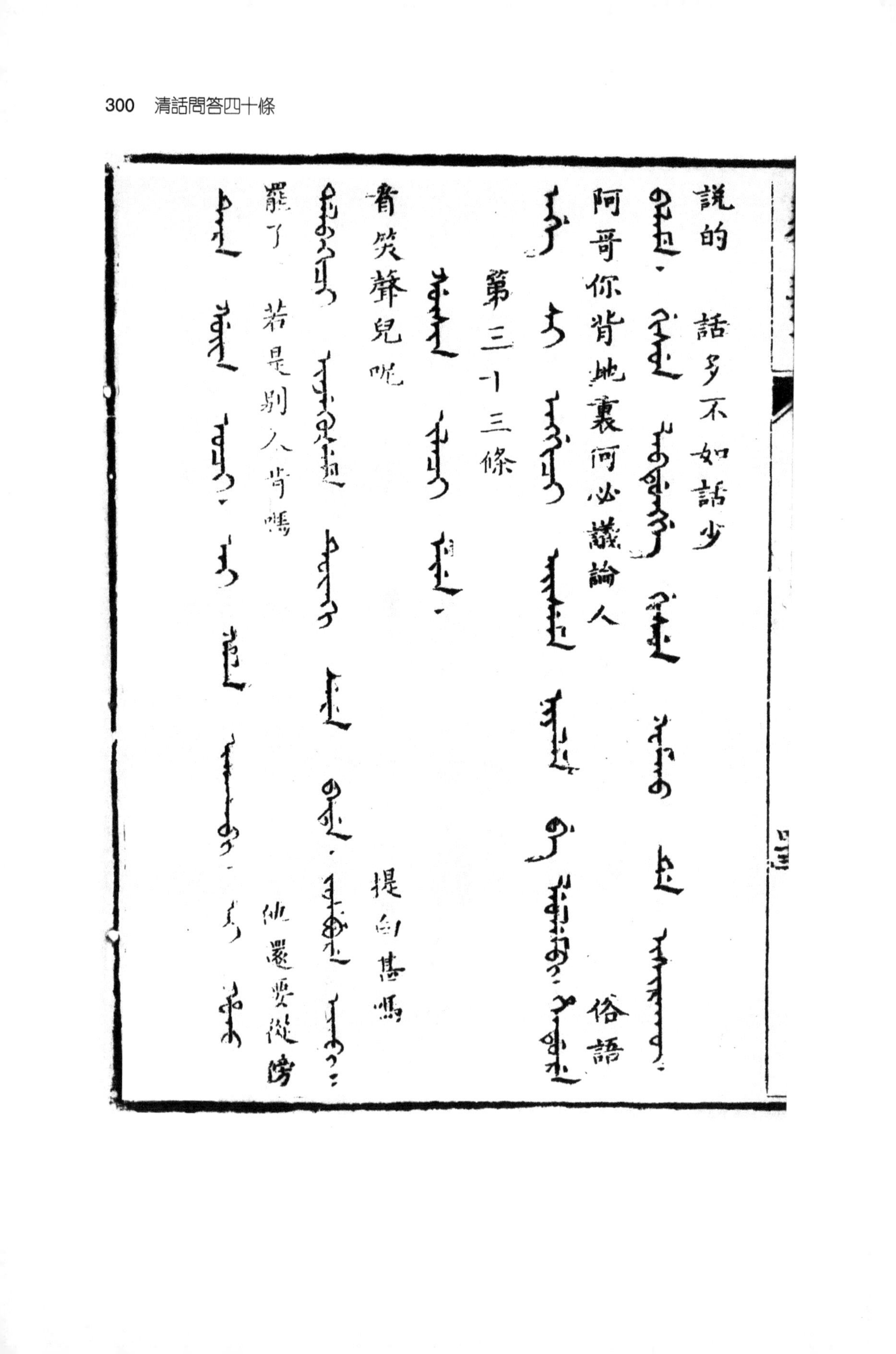

說的　話多不如話少　俗語

阿哥你背地裏何必議論人

第三十三條

背笑聲兒呢　提他甚嗎

罷了　若是別人背嗎　他還要從傍

你兩箇不聽　纔知道

不是話他人的短

提起來說說特求教正

不曾聽見嗎　我因為沒有認人的本領

話少不如話好

你是個有眼色的人

把我的話思索

自新莫問前非

改常不言舊好

一讓兩有

嘗言說的

斷然是這樣

一爭兩醜

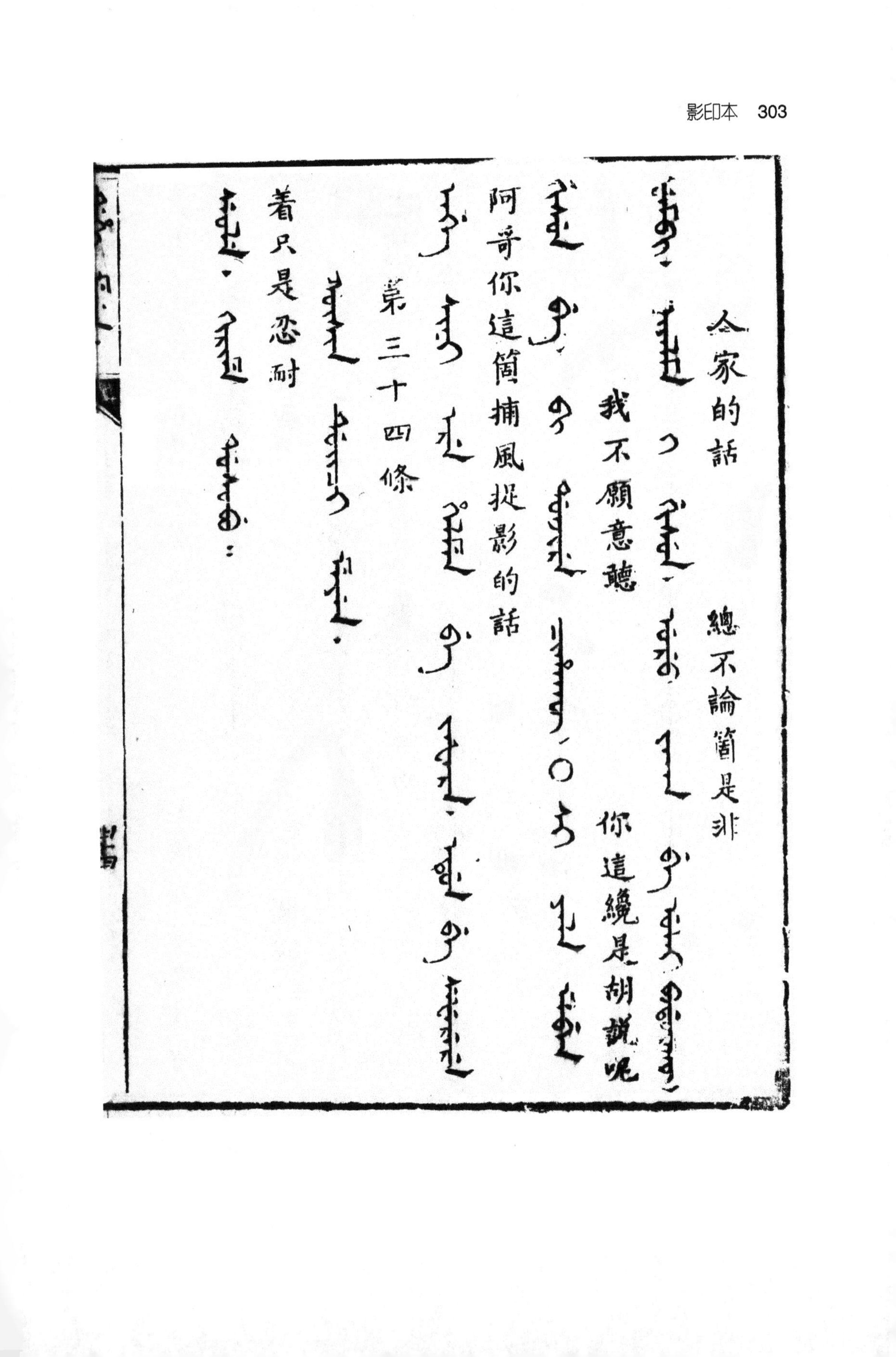

公家的話 總不論箇是非

我不願意聽 你這纔是胡説呢

阿哥你這箇捕風捉影的話

第三十四條

着只是忍耐

孔夫子有云不曾聽見話　如有周公之才之

你總是藐視人　有些驕縱的光景

事情的底裏　怎得明白呢　看起來

果有情節　含糊過去

強派着僝作謊謬使得麽　若人家

就愚見所及　據白着說了

卻有益處　仗着素日交好

我的話雖不中聽

其餘不足觀也已

美　使驕且吝

怒来多無理之語

就動起氣来怎麼說呢　古人說的

阿哥你的情性倒是和平的　那一句話上

第三十五條

莫要思量

就僥倖了

開示教導

狠多謝了

不服順

你是讀書的人

把我這數話

着急躁

過後討箇沒趣

喜後多矜誇之言

當下心

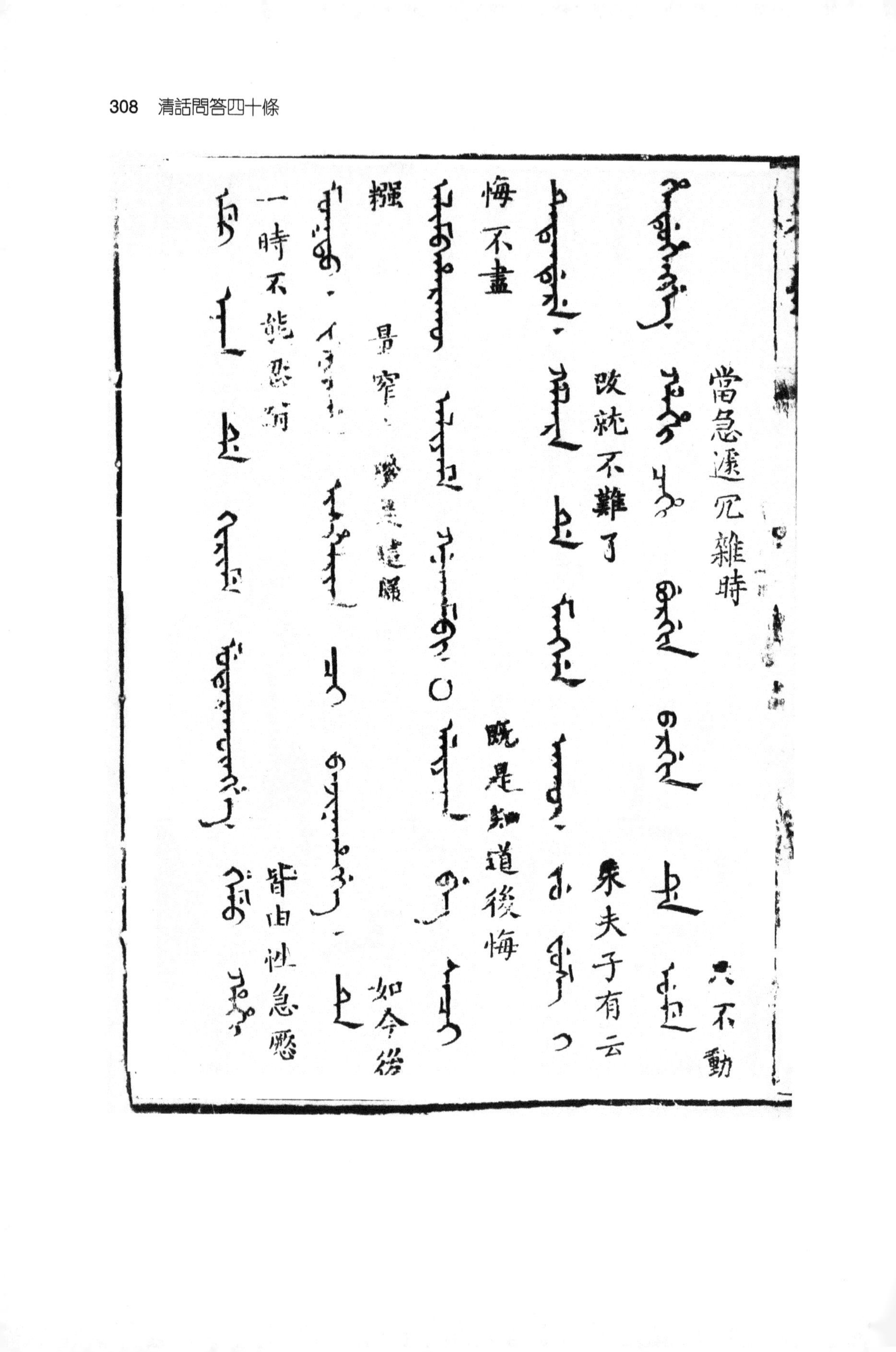

當急遽冗雜時

只不動

改就不難了

朱夫子有云

悔不盡

既是知道後悔

糨

暑窄、嘮黑嗑嗾

如今俗

一時不能忍耐

皆由性急麽

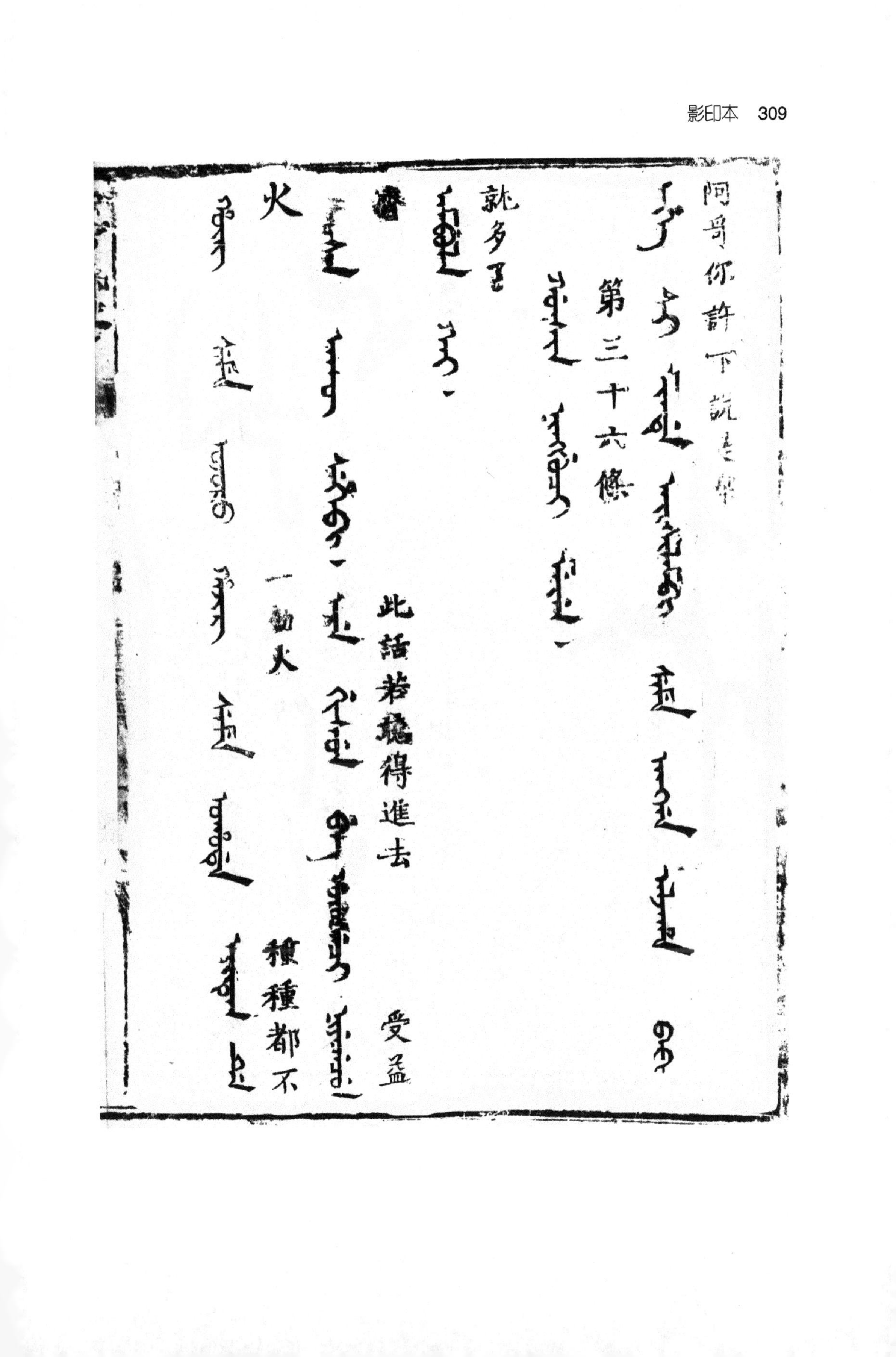

阿哥你許下說是甚

第三十六條

就多了

此話若聽得進去

受益

火

一動火

種種都不

孔夫子說的
貧而樂

我眼皮兒薄
愛人家的東西嗎

遲了
是我的不是
有何對答處呢
你打量

豈有失信的理
送來的

吝惜不給
想是撒了謊了
我不是嗇吝人

向你脖子

若全不顧信

是不量身分兒

捨了臉

或者還能扒結的上

況且我並不

說的

貧而無諂的話

的話

啻是不能

子貢

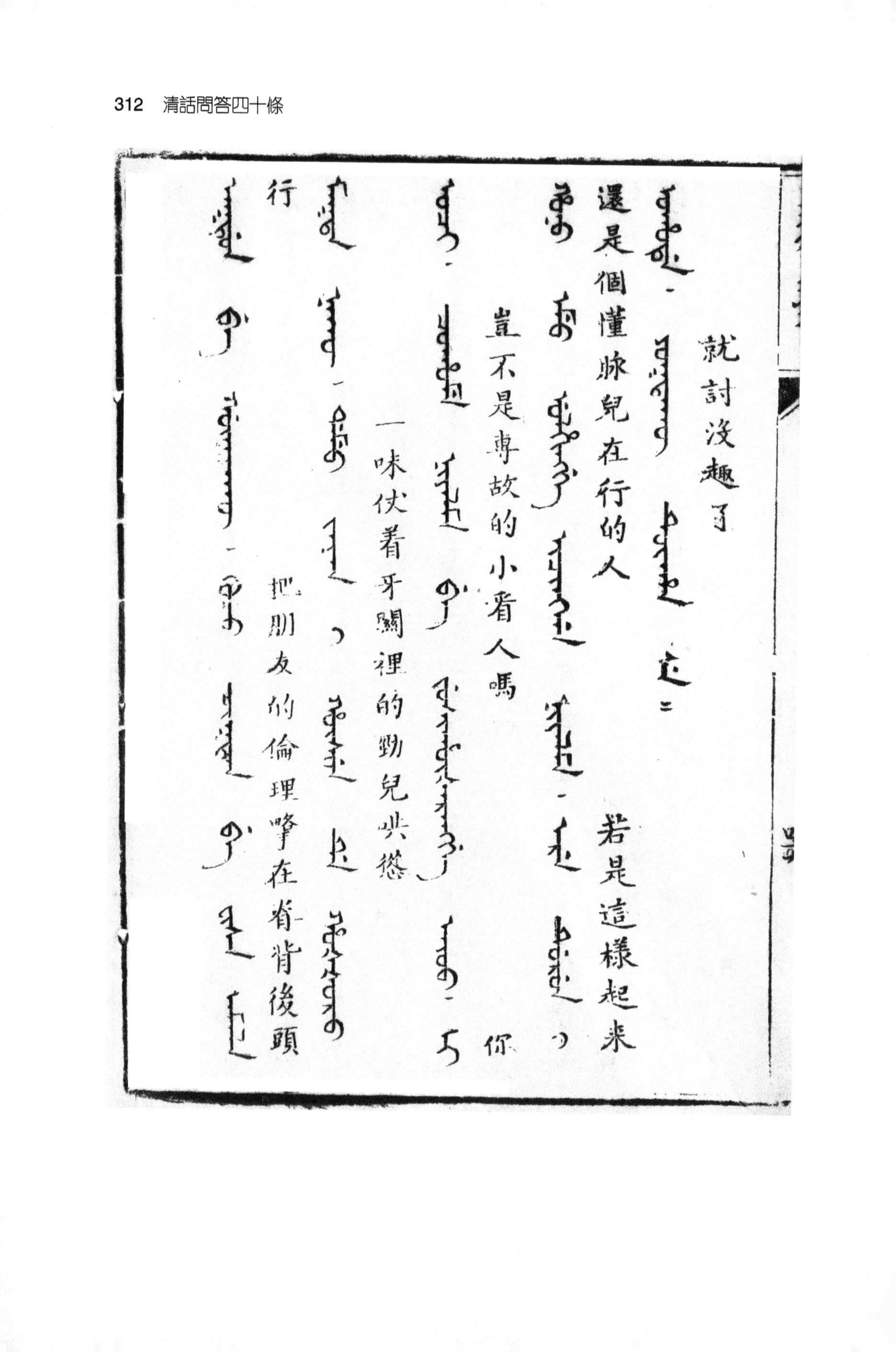

行

把朋友的倫理撂在脊背後頭

一味仗着牙關裡的勁兒哄慫

你

豈不是專故的小看人嗎

若是這樣起來

還是個懂脉兒在行的人

就討沒趣了

第三十七條

阿哥我給你送的些微東西不過暫為零碎使用莫非把你當作沒見時面的相待爲何駁回不受莫非是棄嫌嗎

記得子路言志

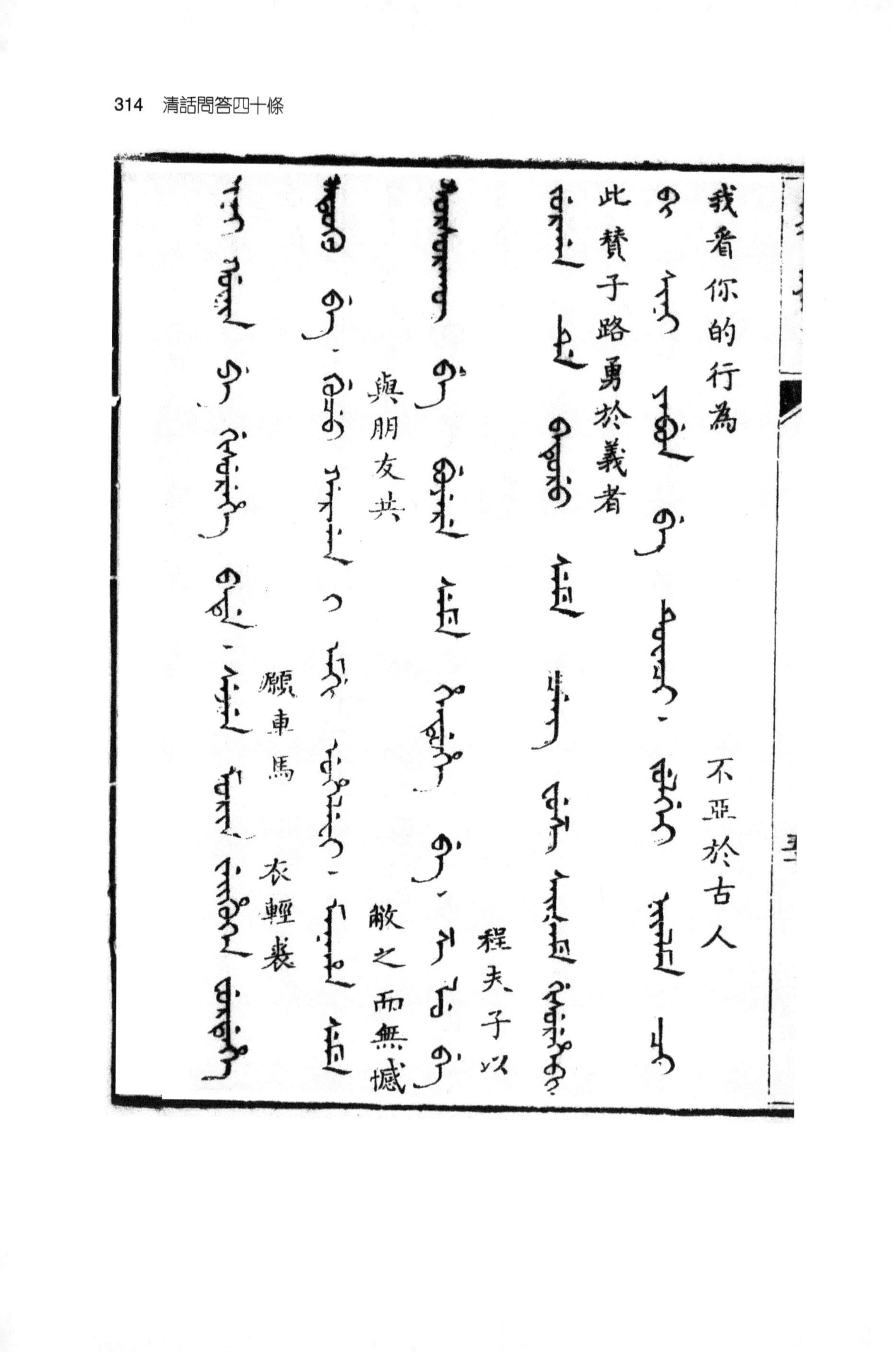

我看你的行為 不亞於古人

此贊子路勇於義者

程夫子以

與朋友共 敝之而無憾

願車馬 衣輕裘

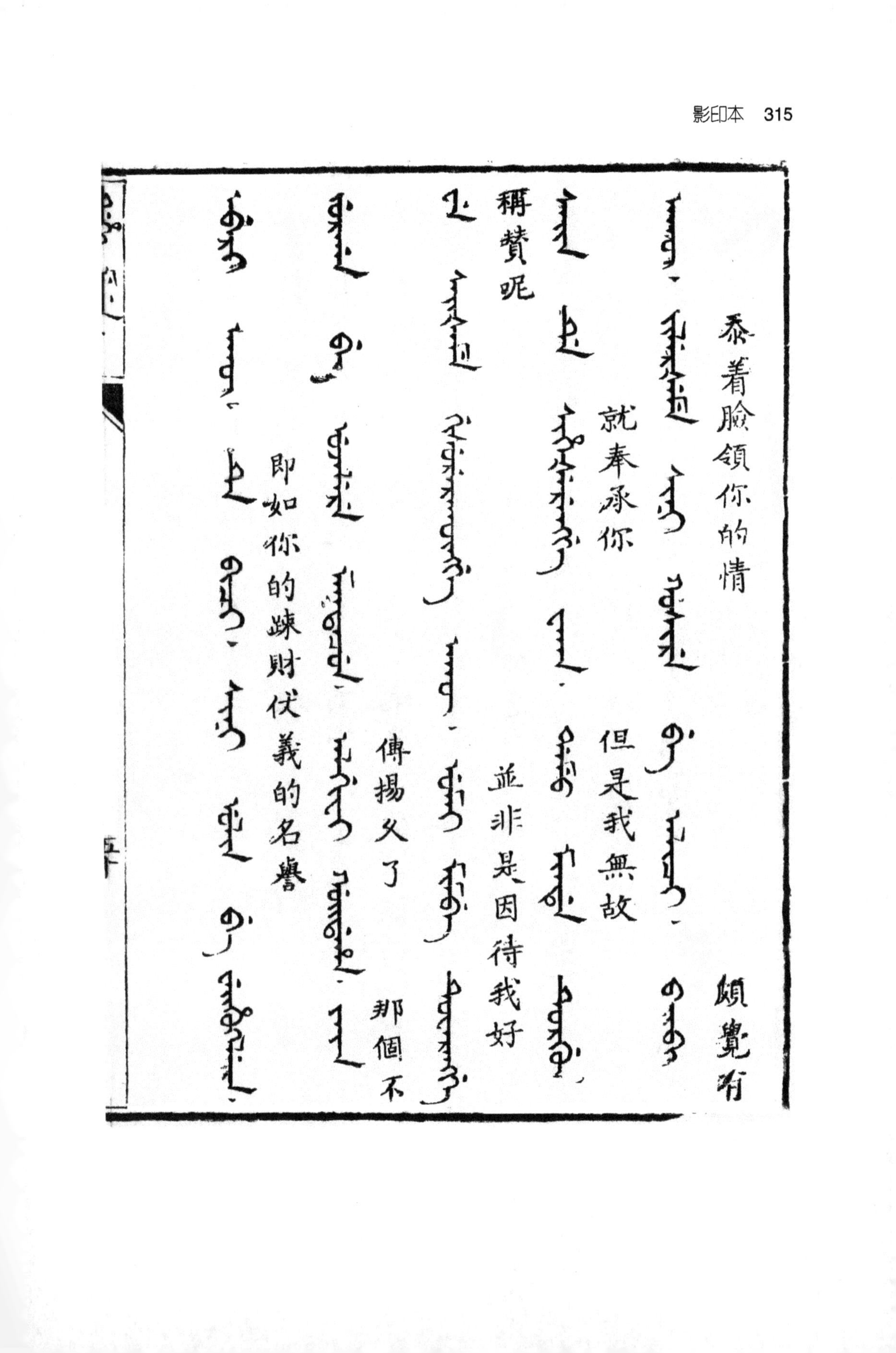

忝着臉領你的情

頗覺有

就奉承你

但是我無故

稱贊呢

並非是因待我好

傳揚久了

那個不

即如你的踈財仗義的名譽

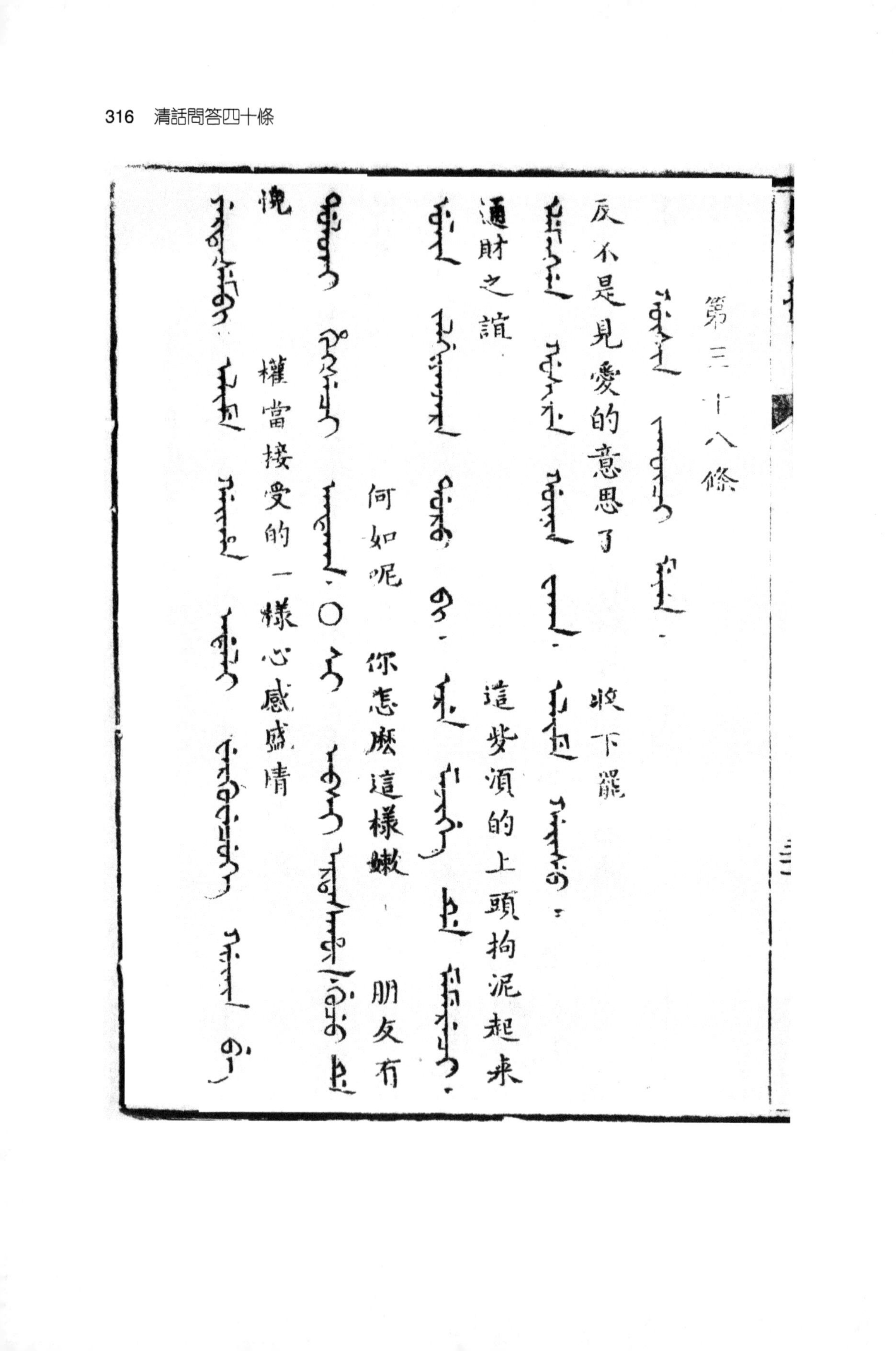

第三十八條

反不是見愛的意思了

收下罷

通財之誼

這些須的上頭拘泥起来

何如呢

你怎麽這樣嫩

朋友有

愧

權當接受的一樣心感盛情

軟顛 踏驛步 副端步 都好 又兼着結實

快走的穩 跑的溜 大顛

可不是呢我還不曾道生受呢 好個馬

○家生駒子去 怎生謝我

阿哥因為你狠認得馬 送了一匹

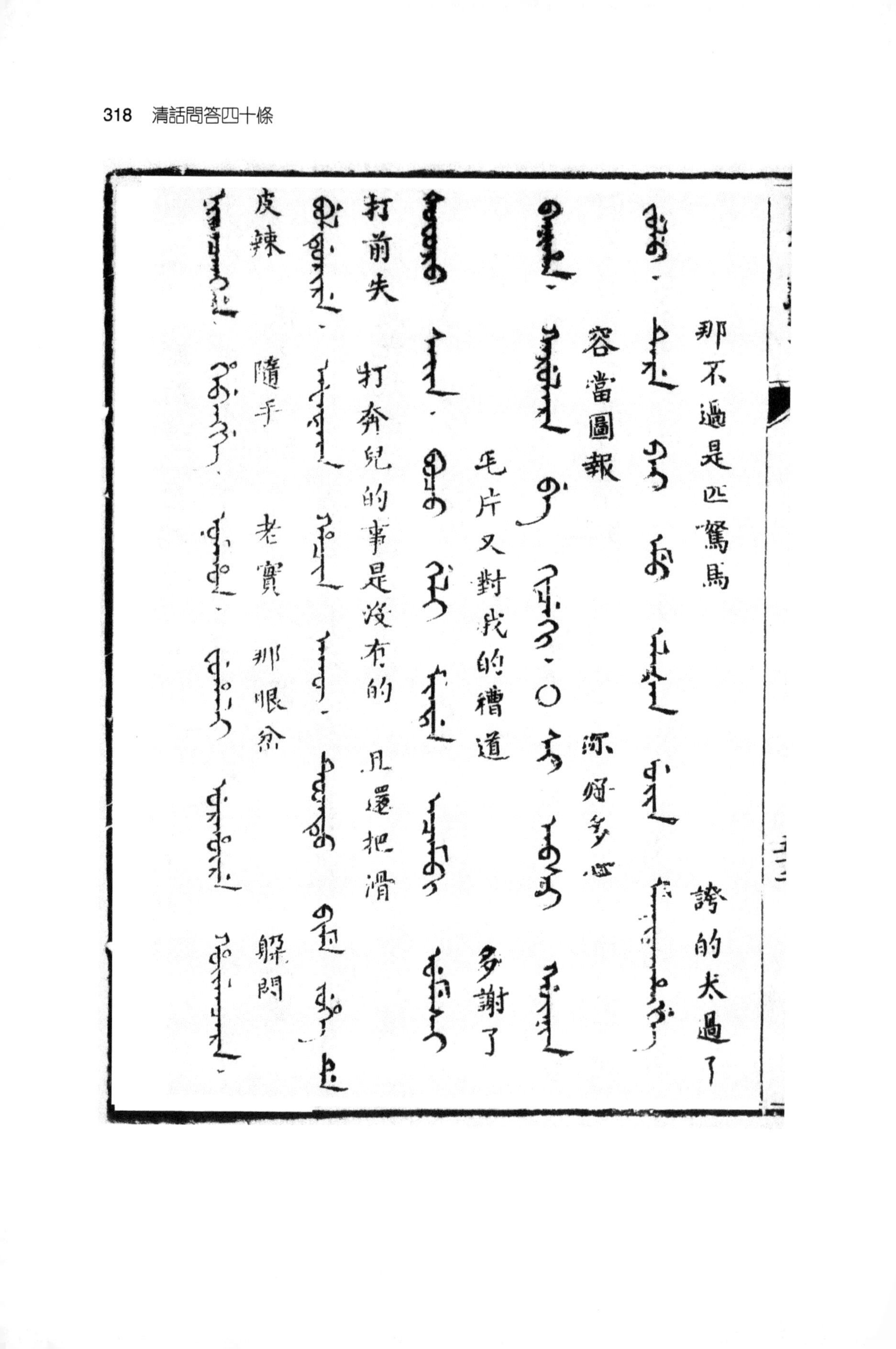

那不過是匹駑馬 誇的太過了

容當圖報 你總多心

毛片又對我的槽道 多謝了

打前失 打奔兒的事是沒有的 凡還把滑

皮辣 隨手 老實 那眼岔 躲閃

打圍罷

會人費事

想必常

阿哥你家裏養着狗

第三十九條

道謝

該罰你纔是

你把我的玩話

竟認起真來

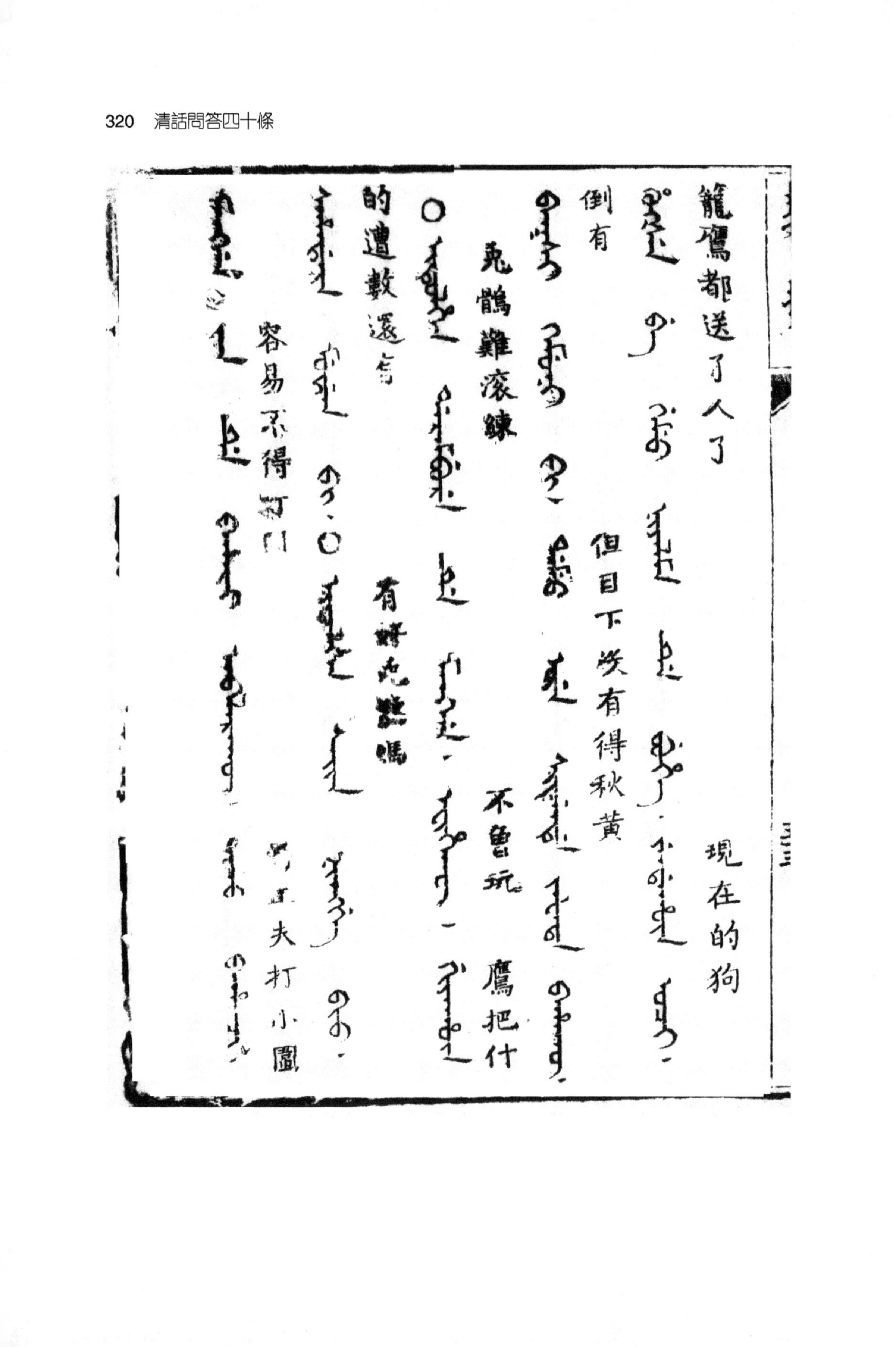

籠鷹都送了人了　現在的狗

倒有　但目下咲有得秋黃

兎鶻難滾練　不曾玩　鷹把什

的遭數還旨　有好兎鶻嗎

容易不得空閒　[illegible]工夫打小圍

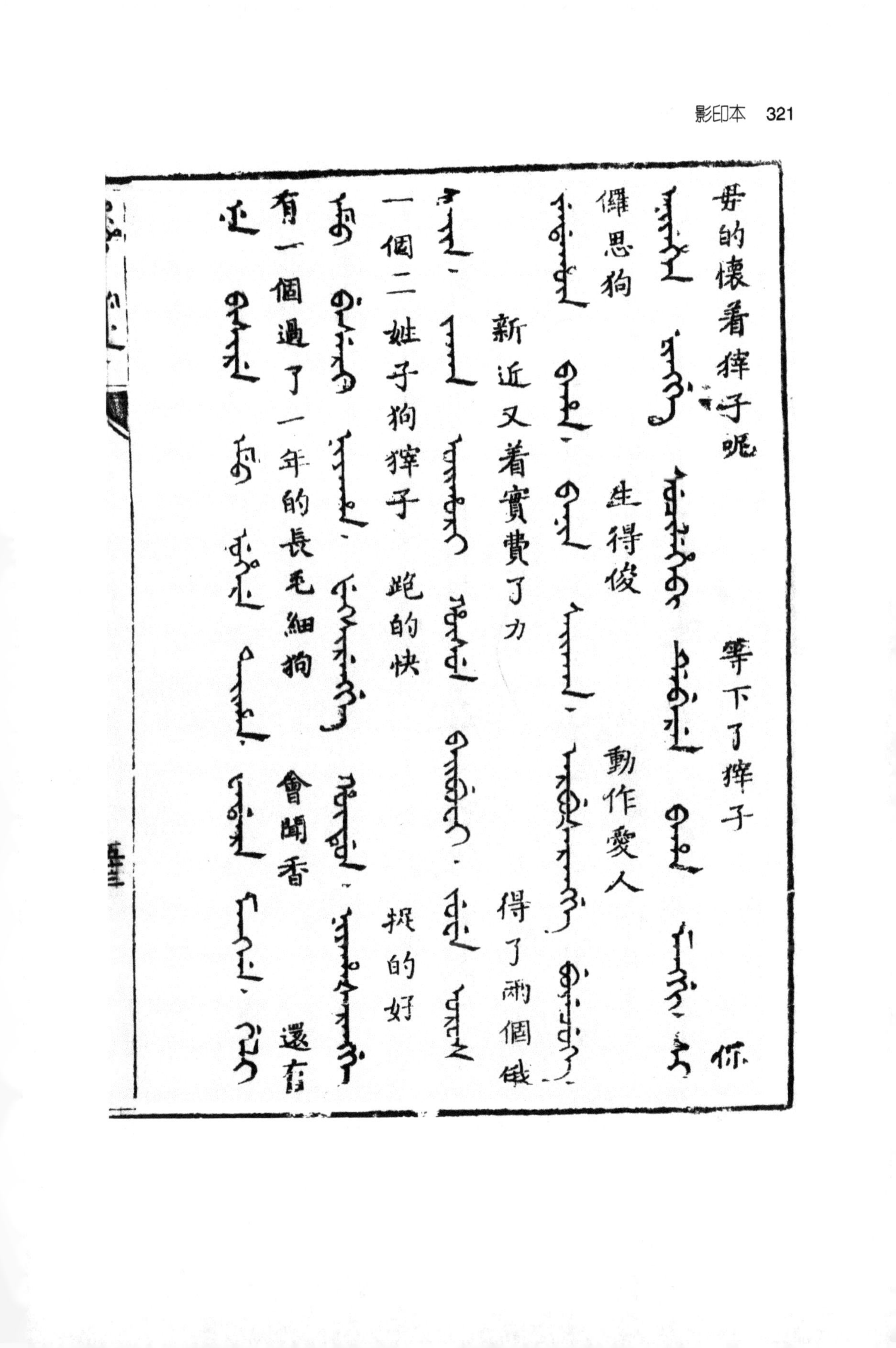

毋的懷着狰子呢　等下了狰子　你

儸思狗　生得俊　動作愛人

新近又着實費了力　得了兩個餓

一個二姓子狗狰子　跑的快　捉的好

有一個過了一年的長毛細狗　會聞香　還有

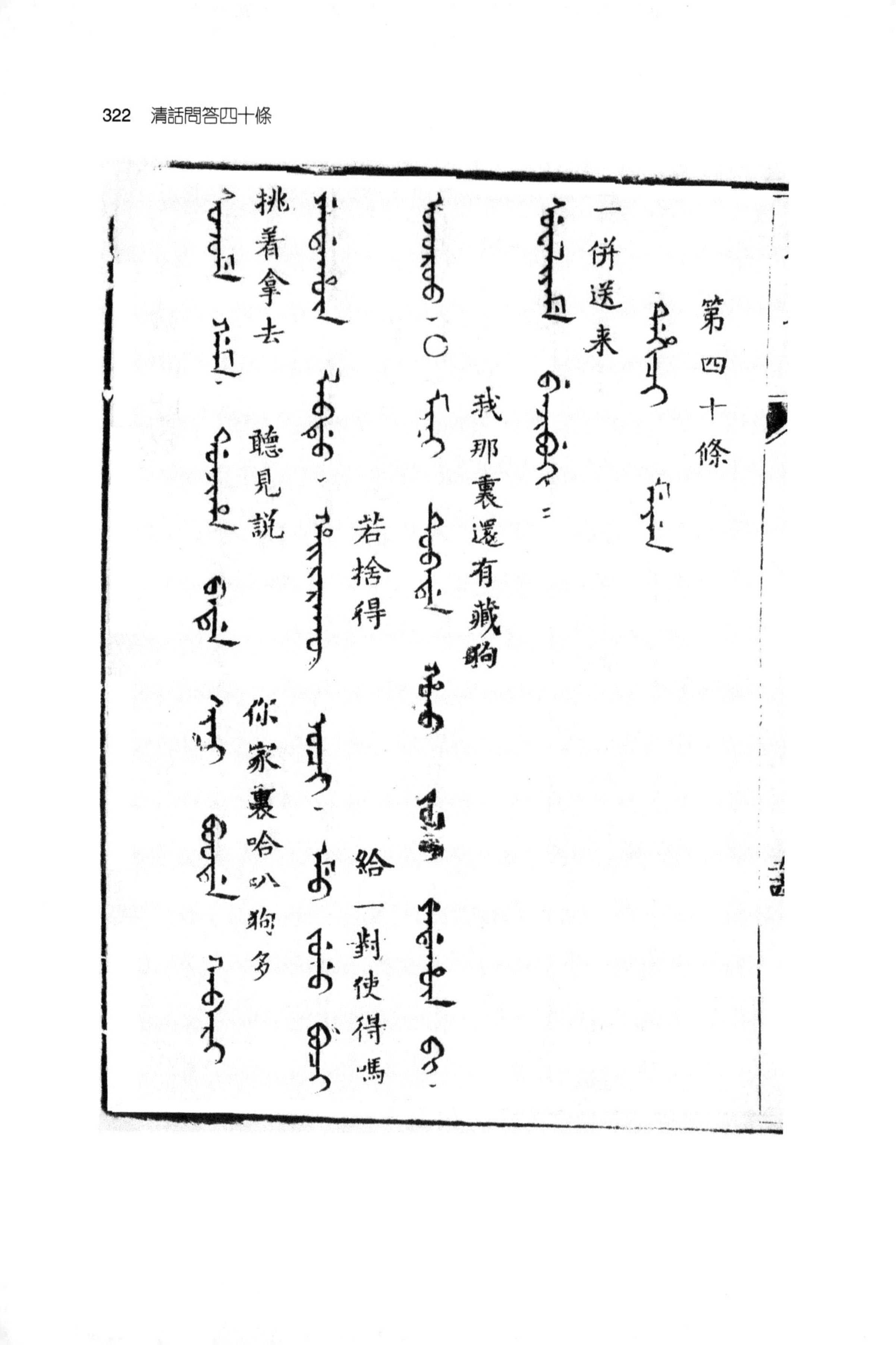

第四十條

一併送来

我那裏還有藏駒

若捨得

給一對使得嗎

挑着拿去

聽見說

你家裏哈叭狗多

說罷

凡有筵席宴會的地方

了工夫了

譬如只就這頑的事上

留心推求過

脩身的道理實在用

把你居心的地方

也看實

阿哥我平素不但把你的行止看透了

全不在意　竟像不曾聽見不曾看見的

狠好　進去了的樣子　及之過後　纔是

還丟個趣話兒　一點也不拘執　倒像是

就是戲也罷　你有心有腸的湊熱鬧兒

時常遇着你　就是曲兒也罷

又說好人之所惡

四書上說的 君子和而不流

是要聽我的道聽途說嗎

你何等事沒有經過 這個問法

一樣 是怎麼能彀把心拿的這樣定倒要問問

還不單在這玩的上頭

至於不放在心裏

身體力行

益處多着哩

把這些話推廣起來

菑必逮夫身

惡人之所好

是謂拂人之性

看的淡不認真了

若是過於

樂

這様想着

自然

曉得是玩意兒

不過湊一時的趣兒取

但只是肯把曲兒當作是曲兒

把戲當作是戲

並非是充道學先生做出惹厭的款来

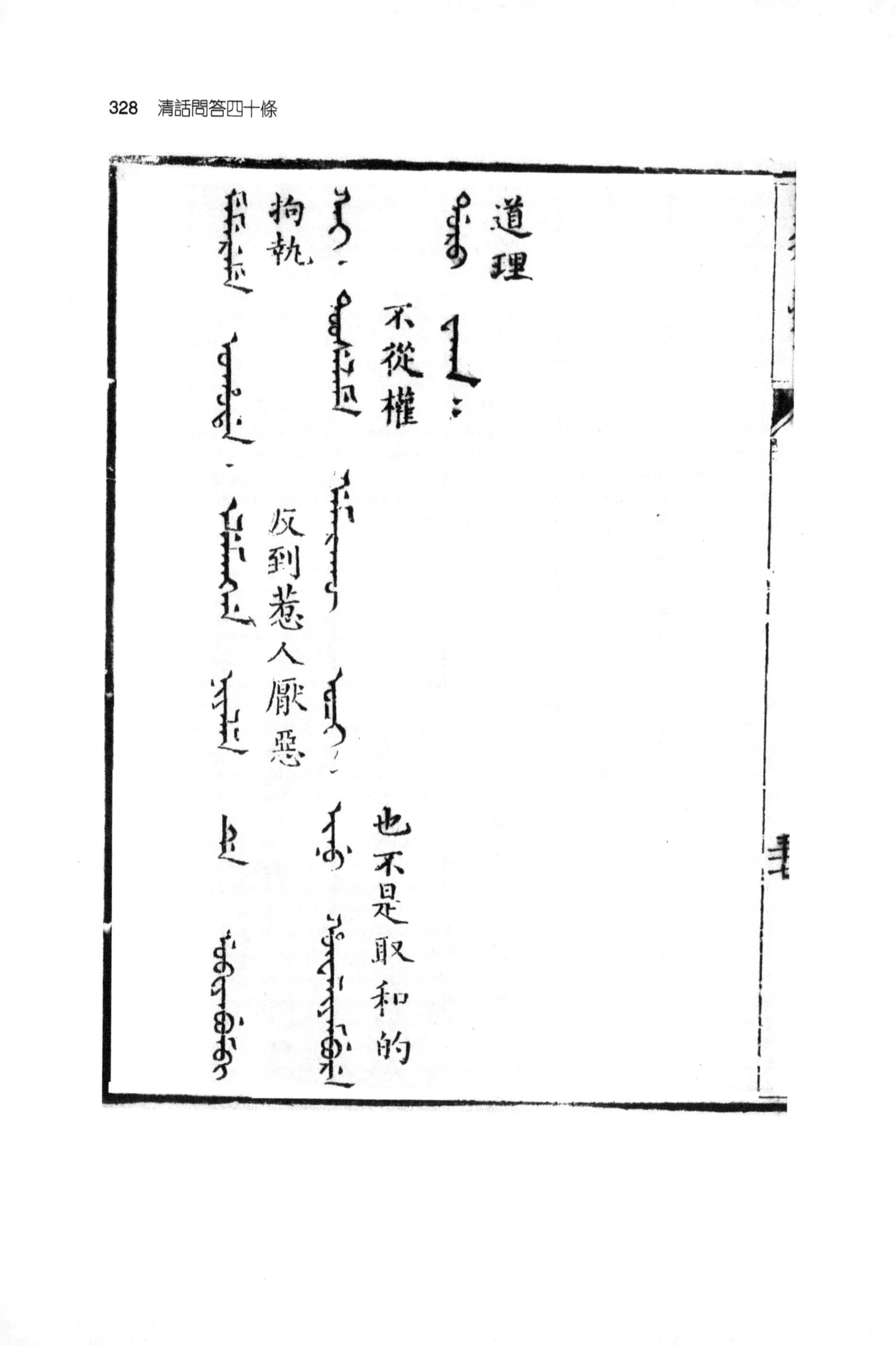

道理

不從權

也不是取和的

拘執

反到惹人厭惡

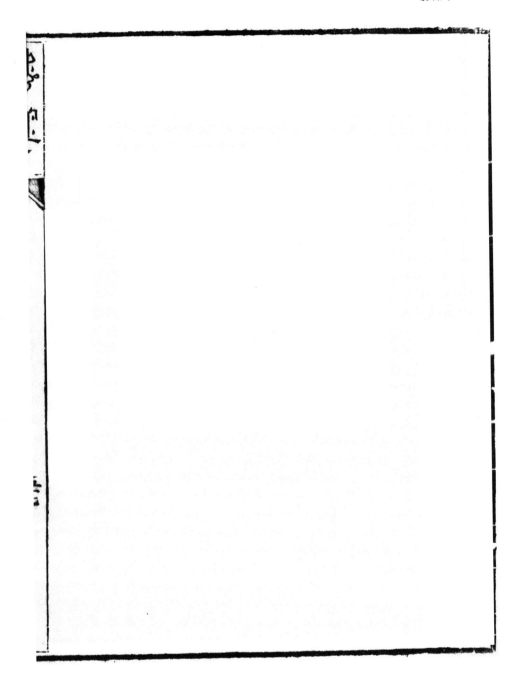

"早期北京話珍本典籍校釋與研究"叢書總目録

早期北京話珍稀文獻集成

（一）日本北京話教科書匯編

《燕京婦語》等八種
華語跬步
亞細亞言語集
北京風土編·北京事情·北京風俗問答
伊蘇普喻言·今古奇觀·搜奇新編
四聲聯珠
官話指南·改訂官話指南
京華事略·北京紀聞

（二）朝鮮日據時期漢語會話書匯編

改正增補漢語獨學
高等官話華語精選
速修漢語自通
速修漢語大成
中語大全
修正獨習漢語指南
官話華語教範
無先生速修中國語自通
官話標準：短期速修中國語自通
"内鮮滿"最速成中國語自通

（三）西人北京話教科書匯編

尋津録
語言自邇集
官話類編
華語入門
漢英北京官話詞彙
漢語口語初級讀本·北京兒歌
北京話語音讀本
語言自邇集（第二版）
言語聲片
華英文義津逮
北京官話初階

（四）清代滿漢合璧文獻萃編

清文啓蒙
一百條·清語易言
續編兼漢清文指要
滿漢成語對待
重刻清文虛字指南編
清話問答四十條
清文指要
庸言知旨
清文接字·字法舉一歌

（五）清代官話正音文獻

正音撮要
正音咀華

（六）十全福

（七）清末民初京味兒小説書系

新鮮滋味
小額
春阿氏
評講聊齋
過新年
北京
花鞋成老
講演聊齋

（八）清末民初京味兒時評書系

益世餘譚——民國初年北京生活百態
益世餘墨——民國初年北京生活百態

早期北京話研究書系

早期北京話語法演變專題研究
早期北京話語氣詞研究
晚清民國時期南北官話語法差異研究
基於清後期至民國初期北京話文獻語料的個案研究
高本漢《北京話語音讀本》整理與研究
北京話語音演變研究
文化語言學視域下的北京地名研究
語言自邇集——19世紀中期的北京話（第二版）
清末民初北京話語詞彙釋